安全・安心を創出するための 15の視点

牧瀬 稔　編著
鈴木 潔

東京法令出版

はじめに

　本書は、地域社会における安全・安心の具体的な事例を紹介している。そして、読者が積極的に安全・安心を構築していくための示唆を提供することが目的である。
　本書は、市民安全学や警察行政などを取り上げる総論的な章がある一方で、次の個別具体的事例も明記している。それは、セーフコミュニティ、振り込め詐欺、防犯カメラ、青色防犯灯、生活安全条例、暴走族追放条例、都市計画（防犯環境設計）、子どもの安全・安心、防災・減災・防犯マップ、更生保護などである。本書で例示している様々な事例から、地域社会において安全・安心を構築していくためのヒントを読者に提供できると考える。

　本書の特徴の一つに、執筆者に実践者を多く集めた点が挙げられる。今日、観念の上で安全・安心を論ずる人は多いが、大事なのは実践である。安全・安心を論ずる人ならば、行動しなくてはいけない。本書の執筆者らは、行動を基本においている。そこで、各章から実践する者のみがつかみ取ることができる「息吹」や「躍動感」などが伝わってくると思われる。しかも単なる実践者ではない。研究的視点を持つ実践者であり、このような執筆者は意外に少ないと思われる。

　本書が想定する読者層に言及しておきたい。自治体職員、警察官、消防官、小中高校の教員に加え、研究者や大学教員、大学生と大学院生などが考えられる。これは、あくまでも編著者が考える読者層である。これらの読者層に加え、「安全・安心」の関係者はすべて読者になると思っている。
　本書の内容は事例が中心であるため、平易に読み進めることは可能と思われる。また、各章が独立しているため、関心のある章から読み進めても構わない。

　改めて指摘するまでもないが、私たちが生きていく中で大事なのは日常生活の安全・安心である。安全・安心が確保されなくては、何もできないと言っても過言ではない。ちなみに編著者の一人である牧瀬は、かつて車にはねられ死にかけている（半分冗談で半分真実。そして最近では笑い話）。つくづく、「安

全・安心がなくては何もできない」と実感する日々である。

　現在は混沌とした社会である。この状況を脱して安全・安心の希望の大道を歩んでいきたい。本書を読まれた読者の中から、壊れかけた安全・安心を再生し創造していく実践者がでてきてくれれば編著者、執筆者にとって、これ以上嬉しいことはない。安全・安心を構築するため、まず自分から動き、自ら率先して行動していく、そこに安全・安心の地域社会が築かれると思うし、編著者と執筆者も率先して行動を開始していきたい。

　最後に本書の編集の労をとっていただいた東京法令出版の湯浅崇氏に深く感謝申し上げたい。本書は東京法令出版から出版された『地域魅力を高める「地域ブランド」戦略』と『人口減少時代における地域政策のヒント』に続く自治体政策シリーズである。他の図書も参考にしていただければ幸いである。

　2009年10月

編著者

目次

- はじめに
- 目次

序章●安全で安心な地域社会の実現に向けて ……………… 001
- 第1／安全で安心な地域社会はすべての住民の共通の願い……… 001
- 第2／本書の構成……………………………………………………… 005
- 第3／何よりもまず「安全・安心」が必要…………………………… 010

第1部 三位一体でコミュニティの再生に取り組む

第1章●市民安全学からの視点 ……………………………………… 015
〜「安全・安心問題の本質」と「『泥棒の7つ道具』
対『市民安全の7つ道具』」〜
- 第1／新時代の要請「安全・安心」問題………………………… 016
- 第2／「安全・安心」の構造と「市民安全」…………………… 018
- 第3／「グレーゾーン」問題の本質と安全・安心の創出………… 024
- 第4／世界標準の「セーフコミュニティ」の設計思想…………… 029
- 第5／「創業」から「守成」の時代に入った地域安全と行政・
  警察の役割 ……………………………………………………… 031
- 第6／おわりに―市民安全学からの提言―………………………… 033

第2章●セーフコミュニティのまちづくり ……………………… 035
〜亀岡市、十和田市の事例から〜
- 第1／セーフコミュニティ活動……………………………………… 035
- 第2／京都府亀岡市での取り組み…………………………………… 037
- 第3／青森県十和田市での取り組み………………………………… 043
- 第4／日本におけるセーフコミュニティの方向性………………… 046

第3章●コミュニティづくりによる体感治安不安感の改善……… 048
〜市民協働による生活安全活力の再生と魅力あるまち
づくり〜
- 第1／取り組みを始めた背景と主な取り組み……………………… 048
- 第2／「不審動向情報」の有効活用による「体感治安不安感」
  の改善 ………………………………………………………… 050
- 第3／本厚木駅周辺のにぎわいと安全「安全と魅力づくりに

　　　　　チャレンジ」……………………………………………………… 059
　　　第4／セーフコミュニティ認証に向けての挑戦！……………… 060
　　　第5／まとめ………………………………………………………… 062
第4章●歌舞伎町タウン・マネージメントにおける歌舞伎町
　　　ルネッサンス事業の現況 ………………………………………… 064
　　　　～だれしもが楽しめるエンターテイメントの街を目指
　　　　　して～
　　　第1／歌舞伎町誕生の歴史………………………………………… 064
　　　第2／治安状況……………………………………………………… 065
　　　第3／歌舞伎町浄化作戦の具体的始動…………………………… 070
　　　第4／歌舞伎町タウン・マネージメントの設立………………… 071
　　　第5／おわりに～これからの歌舞伎町～………………………… 078

第2部　成果を上げる犯罪撲滅に向けた行動

第5章●振り込め詐欺の防犯対策と関係機関の連携について…… 083
　　　　～警視庁の取り組みを事例にして～
　　　第1／はじめに……………………………………………………… 083
　　　第2／振り込め詐欺の現状………………………………………… 084
　　　第3／科学的根拠に基づく振り込め詐欺防止対策……………… 085
　　　第4／更なる検証…………………………………………………… 096
　　　第5／関係機関との連携…………………………………………… 104
第6章●防犯カメラによる「安心の目」構築 …………………… 107
　　　　～警視庁、杉並区、市川市等の取り組みの紹介～
　　　第1／身近になりつつある防犯カメラ…………………………… 107
　　　第2／防犯カメラの取り組みと現状……………………………… 109
　　　第3／防犯カメラは効果があるのか……………………………… 116
　　　第4／防犯カメラは必要ないのか………………………………… 118
第7章●青色防犯灯を活用した安心安全なまちづくりに向け
　　　て ………………………………………………………………… 120
　　　　～2007年度鹿児島市との共同研究から得られた示唆を
　　　　　中心に～
　　　第1／英国発、奈良県から全国に急速に広がる青色防犯灯。安
　　　　　心で安全なまちづくりへの思いに潜む危うさ……………… 120
　　　第2／鹿児島市における社会実験から得られた課題と示唆…… 123

第3／青色防犯灯を活用した安心で安全なまちづくりに向けて……129
　　第4／共同研究後の鹿児島市の取り組み………………………133
　第8章●条例による政策実現の可能性……………………………136
　　　　～広島市暴走族追放条例の制定過程を事例に～
　　第1／条例の制定過程とその問題………………………………136
　　第2／広島市暴走族追放条例の制定過程………………………139
　　第3／広島市暴走族追放条例の執行過程と裁判過程…………143
　　第4／広島市の事例から学ぶべきこと…………………………145
　第9章●子どもにとって最善の利益を目指した政策開発…………149
　　　　～奈良県の犯罪被害の防止、三重県の虐待防止等の事
　　　　　例から～
　　第1／子どもの福祉の増進を目指して…………………………149
　　第2／地方自治体における「子ども条例」の現況……………151
　　第3／子どもの安全・安心の確保に特化した条例……………157
　　第4／子どもたちの最善の利益を求めて………………………161

第3部　地域目線で創りだす防犯・防災

　第10章●感度創造のコミュニティ形成に向けた防災・減災・
　　　　　防犯マップづくり………………………………………167
　　　　～中野区鷺宮におけるまちづくり活動を例に～
　　第1／日常生活の中で危険予測・危険回避力を高める………167
　　第2／居住環境の質を向上させる延長上の防災・減災・防犯ま
　　　　　ちづくり…………………………………………………168
　　第3／（生活）感度を育む地域まちづくりの実践―中野区鷺宮
　　　　　のまちづくりの取り組み………………………………170
　　第4／感度創造のコミュニティと、安全・安心の「仕掛け」…176
　　第5／安全・安心の「仕掛け」を生活の中に埋め込む………180
　第11章●防災・防犯へ向けた行政・住民組織の連携による新
　　　　　たな取り組み……………………………………………182
　　　　～「地域安心安全ステーション（総務省消防庁）」・
　　　　　「地域安全安心ステーション（警察庁）」～
　　第1／地域コミュニティの変質と安全・安心への住民意識の高
　　　　　まり…………………………………………………………182
　　第2／総務省消防庁による「地域安心安全ステーション整備モ

　　　　　デル事業」………………………………………………… 184
　　　第3／警察庁による「『地域安全安心ステーション』モデル事業」…… 186
　　　第4／「国分寺市立第三中学校地区防災センター」における取
　　　　　り組み……………………………………………………… 188
　　　第5／行政・住民組織の新たな連携の可能性と今後の課題……… 192
　第12章●防犯まちづくりにおける地域力の視点 ………… 195
　　　　　～滋賀県の事例を参考として～
　　　第1／滋賀県における事例調査の位置づけ……………………… 195
　　　第2／「地域防犯システムの構築に関する研究」の概要………… 196
　　　第3／防犯まちづくりのポイントをどう考えるか………………… 200
　　　第4／地域力を活かした防犯まちづくりのために………………… 201

第4部　次代に向けた安全・安心まちづくりの広がり

　第13章●更生保護と安全・安心まちづくりの新たな可能性 ……… 211
　　　　　～更生保護と自治体の連携に向けて～
　　　第1／問題の所在…………………………………………………… 211
　　　第2／更生保護の成り立ち………………………………………… 212
　　　第3／更生保護制度の動向………………………………………… 215
　　　第4／更生保護における安全・安心への取り組み……………… 216
　　　第5／更生保護と自治体…………………………………………… 219
　　　第6／新たな安全・安心まちづくりの可能性に向けて…………… 221
　**第14章●自治体ごとの取り組みの差異からみた安全・安心活
　　　　　　動の方向性** ……………………………………………… 224
　　　　　～埼玉県熊谷市・深谷市・本庄市の取り組みを事例に～
　　　第1／埼玉県北部3市の状況……………………………………… 224
　　　第2／熊谷市の取り組み…………………………………………… 227
　　　第3／深谷市の取り組み…………………………………………… 233
　　　第4／本庄市の取り組み…………………………………………… 234
　　　第5／安全・安心行政の目指すべき方向………………………… 236
　第15章●自治体業務と安全・安心行政との関わり …………… 242
　　　　　～特に防犯面からの問題提起～
　　　第1／安全・安心行政の由来……………………………………… 242
　　　第2／警察制度改革………………………………………………… 246
　　　第3／自治体業務と安全・安心行政の関係を考える…………… 250

終　章●「実践」と「理論」からみる生活安全行政のポイント……256
　第1／安全・安心の「主体」の転換—コミュニティ・アプローチ……………………………………………………………………256
　第2／「手法」の転換—規制アプローチ…………………………258
　第3／「目線」の転換—ボトムアップ・アプローチ……………259
　第4／「思考」の転換—社会アプローチ…………………………260

特別付録●安全・安心にまつわる小話集……………………………263
　◆体感治安の改善には、治安が悪くなった原因の改善が必要……263
　◆「こころの修理論」（安全と安心の違い）………………………263
　◆マキャベッリの慧眼（人間の運命50％論）……………………264
　◆先駆的日本市民安全学揺籃の地：春日井市安全アカデミー……264
　◆「異業種」採用のススメ…………………………………………264
　◆あきらめない、慌てない、焦らない……………………………265
　◆生活安全の実現を阻害する2つの課題…………………………266
　◆無責任な発言には困ります………………………………………267
　◆「犯罪に強いまち」か「犯罪のないまち」か……………………267
　◆生活安全条例の規定っておもしろい（その1）…………………268
　◆生活安全条例の規定っておもしろい（その2）…………………269

●あとがき

章　　　　　　　　　　　　牧瀬　稔

安全で安心な地域社会の実現に向けて

第❶ 安全で安心な地域社会はすべての住民の共通の願い

　近年、「安全・安心」という言葉が、食品管理、建築設計、地域社会の防犯や防災など、様々な分野で用いられるようになってきた。今日では、安全・安心[※1]の分野は多岐にわたっている。それらの中で、本書は基本的視座として、地域社会の防犯（犯罪被害の予防）を中心に焦点を当てる。本書の目的は、地域における安全・安心の具体的な事例を紹介しながら、読者が地域社会の安全・安心を構築していくための示唆を提供することである。

❶ 犯罪被害の多発化に対する行政の取り組み

　わが国の犯罪被害の状況を大まかに紹介しておきたい。図表①は、わが国の一般刑法犯[※2]の認知件数と検挙率[※3]の推移である。

　図表①を見ると、一般刑法犯の認知件数は2002年に約285万件に達し、戦後で最多最悪の状況となった。そこで、国は現状を打破するために、2003年には「犯罪に強い社会の実現のための行動計画」を策定した。

　次いで2004年には、市町村や消防と連携しながら地域住民の行う自主防犯活動を支援し、地域社会の治安回復を目指すための総合的な取り組みとして、「『犯罪に強い地域社会』再生プラン」を策定し

[※1] 安全とは何か。安心とは何か。この点について、参考に次の文章を記しておく。例えば、「「食の安全」と「食の安心」は意味が異なる。食の安全とは、科学的に根拠に基づき定量化し、検証できることを意味する。例えば、食品に含まれる農薬等がある値の水準以下なら、健康に被害はないという客観的事実である。一方で食の安心の場合は、消費者の心や気分に大きく依存し、消費者が感じる心の状態である。そのため、どんなに科学的根拠に基づき食の安全性を訴えても、消費者が不安感・不信感を持っていると、食の安心は達成されない」である（兼子仁・北村喜宣・出石稔（2008）『政策法務事典』ぎょうせい）。

[※2] 一般刑法犯とは、刑法犯全体から交通関係業過を

図表① わが国における一般刑法犯の認知件数と検挙率の推移

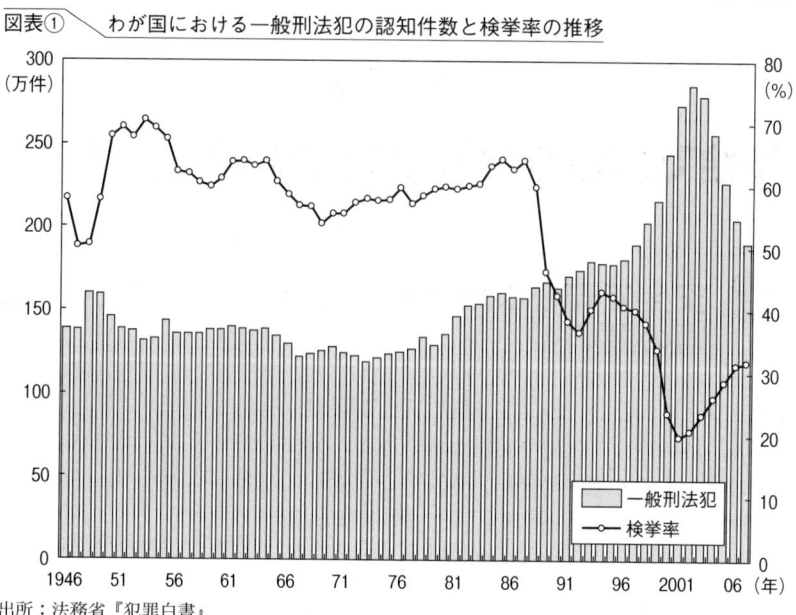

出所：法務省『犯罪白書』

除いたものをいう。なお、2007年の一般刑法犯は1,909,270件であるが、交通関係業過を加えた刑法犯の認知件数は2,690,883件となっている。

※3　検挙率とは、犯罪認知件数に対する検挙件数の割合のことを指す。図表①は、一般刑法犯における検挙件数の割合である。なお、「検挙件数」であって「検挙人員」でないことに注意が必要である。2007年の一般刑法犯の検挙件数は605,792件であり、うち検挙人員は366,002人となっている。

ている。その他、犯罪の撲滅に向けて様々な取り組みを進めてきた。

そして、その取り組みの一つの成果として、一般刑法犯の認知件数が縮小しつつあり、2007年では約190万件まで減少した。一般刑法犯が減少した大きな要素は、窃盗が2003年から5年連続で大きく減少したことによる。

同時期に、国と歩調をあわせた地方自治体の取り組みも紹介しておきたい。地方自治体も住民の安全・安心の獲得と確保に向けて、実に様々な政策を実施してきた。その中の一つに相次ぐ生活安全条例の制定がある。

この生活安全条例は、広義と狭義の意味がある。広義の生活安全条例は、地方自治体が住民生活の安全・安心に寄与することを目的に、①犯罪被害、事故などの防止に配意した生活環境・防犯環境設計の整備、②安全・安心に関して地域住民の意識の高

図表② 都道府県における生活安全条例の制定状況

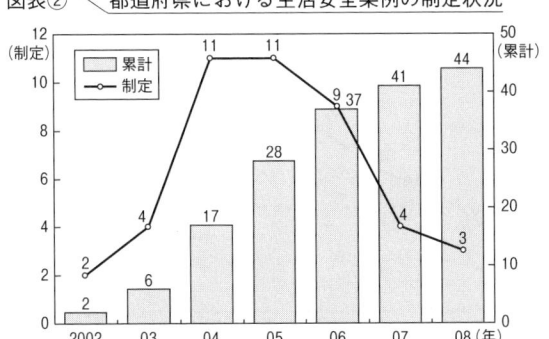

出所：筆者作成

揚、③地域住民の自主的な安全・安心活動を促進、などを規定している条例、と定義することができる。すなわち、すべての危険因子から住民の日常生活の安全を確保しようとする条例になる。

一方で狭義の意味は、地方自治体が住民生活の安全・安心に寄与することを目的に、日常生活を取り巻く様々な危険因子の中でも、特に「犯罪被害の予防」に特化した条例である。つまり、狭義の生活安全条例とは、「犯罪被害の防止・減少を実現するため、地方自治体の施策・事業の根拠となる条例」と定義できる[4]。

図表②は、都道府県における生活安全条例の制定状況である。2008年では、44都道府県において生活安全条例が制定されている。また、市区町村においては、調査機関により数字が異なるが、平成の大合併の前の時点で、1,200～1,400の地方自治体が生活安全条例を制定していたとされる[5]。

② 体感治安の悪化

国と地方自治体、そして何よりも警察の努力により、今日では犯罪が減少しつつある（ただし、昨今の経済不況により、犯罪が増加する傾向が見られる）。趨勢的には犯罪が減少する傾向にあるもの

※4 「犯罪の予防」と「犯罪被害の予防」は、若干ニュアンスが異なるため言及しておきたい。刑事訴訟法第213条には、「現行犯人は、何人でも、逮捕状なくしてこれを逮捕することができる」とあり、自治体職員や住民が犯罪行為そのものを取り締まることができる（「犯罪の予防」である）。しかし、素人が犯罪加害者を取り締まるのは大きなリスクを伴うため、あくまで「犯罪被害の予防」に特化すべきである。地方自治体は、「犯罪被害の予防」という観点から、「防犯」に関する施策や事業を実施しなくてはいけない。この「犯罪被害の予防」という意識を自治体職員や住民などに正確に伝えないといけない。間違って「犯罪の予防」と捉えてしまうことは極めて危険である。

※5 生活安全条例の現状や効果については、次の文献を参照されたい。
牧瀬稔（2008）『議員が提案する政策条例のポイント』東京法令出版
牧瀬稔（2009）『条例で学ぶ政策づくり入門』東京法令出版

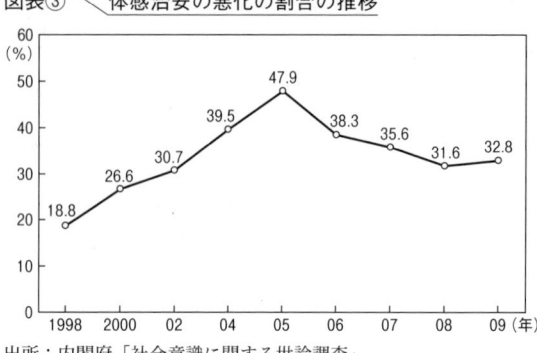

図表③ 体感治安の悪化の割合の推移

出所：内閣府「社会意識に関する世論調査」

の、住民が抱く「体感治安」が回復しない状況がある。この体感治安とは、「住民が感覚的に感じとる治安悪化の状況であり、住民の日常生活の中で、どの程度の不安を感じているかを示すもの」と捉えることができる。

図表③は、住民が感じる体感治安の悪化の推移を示したものである。2005年と比較すれば、体感治安の悪化を抱く割合は減少しつつある。しかしながら、依然として30％台で推移しており、1998年の18.8％には遠い現状である[※6]。

本書は、安全・安心な地域社会の実現を目指した事例紹介である。本書で例示した多くの事例が、実際に一般刑法犯の認知件数の減少を招いており、体感治安の悪化に歯止めをかけ回復も促している。これらの事例から、安全・安心の地域社会の実現に取り組んでいこうとする読者は、多くのヒントが得られると思われる。

ここで、「ヒント」の意味を辞書で調べると「問題を解く手がかり」とある。強調しておきたいことは、本書で例示しているのは「ヒント」であり、「回答」ではないということだ。この点は注意していただきたい。本書で例示している事例が、そのまま読者の生活する地域に役立つ場合（使えること）

※6 2005年に野村総合研究所が実施した「治安に関する意識調査」によると、89.5％が体感治安は悪化していると回答している。また、厚木市（神奈川県）は「市民意識調査」において体感治安を尋ねているが、2007年は36.4％が「市内の治安が悪くなった」と回答している。その他、多くの機関や団体が体感治安の結果を出している。

もあるが、それは稀と思っている。なぜならば、本書で示している事例の前提条件（治安状況、都市か農村か、経済状態、自治体の規模など）と、読者が生活する地域の前提条件が異なるからである。

本書で紹介している事例は、読者が実施しようとする安全・安心の積極的な行動を、有意義（遊意義）に進めていく「手がかり」としてほしい。

第2 本書の構成

本書は序章と終章に加え、15の事例から構成している。そして、15事例は4つの部にわけている。それは、①三位一体でコミュニティの再生に取り組む、②成果を上げる犯罪撲滅に向けた行動、③地域目線で創りだす防犯・防災、④次代に向けた安全・安心まちづくりの広がり、である。以下では、それぞれの概要について記すことにする。

1 三位一体でコミュニティの再生に取り組む

第1章は「市民安全学からの視点」というテーマである。読者は「日本市民安全学会」を知っているだろうか。同学会は市民の目線から、すべての安全関係者が三位一体となって、「市民による市民のための安全・安心学」の構築を目指している。第1章では、同学会の活動の中から見えてきた「市民安全」の構造と課題を明らかにし、今後の展望と課題を明記している。特に、安全・安心を構築していくためには、自助・近隣共助・公助の3つの安全活力の力量強化が重要であると指摘している。

第2章は「セーフコミュニティのまちづくり」である。このセーフコミュニティの概念は、事故やけがは偶然の結果ではなく、予防できるという考えである。また、セーフコミュニティの実践は、すべて

の市民が安全で安心に暮らすことができるまちづくりにつながる。これは世界保健機関（WHO）の認証である、セーフコミュニティを取得した十和田市と亀岡市を取り上げ、その現状と効果などについて紹介している。

第3章は「コミュニティづくりによる体感治安不安感の改善」であり、厚木市を事例として取り上げている。同市は、市民・行政・警察とが三位一体となり、安全・安心の行動を推進してきた。その結果、刑法犯認知件数はピーク時と比べ、2007年には約半減するなど一定の効果を上げている。この章では、厚木市における不審動向情報の有効活用や、繁華街対策などの実際の取り組みを通して、住民が健康で幸せに暮らせるまちづくりについて言及している。

第4章は「歌舞伎町タウン・マネージメントにおける歌舞伎町ルネッサンス事業の現況」である。2005年現在、新宿区は歌舞伎町の単位面積当たりの刑法犯認知件数は、東京都の平均値と比べると約40倍であった。そして、凶悪犯に限っていえばおよそ185倍と、犯罪の発生率が極めて高い地区であった。この現状を打破すべく、新宿区は歌舞伎町タウン・マネージメント（TMO）の設置をはじめ、行政が自治会、商店街、各種利害関係者や住民と協力し、行動し取り組んできた。この章は、その経緯を示している。

② 成果を上げる犯罪撲滅に向けた行動

第Ⅱ部は、より具体的な施策・事業に入っている。

第5章は、「振り込め詐欺の防犯対策と関係機関の連携について」である。警視庁が取り組んできた振り込め詐欺対策を題材として、自治体や金融機関等をはじめとする関係機関及び地域住民との協力のあり方について考えている。特に第5章はGIS（地

理情報システム）を活用することにより、振り込め詐欺の現状を「見える化」し、科学的根拠に基づく対策を実施している点が特徴である。

　第6章は「防犯カメラによる「安心の目」構築」である。防犯カメラを設置している事例として、警視庁や地域の各商店会の取り組みを紹介している。また、地方自治体では杉並区や市川市の施策・事業を概観している。このように防犯カメラに関する様々な取り組みを概観し、今後、防犯カメラの設置を検討している主体へのヒントを提供している。

　第7章は「青色防犯灯を活用した安心安全なまちづくりに向けて」である。2005年に奈良県秋篠台住宅で青色防犯灯を設置してから、急速に全国で導入されている。しかしながら、青色防犯灯の得失や効果などが曖昧なまま設置されている状況にあり、青色照明を導入する意義や効果的な活用について、適切な運用が求められている。そこで、執筆者らが2007年度に実施した鹿児島市との共同調査研究の成果を基に、青色防犯灯の設置効果を高める方策や留意事項を提示している。

　第8章は「条例による政策実現の可能性」というテーマであり、具体的には「広島市暴走族追放条例」を取り上げている。広島市では、暴走族の追放に関し、市民生活の安全と安心が確保される地域社会の実現を図ることを目的に、2002年4月に暴走族追放条例が施行された。同条例に関し、暴走族等の集会の中止退去命令を定めていた条例の規定が違憲であるとして、訴訟が提起された。しかし、2007年9月18日の最高裁第三小法廷判決は、憲法に反しないと判示した。条例の立案過程を分析し、条例を通じた政策実現に必要な条件を考察している。

　第9章は「子どもにとって最善の利益を目指した政策開発」である。今日、自治体政策を進めるため

の重要な一つの柱として、「子ども」が注目を集めつつある。この章では、子どもに関する政策を概観し、子どもの安全と安心の確保について検討している。この章により、地方自治体が子ども政策を実施していくための視点が得られると思われる。

③ 地域目線で創りだす防犯・防災

　第10章は「感度創造のコミュニティ形成に向けた防災・減災・防犯マップづくり」である。防犯や防災の一視点として、子育てや高齢者の問題を考えたり、祭りや活力づくりなど、地域の魅力を高める日常の様々な活動の中に、防災・減災に備えた地域力を高める自然的な「仕掛け」がある。この章は「鷺宮のまちづくりを考える委員会」を事例として、地域住民による防災・減災マップづくりなどを通して、持続可能なコミュニティ活動と地域の防災・減災のための効果を考えている。

　第11章は「防災・防犯へ向けた行政・住民組織の連携による新たな取り組み」というテーマであり、具体的には消防庁の「地域安心安全ステーション」と警察庁の「地域安全安心ステーション」を取り上げている。今日、全国的に住民の安全・安心への意識が高まる一方で、少子高齢化や過疎化などにより、自主防災組織などの運営に課題を抱えるコミュニティが増加している。このような状況の中、伝統的な町内会単位での自主防災組織を連携させ、学校区単位など、より広域的なエリアでの防災防犯活動を行うための組織づくりを紹介する。

　第12章は「防犯まちづくりにおける地域力の視点」であり、滋賀県を事例としている。執筆者らは、滋賀県と共同で「地域防犯システムの構築に関する研究」を実施した。同研究では県内市町の協力により、地域特性・犯罪傾向の異なる3地域をモデルとし、防犯まちづくりの課題抽出や取り組み方策

について、地域住民と共に検討を行った。そこで、この研究結果を事例とし、「地域自衛型防犯」システムの構築に向けた課題や取り組みの視点など、留意すべきポイントを示している。

④ 次代に向けた安全・安心まちづくりの広がり

第13章は「更生保護と安全・安心まちづくりの新たな可能性」という内容である。犯罪者、非行少年の再犯、再非行を防止、社会復帰を支援するという大変重要な役割を担う更生保護ボランティアは、保護司をはじめ、更生保護女性会、協力雇用主などがある。その存在は目立たないが、これまで、わが国の安全・安心を陰で支える大変重要な役割を果たしてきた。この章では、保護司に着目し、対象者保護から犯罪予防に至る活動状況について分析、真の安全・安心なまちづくりとは何かを検討している。

第14章は「自治体ごとの取り組みの差異からみた安全・安心活動の方向性」として、埼玉県北部に位置する熊谷市、深谷市、本庄市を取り上げている。それぞれの地方自治体の安全・安心関係部署の取り組み事例を取り上げ、行政の目指すべき安全・安心の取り組みの方向性を明らかにしている。

第15章は「自治体業務と安全・安心行政との関わり」であり、「特に防犯面からの問題提起」という副題がついている。そもそも論として、「市民の安全・安心を守るのは誰の役割だろうか」と投げかけ、「誰がどのような権利と責任で行うのだろうか」と疑問を呈している。わが国では、「治安」という言葉のもつ政治性のために、警察については触れるも語るも、ある種のタブーの雰囲気があり、その結果、思考停止を招く可能性がある。この章で示している問いに対し、いま改めて警察行政を含め、自治体業務と安全・安心行政との関わりを検討している。

終章において、本書で例示した15の事例を要約した上で、安全・安心な地域社会を構築していくポイントを示している。繰り返すが、本書は「ヒント」の提示である。様々な事例から、読者なりに考え、結論を導出してほしい。なお、結論は一つではないということを付言しておく。様々な視点から捉え、安全・安心な地域社会を創り上げていくことが大事だと思っている。

第3 何よりもまず「安全・安心」が必要

　アメリカの心理学者のアブラハム・マズロー（A. H. Maslow）は、「人間は自己実現に向かって絶えず成長する生きものである」と仮定し、人間の欲求を5段階の階層で理論化している（図表④）。
　マズローは、人間が持つ基本的欲求を低次から、①生理的欲求、②安全の欲求、③社会的欲求、④自尊の欲求、⑤自己実現の欲求、の5段階に分類した。
　第1段階の「生理的欲求」とは、人間が最初に求めるものは、生きていくために必要な食物、水、空気、性や睡眠など本能的・根源的な欲求である。こ

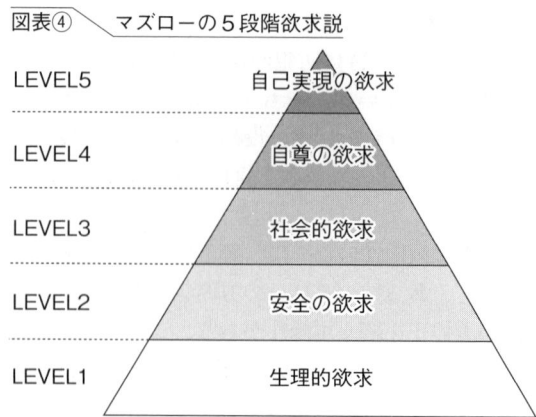

図表④　マズローの5段階欲求説

LEVEL5	自己実現の欲求
LEVEL4	自尊の欲求
LEVEL3	社会的欲求
LEVEL2	安全の欲求
LEVEL1	生理的欲求

の生理的欲求が満たされると、次の段階に移っていく。そして、第2段階は「安全の欲求」である。衣類や住居など、生きる上で安定であり、安全な状態を得ようとする欲求である。この安全の欲求は、人間の生命を維持していくための基本的な欲求の一つとなる。

次に第3段階となり、「社会的欲求」である。これは集団に属したい、だれかに愛されたいといった欲求である。会社、家族、国家など、何かしらの集団に帰属していたいという欲求は、生存を脅かされない安全な状態になって、はじめて出てくるものである。

続いて、第4段階は「自尊の欲求」である。これは集団に属した人間が、他人から注目され賞賛されたいと思う欲求である。自分が集団から価値ある存在と認められ、尊敬されることを求める欲求になる。

そして、第5段階として「自己実現の欲求」に到達する。これは、自分の能力や可能性を発揮し、創作的活動や自己の成長を図りたいと思う欲求であり、あるべき自分になりたいという欲求である。このようにして、人間は一つずつ欲求を高め、自己実現を目指して生きていくことになる。

ここで注目したいのは、「安全の欲求」が第2段階で出てくることである。すなわち、「安全の欲求」が達成されないことには、人間として価値ある日々を過ごしていく「自己実現の欲求」も実現されないのである。その意味では、日常生活の安全・安心を確保することは、極めて重要なのである。

最後に、筆者の個人的見解を記しておきたい。本書の統一テーマである安全・安心な地域づくりを実現していくためには、筆者は地方自治体の役割は重要と考えている。なぜならば、地方自治体の基本的な責務として「住民の福祉の増進を図ること」(地

方自治法第1条の2）があるからである。地方自治体が住民の福祉の増進を図るためには、大前提として住民の安全と安心を確保し、その再生と創造が求められるだろう。

　もちろん、地方自治体「だけ」では、安全・安心な地域社会は実現されない。地域住民や警察などと協働することにより、安全・安心が達成され、自己実現した地域社会が登場するのである。本書が安全・安心の構築の実践者や関係者に有益な示唆を与えると考えている※7。

　なお、本文中の「安全・安心」という表記は、各執筆者により異なることを付言しておきたい。基本は「安全・安心」としているが、執筆者によっては「安全安心」であったり、「安心・安全」であったりする。無理に統一する必要はないと考え、各執筆者の自主性に任せている。

※7　本書の各章は、執筆者の個人的な見解であり、誤りのすべては各章の執筆者の責任である。そして、執筆者の所属する組織の公式見解を示すものではないことを付言しておく。

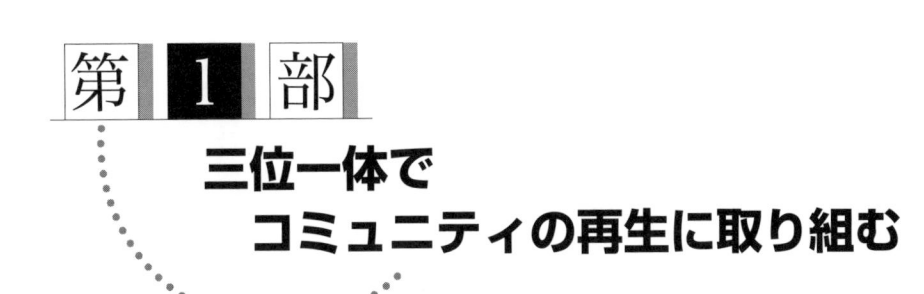

第1部
三位一体で コミュニティの再生に取り組む

第1章 市民安全学からの視点

～「安全・安心問題の本質」と
「『泥棒の7つ道具』対『市民安全の7つ道具』」～

石附 弘

　本章では、「市民安全学」[※1]の立場から、第1では、「安全・安心」問題の今日的意義について述べ、第2では、犯罪多発の「ブラックスポット」地区と事件事故・非行などの抑止に成功している「5つ星の安全・安心なまち」の対極関係モデルと5つ星の防犯パトロールや声かけ運動など地域安全活動の好事例を紹介する。第3では、「グレーゾーン」問題の本質と安全・安心の創出、すなわち、多くの地域は「ブラックスポット」「5つ星」の中間帯、「危険と安全」が混在する「グレーゾーン」であり、泥棒の下見行動（見えない敵）を例に事件・事故を発生前に未然防止することの難しさと、このリスクレベルにおける市民による地域安全活動（防犯パトロール、安全マップづくり、防犯灯点検、防犯カメラ、挨拶運動など「市民安全の7つ道具」）[※2]の重要性や固有の意義について考察する。結論を先に言えば、この平時の市民による「小さな安全活力」こそ、コミュニティの安全・安心の基盤形成の核であるということだ。第4では、世界標準の「セーフコミュニティ」の設計思想について、第5では、「創業」から「守成」の時代に入った地域安全と行政・警察の役割として、本章の結論となるが、以上の視点を踏まえ「ブラックスポット」から「5つ星の安全なまち」への「山」の移動戦略展開の重要性や、地域の安全リーダーの養成の重要性について述べる。

※1　市民の目線から、すべての安全関係者が三位一体となって、「市民による市民のための安全・安心学」の構築を目指す学問体系。日本市民安全学会（平成16年創設）

※2　「泥棒の7つ道具」に対抗する平時（リスクマネージメント）における「市民安全の武器」

 新時代の要請「安全・安心」問題

① 安全・安心問題、特に安心問題への軸足の変化

　最近における国や地方の政治行政課題、また、国民の最大の関心事は、広範な市民生活をめぐる安全・安心問題、特に安心問題への軸足の変化にあるといえる。例えば、犯罪対策閣僚会議（2008.12.20、内閣府）は、今後5年間の犯罪対策を決定したが、その背景には「治安不安感を払拭しない限り治安再生が真になされたとは言い難い」との、自民党決定（治安再生促進小委員会、2008.5）があったとされる。

安全・安心問題の位相

　哲学者ニーチェは、「人間は、深淵にかけられた1本の綱であり、渡るも危険、途上にあるも危険、身震いして止まるも危険」との名言を残したが、これまでの安全対策とは、綱を渡る際の危険予知や安全教育、あるいは綱を丈夫にすることなど（リスクマネージメント）と、落ちた際の被害最小を図るセーフティネット（クライシスマネージメント）がその中心課題であった。

　しかし、今後の政治行政課題は、落ちるかもしれない不安感への手当て、落ちた後の「こころ」のケアなど、「安心」対策がQOL（クオリティ・オブ・ライフ）の基軸問題として広く認識されるようになった。すなわち、生活安全安心充足感が新時代の重要課題となったのである。

② 「国民生活充足感」の時代到来を予言：ブレジンスキーの先見性

　近代、政治家として「安心」問題に気づき、これ

を次世代の政治課題として最初に取り上げたのは、カーター大統領の特別補佐官ブレジンスキーであった。彼は「これからの時代の国民の真の生活の豊かさとは、GNPというマクロ指標ではなく、より市民生活に密着した国民生活充足感（グロス・ナショナル・サティスファクション、GNS）であるとして、自殺者の多い国は、GNPが高くても「貧しい国」だと喝破した。「安心」も「自殺」も、これまで個人レベルの問題であって、国政や社会的レベルの問題ではないとされてきたが、これらを社会問題として正面から取り上げることが新時代の要請となったのである。

③ 「市民安全学」とは「市民による市民のための安全・安心学の構築」

　日本における安全・安心対策は、明治以降、行政や警察等公助安全活力による護民官的トップダウン式の安全対策が主流であった。しかし、「安心」に軸足が移った今日、市民の身近な安心基盤であるコミュニティの現場の発想や知恵、コミュニティ自らによる安心形成対策の推進が強く求められている。

④ 安全・安心のコミュニティ（安全の質の高いコミュニティ）創出の謎

　防犯パトロール、防犯灯設置などは、全国共通の地域安全のための技術（安全の具現化の道具）であるが、第2で紹介する好事例のコミュニティのリーダーたちは、活動の過程において自ら「安全・安心」に強い関心をもって仲間とともに学びつつ、安全・安心まちづくりや近隣住民の生活安全充足感の向上に真剣に取り組む中で、目に見えない「本当に大切なこと」に「気づき」、それぞれ独自の戦略や戦術（市民安全の方法論）を編み出している。他の好事例を参考としつつも、右から左への「物真似」

はしない。

5 「本当に大切なこと」とは何か

　安全の品質管理の行き届いた国内や海外の5つ星のコミュニティに共通する特長は、第1に、リーダー自らの眼と安全センスで地域の特性を活かし、地域に根ざした手作りの地域安全活動を展開していること。第2に、安全・安心創造の栄養素である自主・自立・自律・創造・協働・開放などの「理念」や「価値」に対するコミュニティ内のコンセンサスができていることだ。

第2 「安全・安心」の構造と「市民安全」

1 「ブラックスポット」地区と「5つ星の安全・安心なまち」

　同じ規模のコミュニティでも、犯罪や交通事故、不登校、校内暴力、非行などが極端に多いブラックスポットと、これが極めて少ない安全の品質管理が行き届いた良質のコミュニティの対極構造があることは、大変、興味深いところである。

　前者「ブラックスポット」は、日頃から警察沙汰も多く、行政との関わりも深いため、コミュニティの抱える問題が把握され、事件事故の統計分析結果が予防安全対策に反映される。

　他方、後者「5つ星の安全・安心なまち」は、基本的に住民の自助安全活力（一人ひとりの危機管理）やコミュニティの共助安全活力によって、安全・安心（「5つ星の安全の品質管理」）が創出されている。そして、その安全・安心創造のメカニズムは、行政や警察の護民官的発想とは異なり、固有の安全・安心の運動力学（水平ベクトル）が働いている。これは、「5つ星」のコミュニティに対する警

第1章 ● 市民安全学からの視点

図表① 市民生活や地域をめぐる安全力学相関図と行政や警察の役割 鳥瞰図

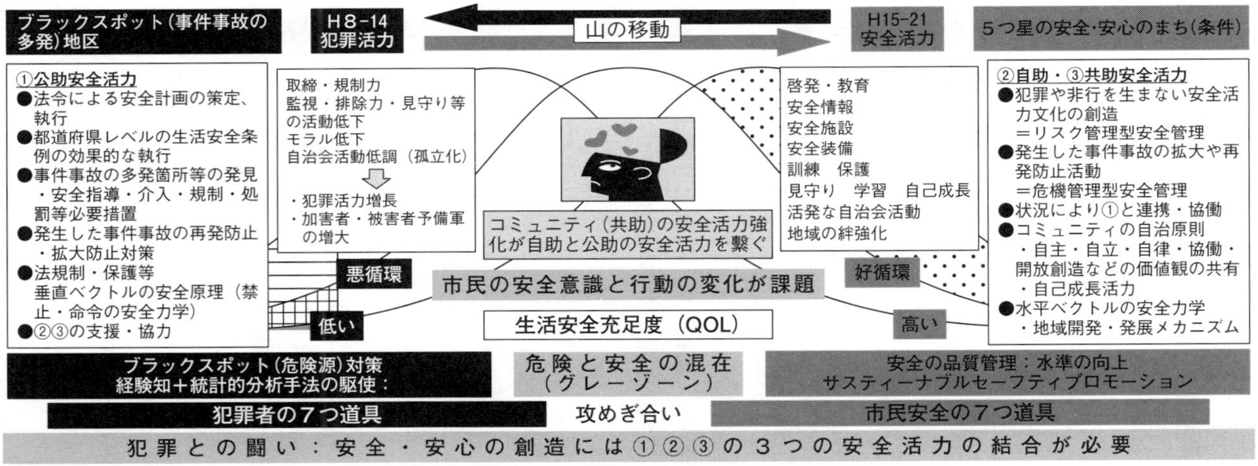

出所：執筆者作成

「事件・危険・不安」空間の誘発要因
【地域の雑然さ、無秩序性、無関心、人気無さ】
経験知＋統計的分析手法の駆使：犯罪との闘い：安全・空間の7つ道具

ゴミのまち、落書き、防犯看板の破損、暗がり、猥褻物自販機、公衆電話ピンクちらし、非行少年のたむろ、暴走族闊歩のまち、防犯灯やカメラのないまち、会話のないまち、子供が遊ばないまち、花のないまち、挨拶のないまち、警察感のないまち、低調な自治会活動、地域の絆の崩壊

「安全・安心」空間の創造要因
【安全の品質管理が隅々に行き届いたまち】
防犯パトロール、暗がり診断、挨拶運動、まち歩き、近隣声かけ運動、安全マップ、防犯看板の手入れ、不審者情報の共有、防犯灯の手入れ、危険箇所さがし、車・自転車のロック、町内会への参加、井戸端（ゴミ出端）会議、戸締りの励行、活発な自治会活動

察政策学会や日本市民安全学会の数次にわたるフィールド調査によって明らかになった。

品質管理が行き届いた「5つ星の安全・安心のまち」

　安全の品質管理が行き届いたまちの特長は、防犯パトロールなど「市民安全の7つ道具」が、コミュニティの人々の日々の生活スタイルとして生活習慣化し、情勢の変化に対応して、常にその見直しや工夫が行われ、地域コミュニティの安全の質を向上させる努力をしていることだ。「塾帰りの子どもが帰るまで門灯は消さない」という思いやり、こころの気づき、気配りが、コミュニティの安全活力を育む。このまちの気質や緊張感が犯罪者に警告を発し、まちへの侵入を封じ込める。近年では、青色防犯灯が地域の活力向上に一役買った。

【事例】　禍転じて一人ひとりの「安全・安心」を創造する北須磨団地の自治精神

　平成9年の小学生児童殺傷事件（酒鬼薔薇事件）を機に、「友が丘防災・防犯センター」を設立し、地域の子どもたちの指導の場として活用しているほか、子ども用「あ・い・さ・つ運動」の推進や、「青色防犯パトロール車」による防犯パトロール等を通じて、地域住民が一体となった活動に取り組んでおり、他の地域からもモデル自治会として賞賛されている。この団地は小中学校や児童館、幼保一元化した幼稚園と保育園、小規模多機能型の老人介護施設や障害者施設、銀行や郵便局、スーパーなどの生活利便施設がすべて揃っており、一度まちを離れても、また戻ってくるという住民も少なくない。高齢化は進行しているが、住民の数は減少せず、世帯数は増えている。

　西内勝太郎自治会長は、自治会末端の役割を輪番制とし、住民参画（責任意識）の動機づけや、防犯灯の球切れも見つけた住民が、自ら補修先に連絡す

図表② 北須磨団地における犯罪被害認知件数

	平成10	11	12	13	14	15	16	17	18	19	20(年)
合計	24	32	42	37	44	21	14	13	5	9	15

注：平成19年度の自販機荒らし3件は須磨友が丘高校内で発生。平成20年度は空巣4件、オートバイ盗5件、自転車盗3件、その他3件発生。

ることを指導するなど、子どもを含め住民自身が自治意識の向上方策を考え、実践する努力を惜しまない。祭りや行事が多様で、子どもにも高齢者にも「居場所」が実に多い元気な団地なのだ。

② 我々は何を目指すのか：「5つ星の安全の品質管理」の条件

　国レベルでも似たようなことが言える。スウェーデンは昨年末、交通死亡事故率が人口10万人当たり4.4人と記録を更新した。では、なぜ、世界一になれたのか。

　専門家は、ここ10年にわたる国の「ビジョンゼロ」戦略の成果と指摘する。例えば、30kmの速度制限を国民がよく遵守している。生活道路では、物理的に速度が出ない道路設備を設け、自転車では子どもから高齢者までヘルメットをかぶるなど安全意識が浸透し、生活習慣化している。ルール、モラル、罰せられるから守るのではなく、安全のために良いことだから当然のこととして実践する。これが、安全立国の市民安全学（精神）というものであろう。これこそが、QOL（クオリティ・オブ・ライフ）である。

　オランダ道路安全研究所SWOVのヴェーグマン所長談によれば、「オランダでは、同じ交差点で2件以上の死傷者がでる事故がなくなり、これまで30～40年間やってきた事故多発地点の統計学的分析手法（ブラックスポットアプローチ）を超えるやり方が必要になった。」と述懐する。オランダの持続

可能な安全戦略「サスティーナブル・セーフティ・アプローチ」であり、現在の最大の関心事は、①人間行動をどうすれば安全行動に変えられるか、②道路やインフラの安全設計、品質管理の問題。「安全の質の高い地域では、ブラックスポット対策ではなく、国民の安全意識の向上など別の仕掛けが必要なのだ」と。

【事例】「ひったくり街道」変じて「安全・安心街道」へ：堺市登美丘地区

　人間行動をどうすれば安全行動に変えられるか。難問である。登美丘地区は、人口約42,500人、4自治連合会、約100町会より構成され、閑静な住宅街が大半であるが、歴史ある古い街並みや豊かな自然に恵まれ、市街地再開発事業によって発展を続けている地域。この地区では過去数年の間に、地域安全活動が、点から線、線から面、面から立体に、まるで建築物のように重層構造的に多種多様な複眼的なまちづくり活動が形成され、参加している地域住民の規模、範囲も拡大した。では、「人と人」とをつなぐ、安全・安心空間の創造の秘密はどこにあるのだろうか。

事始めは「ブラックスポット」に対する自前の防犯活動

　この地区で防犯活動が活発になったのは、ひったくり、痴漢、不法侵入、若者のたむろなどが問題化、特に伊勢道約1km区間においてひったくりが頻発し、「ひったくり街道」と揶揄されるほどであった。このため、2002年から住民自らが、地元黒山警察署の協力のもと、防犯パトロールやセンサーライトの設置12基から始まり、後に堺市が「街頭犯罪防止対策地域支援事業」を創設、地域全体に設置された。

効果抜群の大規模合同パトロール

　小さな防犯活動から始まったパトロールが、今で

は、若者からお年寄りまで毎回100〜300人が参加、長い列をつくりながら地区内を練り歩く。パトロールは決して強制的な参加を求めない、「都合がよければ参加を」と呼びかけ、健康のため、散歩がてら、知り合いと情報交換など、どんな理由でも構わない。コースも固定せず、日程だけ決めて、統一のユニフォームも作成しない。合同パトロールの結果、センサーライトの設置による相乗効果もあって、ひったくりや不審者が90％減という効果をもたらした。

「安全・安心」とは「助けあい」で「人と人」をつないでいくこと

この地区で約30年近く防犯活動をはじめ、様々な地域活動を先頭に立って行っている池崎守登美丘地区防犯委員会委員長（堺市立東文化会館館長）は、「安全・安心は私の昔からの課題で、これは防犯というテーマに限ったことではありません。日々生活をしていたら、いろいろな問題や課題が出てきます。それをみんなで助け合って、力を合わせて解決していこうということが根底にある。」と語る。

ヤングサポート隊など地域に根差した犯罪をなくす活動

登美丘地区防犯委員会の目標は「犯罪が起こらないまち」。パトロール活動などソフト面での活動、照明整備や位置コードなど利用のハード面の活動（対処療法活動）と、根本的に犯罪をなくす方策、例えば、非行や問題少年対策（ヤングサポート隊）、防犯女性の会、子育て支援など様々な部会を組織している。地域で発生する様々な難問に対し、これと正面から向き合い、問題が大きくならない内に、いわゆる「世話役活動」の積み重ねによって、人と人をつなぎ、絆を増やす。この過程で、住民自らが学び、周りに広げていく。多くの人が活動参加できる緩やかな開放的な場づくりなど受け皿を大き

くしていく。この地区には、防犯委員会のほかNPO法人さかいhill-front forum、警察、学校、行政が一体となって、子どもからお年寄りまで世代を越えた活動を展開している。

文部科学省傘下の「犯罪から子どもを守る」事業に指定

　平成19年から、文部科学省傘下の社会技術研究開発センターの「犯罪から子どもを守る」事業の指定を受け、携帯電話やWeb、位置コードなどITの先端技術を活用し、子どもの居場所確認、Web上及びメール配信による子ども見守りシステム構築等の取り組みを展開中である。

第❸ 「グレーゾーン」問題の本質と安全・安心の創出

　ところで、多くの地域は、「ブラックスポット」と「5つ星の安全の品質管理」の中間帯に位置し、諸々の「安全・危険の混在」する、いわば「グレーゾーン」に属する。有効な対策を講じれば「5つ星」の方向へ山が動き、対策を講じないと「ブラックスポット」の方向へ動く。「安全・安心」は自然に存在するものではなく、地域の安全・安心は安全活力と犯罪活力のせめぎ合いの中で創り出される、いわば「生き物」と考えておいた方がよい。「生き物」である以上、コミュニティのハードとソフト、マインドの3つの手当てをし続けなければ、劣化が生ずることは自明の理である。地域の安全は存在するのではなく、創造するものなのだ。「防犯」概念には「防止」の思想はあるが、安全を「創造」する哲学が欠落している。本章で「5つ星」を強調しているのは、正にこの視点である。

1 犯罪者の下見行動と市民安全の戦略・戦術

例えば、犯罪者の下見行動は、地域コミュニティの安全力量の事前調査活動といえよう。泥棒の「7つ道具」の第1の武器は、ターゲット探しの嗅覚と捕まらないための安全センサー。そして、①まち（地域）の選定、②町内（侵入経路、逃走経路）の選定（住宅地図研究）、③家の周囲の選定、④家の選定、⑤侵入口の選定と、プロセスを経てターゲットに接近する。

しかし、この下見行動の「グレーゾーン」段階では、職務質問はできても予備罪でもない限り、刑事司法で処罰はできない。行政的手法にも限界がある。連れ去り事件や子どもに対する不審者の行動も、基本的には同じプロセスと考えられる。では、市民に武器はないのか。ここに、事件前に予防することの実務的・現場的困難性と安全対策の特殊性がある。

この「グレーゾーン」で泥棒に対抗するためには、「見えない敵」との戦いの常道、つまり、①心理戦（情報戦）であり、②相手の手間を長くする戦術、つまり外堀を深くするのが上策であり、天守閣（自分の家）だけを強固にするのは次善の策である。

防犯パトロール（人の目と姿の力）、落書き消し運動（無秩序を排撃する意思）、防犯灯の手入れ（地域の人々の道への関心、闇夜の安全・安心の拠り所）、手入れのされた防犯看板など「市民安全の7つ道具」は、外堀から天守閣にいたる「公共空間（コミュニティ）」における予防対策の有効な武器として、固有の存在意義と威力、「7つ道具」それぞれの機能、役割、真骨頂がある。

❷ 「市民安全の７つ道具」は、コミュニティの根源的安全能力

　安全・安心のためのコミュニティ現場の「知恵と力」は、警察力が至らぬために代替的に求められるものではない。犯罪活力（犯罪誘発条件）の構造からみても、本来的にコミュニティ自身が身につけるべき基本的な地域安全基盤力である。コミュニティ自らの安全創造の「意思の力」を、犯罪企図者に手を替え品を替えて情報発信し続けることが、コミュニティの共助安全活力なのである。

　問題状況が「グレーゾーン」であるが故に、市民の小さな力（梃子の原理）で、大きな事件事故の予防効果が期待できる。特に街頭犯罪などに対しては、「７つ道具」を効果的に使うことで、心理戦、すなわち、彼らの「鋭敏な嗅覚と安全センサー」を逆手にとって、これに注意・警告・脅威が伝わるように知恵を出せば、コストと犠牲なくして安全・安心を手にできる。「市民安全の７つ道具」には、リスクマネージメント段階特有の意義と価値が秘められている。情勢に応じた７つ道具の組み合わせ、連携・協働活動が重要であることは言うまでもない。

【事例】「『蜘蛛の巣』のゆらぎ」戦法で効果を上げる玉川田園調布町会防犯パトロール隊

　世田谷区玉川田園調布は、商店街も神社もお祭りもないという典型的なお屋敷町。地域住民の付き合いも少なく、やや個人主義的な性格を有する人口2,000余人のまちである。

　2000年の宮沢一家殺害事件や身の回りでの盗犯事件急増など、犯罪情勢の悪化に危機感を抱き、「猿轡を嚙まされて布団蒸しで窒息死する恐怖から逃れたいばかりに参加した」という前田浩雄代表ほか町会有志が、例年３件前後だった空巣が20件に急増したのを受けて、2004年４月から始めた防犯

パトロールが、犯罪抑止から地域の絆の創出など予想以上の大きな成果を上げている。

　なぜ成果が上がったのか。世田谷区安全ボランティアリーダー養成講座第一期生の前田代表は、この地域の住民の気風を生かし、気持ちに沿うかたちのパトロール形態を考案、パトロール量と被害予防効果をデータ記録により「可視化」して、隊員に活動の手ごたえを伝達するなど、現役時代（プラントエンジニアリングビジネス）の知見が地域安全活動に活かされている。

「『蜘蛛の巣』のゆらぎ」戦法とは？

　各自が実行しやすい方法でパトロールを行う。30センチメッシュの金網を強固に張り巡らすよりも、1メートルメッシュの「蜘蛛の巣」がゆらゆらと揺れていると、メッシュがゼロに近くなることもあり、犯罪者は嫌がるだろう。気ままに各自ばらばらにパトロールする方が、集団でパトロールをするより、まちに張り巡らされた目の総数とパトロールの総距離・総時間は長くなり、いつどこから現われるか予測のつかないパトロールを犯罪者は不気味に感じるはずである。

継続性と地域住民の全員参加

　無理な負担が掛からないことが重要。「犬の散歩を兼ねて」「ウォーキングを兼ねて」「通勤途上で」など、各自好きな方法で行うが、時間的には一回30分ぐらいが負担を感じない限界。また、登録隊員、家族が交代で週に一回のパトロールから始めることを薦め、小さな力を結集して大きな成果に結びつけるように努めている。

ゾーン割りとお屋敷町の気風にあったパトロール

　自分自身で町内の路地などすべて実際に歩いてみて、30分で回れるように町内を5つのゾーンに分けた。お屋敷町では、揃いのジャンパーを着込み、幟を押し立てて隊列を組むことは、このまちに住む

人々の気風にそぐわない。ましてや日時を決めたり、ルートを決めたりするなど、決め事の多い運営では長続きしないと考え、活動する曜日・時間帯・一回当たりのパトロール時間・ルートなどはすべて随意とし、安全を第一に考え、昼間のパトロールを主体としており、ほとんどの場合、単独行動である。

地元警察や近隣警察との連携・協力の重要性

犯罪発生状況を知るために所轄の玉川警察署だけでなく、隣接の大田区田園調布警察署に足を運んでおり、現在はフォームシートを作り、警察の方は発生日時などの数字や、手口・発生地域などは該当するものを丸で囲めばよいようにしており、これらの情報項目には個人情報や被害者探しに使われる情報は含まれていない。

近隣町会の犯罪発生も情報収集・分析・検証・活用のサイクル

パトロール量と被害予防効果の「可視化」。活動結果をPCのエクセルで集計し、警察情報と突合、パトロール数と犯罪発生件数の分析と提言にまとめ、月に一回、町会会館で全体会議を開催し、これを基に自由闊達な意見交換を行っている。活動を開始して満1年経過後には犯罪発生件数が激減したが、近隣町会の犯罪発生状況と過去のデータ分析、これまでの経験から犯罪発生を予知し、町内に侵入されないよう心理戦を展開している。

情報の迅速な共有化

全体会議の記録と各種グラフなどは、会議の一週間後までに全隊員93名（2009年7月現在）に、メールと手配り半々で配付している。また、近隣町会分を含めた空巣とひったくりの発生状況をA3サイズの地図上に記載し、毎月町内14カ所の掲示板に掲出して、目にとめた犯罪者の心理的動揺を誘っている。

第❹ 世界標準の「セーフコミュニティ」の設計思想※3

　今春、新型インフルエンザで有名になったWHOと連携したWHO協働センター（スウェーデン、カロリンスカ大学）が体系化した世界標準の安全安心なまちづくり「セーフコミュニティ」は、「グレーゾーン」の問題状況、とりわけ地域課題（危険で放置すれば事件事故になる可能性の高いハイリスク）を「科学の目」で正確に把握、危険を「予知」して適切な介入措置を講ずることにより、事件事故への発展を阻止する試みで、「予防安全」から「予知安全」への挑戦といえる。

　しかもコミュニティレベル、つまり公的安全活力の関与の下、主体はあくまでも地域コミュニティの主導により、すべての安全関係者が組織横断の協働により、安全対策を行う点で、市民安全学の観点から特筆される仕組みといえる。

　また、認証基準の一つにサーベイランス手法があるが、事件事故による外傷調査や住民の意識調査、既存の統計分析により系統的に把握し、予防安全効果を時間軸で検証評価するシステムを義務づけている。現在、青森県十和田市、神奈川県厚木市が認証に向け積極的な活動を展開しているが、ここでは、昨年3月、日本初の認証を受けた京都府亀岡市の事例を紹介する。

【事例】　日本初の「セーフコミュニティ」認証都市―亀岡市

　亀岡市民の意識調査（立命館大学歴史防災研究センター、2007.3）によれば、「暮らしは総じて安全で安心と思う」が34％、「どちらともいえない」44％、「そう思わない」20％であった。生活の安全に関しては、交通事故、災害、火事、犯罪の順で不

※3　セーフコミュニティについては、「地域と行政等との協働による予防安全に関する調査研究―世界基準の安心・安全なまちづくり：『セーフコミュニティ』を目指して」（H21.3　厚木市、(財)地方自治研究機構）中の筆者論稿に詳しい。

安感を持っていることが明らかになり、けが・犯罪・災害リスクのベースライン評価など、安全対策を講ずる上で必要な基礎的データの収集分析が行われた（ホームページで公開）。

地元医師会会長が「セーフコミュニティ推進協議会」の副会長に

　市は本事業を推進するため、市庁内に組織横断的な推進プロジェクトを設置、さらに自治会を中心とした推進体制を確立するため、行政、警察、保健所、病院、自治会等関係者による「セーフコミュニティ推進協議会」を立ち上げた（平成18年11月）。会長は市長、副会長には自治連合会会長と医師会会長が就任、医師会会長をセーフコミュニティのキーパーソンとして位置づけているところが、「セーフコミュニティ」の特長である。

警察と保健所が協働で「元気づくり体操」

　高齢者の交通事故に、自転車運転中の自動車との接触によるものが目立つ。二輪車は速度が速いと安定走行するが、高齢者は足の筋力が弱っているために、ペダルを踏んでも壮年のころのように力が自転車に伝わらず、よろけるのである。事故防止のためには、まず、体力増強からというわけで亀岡警察署と保健所が組んで、高齢者の安全・安心のために「元気づくり体操」運動を始めた。「元気づくり体操」は、交通事故防止のほか高齢者の自殺防止、火事の際の早期避難、高齢者の近隣見守りあい、地域の絆の再生、医療費の低減という諸々の観点からも効果が期待できる。

　これまで各役所の縦割りあるいは自治会が、バラバラにやってきた施策を、住民のニーズや統計的データ分析をもとに、「子どもの交通事故」や「高齢者の安全・安心」という「市民の目線」から、総合的施策体系として取り組んでいる。

モデル地区篠町とは？

「セーフコミュニティ」モデル地区篠町。旧山陰街道沿いで、かつて平安京の都造営の際は、山から木材を切り出し筏を組み、命がけで保津川を下ったという歴史をもつ。近年は京阪神のベッドタウンとして、人口1万8,000人が居住する。篠町自治会は市内最大規模の自治会であり、自治会運営のモットーは「気楽なコミュニケーション」。

「自治会は地域力の源泉」：自治会長　井内邦典氏の気概

井内自治会長は強調する。「自治会は行政の下請けではなく、地域の住民が自ら問題への気づきと解決力を育む地域力の源泉であるべきだ」と。今回のモデル地区指定も、自治会の活動方針に則したものであったので受け入れたという。セーフコミュニティの導入により、住民参加のワークショップが4回開かれ、地域の課題の抽出・整理、目標に向けてのアクションプランの整理等を行った。地元自治会はじめ小中学校、防犯推進委員、民生児童委員、消防団、青少年育成協議会、子ども見守り隊などが総結集し、篠町安全・安心のまちづくり推進会議を設置した。図表①の「5つ星の安全・安心のまち」づくりと同じく、志高きところを目指している。

第5 「創業」から「守成」の時代に入った地域安全と行政・警察の役割

平成14年、大阪府から始まった安全・安心の新しい「灯火」、都道府県レベルの生活安全条例も既に40余の自治体で制定されるに至った。地域安全の総合計画策定を行政の責務とする一方で、市民一人ひとりの危機管理（大阪府）を明記し、地域コミュニティの再生、地域の安全リーダー養成にも言及するなど画期的な内容[4]のものである。

※4　平成14年の大阪府に始まる都道府県レベルの先進的生活安全条例の意義等については、『これで実践！地域の安全力創造』（第一法規、共著）中の筆者論稿に詳しい。

❶ 事件事故「ビジョンゼロ」戦略の構築を！

　仮に、「安全・安心の創出」の目的が犯罪や事故のない「ビジョンゼロ」を目指すのであれば、行政・警察、そして地域や市民が何をなすべきかは明白である。

　図表①に示したとおり、行政・警察は、「5つ星の安全・安心のコミュニティ」モデルを学び、まず、所管の地域の特性に鑑みた「まちづくりのビジョン」の設計図（グランドデザイン）を考案し、市民生活や地域をめぐる安全力学の「山」を、「安全活力」方向（表右）へ動かす戦略や戦術を立てなければならない。

　次に、行政・警察の正面の課題である「ブラックスポット」対策の徹底。また、地域コミュニティの安全活力（③）強化のための協力や支援を惜しまないことだ。さらに、ネット社会の急激な進展で、青少年のこころの安全が大きく侵害を受けており、②の自助安全活力（市民一人ひとりの危機管理）への助言や支援も急務である。

❷ 地域の中に安全の人的基盤の構築が必要

　大阪府の安全なまちづくり条例（生活安全条例）の推進項目には、地域の安全の担い手の育成が織り込まれている。この制度が定着すれば、防犯アドバイザーや活動指導員のような市民による市民のための安全のキーパーソンが地域の中で育ち、真に地域の中に安全基盤の人的基盤の構築ができることになる。だが、その効果的手法は模索中というのが実態であろう。

❸ 自治体主催の「市民の安全リーダー養成」の本当の課題

　自治体主催の市民対象の「安全リーダー養成啓発事業」において、本章で取り上げたような観点から「市民安全の７つ道具」の意義や役割を理解し、次の諸点に留意した地域の安全活力強化のための「市民安全・安心学」を戦略的に教えているだろうか。
　①住んでいるまちをどんなまちにしたいのかという「まちへの思い」を涵養し、その設計図やデザインについての考え方を教育しているか。②安全意識の変革と行動実践の重要性についてインセンティブを受講者に与えているか。③ここでの「安全教育」は義務的な「教育」であってはならない。コミュニティの成員としての社会安全のセミプロ教育を通じ、特に、「安全学習」能力（自ら安全を学ぶ面白さと意欲、他の市民への伝達手法等）を学び、自助・共助の安全活力を扶植しているか。④卒業後、その安全能力を発揮できる「場」（受け皿）づくりをしているか。⑤卒業後の節目研修やその後の活動について、相互啓発の「場」をつくっているか。

第❻ おわりに─市民安全学からの提言─

１　これまで述べてきたとおり、「安全・安心問題の本質」と「『泥棒の７つ道具』対『市民安全の７つ道具』」という構図からみると、防犯パトロール、暗がり診断、挨拶運動、まち歩き、近隣声かけ運動、安全マップ、防犯看板の手入れ、不審者情報の共有、防犯灯の手入れ、危険箇所さがし、車・自転車のロック、町内会への参加、井戸端（ゴミ端）会議、戸締りの励行、活発な自治会活動という、日ごろの何の変哲もない個々の「市民安全」の活動が、多面的な意義をもつ価値ある

行動であり、自らの安全・安心のほか、近隣や地域、あるいは日本の安全・安心基盤とも深くどこかでつながっていることを理解できたと思う。

2　そこで、行政や警察には、「市民生活の7つ道具」の戦略性、それぞれの重要性を、「安全・安心まちづくり」「地域の絆づくり」「コミュニティの人づくり」という3つの観点から、体系的に啓発指導してほしい。

3　また、行政や警察は、振込め詐欺などの安全情報の提供や、暗がり診断・安全マップづくりなどの安全技術をきめ細かく地域に伝えることが重要である。「5つ星の安全・安心のコミュニティ」モデルを学び、コミュニティ自らが自立的な「安全・安心」能力を涵養できるよう、必要な助言や情報提供等支援を惜しまないでほしいと思う。

　というのは、約150年前、日本警察の創始者、川路大警視が説いた「保傅」（ほふ：警察は国民の子守り役）[5]という言葉の中には、国民が一日も早く西洋先進国の公民のように、一人前の大人になってほしいという強い思いが込められていたからだ。今、振り返れば、「5つ星」のコミュニティの担い手育成をも夢見ていたといえよう。

　他方、昨今の「未成熟な大人」問題を知れば、きっと仰天するに違いない。

※5　久野猛（2007）『「警察手眼」に親しむ』立花書房

第2章 セーフコミュニティのまちづくり
～亀岡市、十和田市の事例から～

山本　聖子

第1　セーフコミュニティ活動

1　セーフコミュニティとは

「セーフコミュニティ」[※1]は、住民の手で安全・安心な社会をつくろうという活動で、スウェーデンの地方都市で30年以上前から取り組まれている運動をモデル体系化したものである。地域住民自らが、事故や犯罪、そして、けがのない安全・安心[※2]な暮らしを実現するにはどうすべきかを考え、力を合わせてその原因を取り除いていく活動といえる。

「セーフコミュニティ」は、WHO（世界保健機関）を中心に世界中で推進されているが、日本での取り組みとしては、2006年、京都府が亀岡市をモデル地域として取り組み、2008年、日本初のWHOの認証を取得している。これは世界で132番目の認証である[※3]。

2　セーフコミュニティの効果

「セーフコミュニティ」推進の効果は多岐にわたるが、その主旨が予防を重視することから、事故やけがによる外傷の減少、さらには、それに伴う経済効果としての医療費の削減が見込まれる。また、この活動に取り組むことで行政と住民の関係が密になり、消防署や病院などの関係機関や組織との連携の

※1　セーフコミュニティとは、事故やけがは偶然の結果ではなく、予防できるという理念の下、行政と地域住民など多くの主体の協働により、すべて人たちが安心で安全に暮らすことができるまちづくりを進めるもの。これは、WHO（世界保健機関）が「世界中の人を健康に」という取り組みを進める中で、日々の生活において「安全」が健康に大きな影響を与えることに着目したのが始まりであり、地域の皆さんが協働で安全な環境づくりに取り組んでいたスウェーデンの小さなまちの取り組みをモデルとして、地域のだれもがいつまでも健康で幸せに暮らせるまちをつくろう！という取り組み。地域や組織（住民・行政・学校・警察・消防署・住民組織など）が協働で課題を見つけ、まちづくりに取り組む仕組みをつくり、科学的なデータを活用、けがや事故

促進が図られる。二次的な効果としては、住民自らが地域の安全に対する関心を高め、行政や団体と協働して推進していく過程において、コミュニティづくりや地域への愛着が増すなどの効果も現れている。

❸ セーフコミュニティの認証制度※4

「セーフコミュニティ」としてWHOから認証されるためには、「6つの指標」を満たす必要がある。以下の6点である。

①セクションの垣根を越えた組織の設置。
②すべての性別、年齢、環境、状況をカバーする長期的・継続的なプログラムがある。
③ハイリスクグループ・環境に焦点を当てたプログラム、弱者グループを対象としたプログラムがある。
④傷害の発生頻度と、その原因を記録するプログラムがある。
⑤プログラム、プロセス、効果をアセスメントする評価基準がある。
⑥国内的・国際的なセーフコミュニティネットワークに継続的に参加する。

などあらゆるデータを活用し、取り組みによる影響や成果を科学的な視点から確認し、取り組みの改善につなげる。

※2 交通事故、転落・転倒、溺水、不慮の窒息、火災、不慮の中毒、他殺・傷害、薬物中毒、児童虐待、ドメスティックバイオレンス、高齢者虐待、自殺、外傷後ストレス障害災害などに対する安全・安心の取り組み。

※3 JssP日本セーフティプロモーション学会（事故や事件などによる外傷予防のためのセーフプロモーションに関する学術調査、活動支援等を行う）ホームページより抜粋。http://www.safetyprom.com/

※4 セーフコミュニティ認証センターのコーディネータであるマチュールライフ研究所（セーフコミュニティを目指すコミュニティを支援するため、認証センターが公式に認証している有資格者）がセーフコミュニティ活動について説明している。また、学会やシンポジウムでの報告、論文などを紹介、WHO地域の安全向上のための協働センター（WHO Collaborating Center on Community Safety Promotion）が発行しているマンスリーニュースレターの日本語版発行も行う。http://www.mature-life.jp/

第2 京都府亀岡市での取り組み

1 横の連携で市民を守る

　京都府亀岡市においてセーフコミュニティ概念導入のきっかけとなったのは、1995年の阪神・淡路大震災である。被害者の検死に当たった監察医である元京都府立医科大の医師が、もう少し早く救助ができなかったのか、地震は自然災害ではあるが人間の力で被害を最小限に止めることはできないのかという疑問を持ち、北欧でのセーフコミュニティの概念「けがや障害を引き起こす事故などは偶然に起こるのではなく、予防することができる」という視点から、行政、住民、地域の組織や団体などが協働して、けがやその原因となる事故の予防を行うことにより、安全で安心なまちづくりを進める取り組みを京都府に持ち込んでいる。

　亀岡市では、市長の「これからは人間としての心が必要であり、ぬくもりを感じる地域社会をつくっていかなければならない」という言葉を発端に2006年、この活動がスタートし、2008年3月にWHOからの認証を受けるに至っている。

　亀岡市では、従前から多様な主体によって地域の安全・安心に関する取り組みが進められていたが、

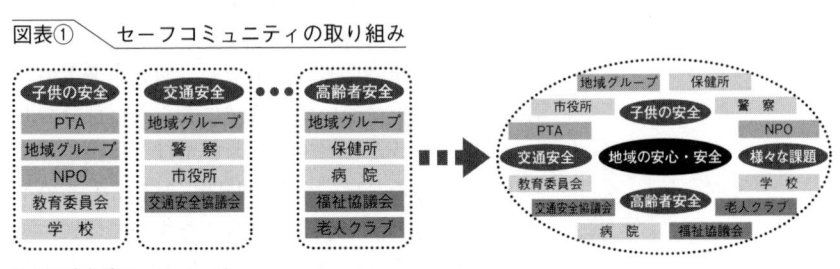

図表① セーフコミュニティの取り組み

出所：京都府ホームページ

図表①のように各取り組みを横断的に連携させ、地域の安全・安心という共通の目標に向かって進めてきた。

❷ 亀岡市セーフコミュニティ推進協議会の発足

●亀岡市セーフコミュニティ推進協議会

　亀岡市では、2006年に、分野の垣根を越え、コミュニティの安全・安心を推進するための組織「亀岡市セーフコミュニティ推進協議会」を発足させた。この協議会は、行政、自治会、消防・警察・医療機関・教育機関等のトップメンバーによる横断的連携組織であり、各施策に係る方針決定や計画を策定する母体となっている。

　また、この活動は、京都府とも連携しており、府県行政であった警察や保健所との協力関係が構築されるなど、多様な分野との協働も可能となっている。

　亀岡市セーフコミュニティ推進協議会には、亀岡市セーフコミュニティ推進協議会運営委員会が置かれている。

●亀岡市セーフコミュニティ推進協議会運営委員会

　「亀岡市セーフコミュニティ推進協議会運営委員会」は、2007年セーフコミュニティの認証指標でもある「余暇（スポーツ）と職場における不慮の事故防止」への対策を研究するタスクフォース[※5]として設置され、各関係機関による専門委員会となっている。

　一般的には余暇における事故や、個人事業主の職場における外傷については考慮に入らない部分であるが、セーフコミュニティにおいては、住民が不安を持っているならば、余暇の時間に対してもその不安を取り除き、個人事業主を含めたすべての人に対する職場での安全について考えなければならないと

※5　特別な任務を持ったプロジェクトチームのこと。

している。
● セーフコミュニティ推進プロジェクトチーム
　行政内においても、セーフコミュニティ推進プロジェクトチームが設置され、庁内における横断的連携組織となっている。

3 ワークショップ[※6]の効果

[※6　参加者が自主的活動方式で行う講習会]

　セーフコミュニティのWHO認証の指標には、「すべての性別、年齢、環境、状況をカバーする長期的継続的なプログラム」が必要とされている。そこで、亀岡市では市内各自治会を中心とするアクションプランの策定及び予防プログラムの実施を行った。
● ワークショップの実施と結果
　亀岡市では、モデル自治体（篠町自治会）において、それぞれ住民によるワークショップを開催した。その結果、毎日通っている道でも電灯が切れていたり、危ない場所があるということなど、気づいていないことが多くあることに気づかされた。最初は行政への要望中心のワークショップが、回数が進むと、行政の行動を待っていられないので、自分たちでどうにかしようという自主的なものに変わってきた。
　例えば、見守り活動については、買い物や犬の散

写真①　ワークショップの様子（亀岡市）

出所：京都府・亀岡市セーフコミュニティの手引き

歩などの生活の一部を活用することで、見守り活動を行ってはどうかという声に変わった。

●向こう三軒両隣マップの作成

地域のコミュニティの希薄化が懸念される地区では、ワークショップで隣近所何人住んでいるかを知っているかという疑問から、ふれあいマップ（向こう三軒両隣マップ）を作成した。これは、隣組（約20戸）で構成する近隣住民共助のための情報把握マップであり、昼夜の家族数、高齢者・災害時要援護者の有無等を記載したマップである。行政による紙面記録での情報取得は、個人情報との兼ね合いが難しくなるが、頭の中で覚えたら個人情報とはならないという感覚は、ワークショップの声から生まれたものである。

●転倒予防運動

足腰を強くすることが外傷を防ぐという考えから、運動会・敬老会・各種会議等で転倒予防運動が実施されている。警察と消防署の職員も体操のインストラクタ資格を取得し、住民の健康とコミュニケーションの向上を図っている。

●産業界の参加

道路への飛び出しなどで不安を感じる宅配業者が、警察に相談したことがきっかけとなり、指導員としての認定を受け、注意できる仕組みができている。この例のように、だれもがそれぞれの立場で考え、また、自分にできることで参加するということを通して、安全なまちを目指している。

●安全・安心地域魅力マップ（S・MAP）作成活動

都市型モデル地区では、ワークショップから出た意見を取り入れ、地域の財産や犯罪・災害・交通危険箇所等を明記したマップを作成している。これは、地域の情報（障害者が使えるトイレ、椅子やスロープがある場所、子どもの駆け込み可能な家など）を立命館大学の地域防災センターと連携して作

成するものである。

　また、セーフティキッズ認定制度（子どもに安全を知ってもらう取り組み）として、消防署の協力で夏休み1日防災教育や、通報の具体的方法について学ぶ機会を設けている。これは、子どもに災害時の炊き出し訓練などを体験させて認定を与え、それをきっかけにして地域活動にも参加してもらい、「子どもから見た安全」という視点で一緒に活動を行うというものである。安全パトロール隊の編成も行っている。

●農村型モデル地区（川東5町自治会）での取り組み

　少子高齢化・過疎化が進む地区では、ワークショップをはじめ、自殺予防対策に関する調査（心の健康に関する調査）を行っている。

４　どうして事故が起きるのか（外傷発生動向調査）

　亀岡市では、WHOの認証の指標に沿った取り組みを行うため、外傷の発生頻度とその原因を記録する外傷発生動向調査を行った。図表②がその調査票である。この調査は、亀岡市内で発生した外傷について、けがをしたときの心理状況や体調、周辺環境、天候等をすべて調べるものであり、日本初の試みであった。この調査に当たっては、亀岡市医師会・亀岡市歯科医師会の協力の下、各協力医療機関の職員が亀岡市内で受傷したすべての外傷患者を対象に調査票に記入し、保健所・保健センターにより調査票を回収し分析した。けがの原因をつかみ、原因が確かなほど再発を防止できると考えられている。

　しかし、調査を始めて日が浅いこともあり、評価基準が確立していないという課題がある。将来的には取り組みの効果を数字で明らかにすることで、安

図表② 外傷発生動向調査票表裏

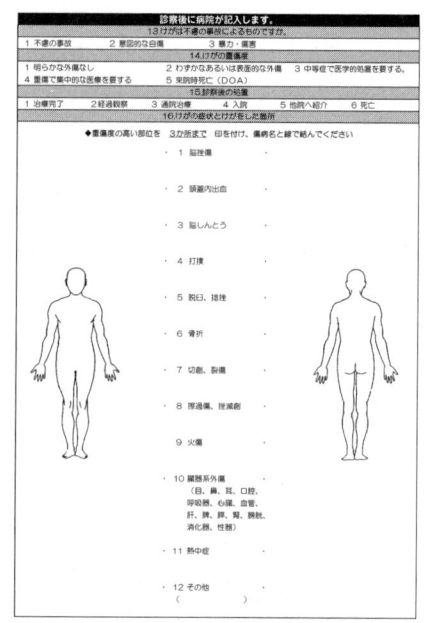

出所：亀岡市資料

全なまち亀岡を市民に感じてもらわなければならない。

5　今後の課題

　亀岡市では、2008年にWHOからの認証を取得したことで、今後も日本らしいセーフコミュニティの普及・啓発をしていく上での連携や協力を図っていきたいと考えている。

　住民へのアンケートによると、地域で相談できる人が多いほど安心感が高く、地域への愛着や満足度も高いという結果が出ている。これを受けて行政としては、地域住民のコミュニティをいかに高めるかが課題である。

　今後は、セーフコミュニティを通じて積極的に意識変革をして活動する人と、意識や安全に対する考

えが高まらない人との意識格差が出てきてしまうことが挙げられるため、格差を縮めていくために成功事例を伝えていく必要がある。また、行政だけでなく産業界を巻き込んでいくことが不可欠である。交通事故防止のために、より安全な車をつくり、交通安全施設の整備や警察の安全策強化など行政、産業界、ドライバー等が共に協働したことがあったように、セーフコミュニティの推進は産業界や経済界、また、大学等の連携や支援があってこそ拡大、継続していくと考えられている。

第3 青森県十和田市での取り組み

　青森県十和田市では、2005年からセーフコミュニティの取り組みが始まり、2009年、WHOによる認証を目指している。十和田市での取り組みは、保健活動の原点に立ち返ったものであり、保健師を含む住民ボランティアの方々のボランティア活動が行政を動かした例といえる。

1 保健活動からセーフコミュニティをつくる

　十和田市のセーフコミュニティは、JssP日本セーフティプロモーション学会において、青森県でモデル地域をつくりたいという考えがあったことで始まった。十和田市がセーフコミュニティを推進した背景には、当地に歴史的にも手厚く充実した保健活動の実績があること、ボランティア意識の高い市民が多いこと、また、あらゆる分野において人材が豊富であることが挙げられる。十和田市では、ヘルスプロモーション[※7]として健康づくりを部門横断的に取り組もうとした経緯があったが、セーフコミュニティへの取り組みがそれを可能としている。
　2004年7月に、セーフティプロモーション[※8]講

※7　WHO（世界保健機関）が1986年のオタワ憲章において提唱した新しい健康観に基づく21世紀の健康戦略で、「人々が自らの健康とその決定要因をコントロールし、改善することができるようにするプロセス」と定義されている。「すべての人びとがあらゆる生活舞台－労働・学習・余暇そして愛の場－で健康を享受することのできる公正な社会の創造」を健康づくり戦略の目標としている。（日本ヘルスプロモーション学会 http://www.jshp.net/index.html）

※8　セーフティプロモー

ションとは、安全・安心なまちづくりとして、事故や暴力、その結果として生じる外傷や死亡を予防する取り組み。また、外傷を予防し、健康で安全なまちづくりを通じて、住民のQOL（クオリティー・オブ・ライフ＝生活の質）向上を目指す健康マネジメントの試み。取り組み例としては、既に市内で多くの方々が身近で積極的に実施している、地域ぐるみで子どもを守る「かけこみポイント」や「登下校愛の目運動」、そして、防犯パトロール、自主防災組織による「自主防災活動」、高齢者の転倒事故防止予防となる「健康づくり体操」など。

※9　新井山洋子（2007）「保健活動からセーフコミュニティをつくる」『保健師ジャーナル（2007年12月号）』医学書院

図表③　十和田市セーフコミュニティ（十和田市）

注：ボランティア組織である「セーフコミュニティとわだを実現させる会」の会員が作ったロゴマーク

演会が開催された。その中で、病気以外のすべての外傷は予防でき、人間関係の修復にもつながる。また、行政施策としての意義や国際観光都市としてのイメージアップにつながること、それが観光資源にもなるという内容があり、保健師を中心にセーフコミュニティの勉強会が始まった。

❷ セーフコミュニティとわだを実現させる会の発足

　セーフコミュニティは、あくまでもWHOからの認証取得で得られるものであるが、セーフプロモーションは、セーフコミュニティに向かって部門横断的に協働で取り組む手法である。セーフコミュニティは成果主義ではなく、プロセスが重要であることを認識しながら推進することは、市民の安全意識の向上のみならず、コミュニティの再構築にもつながる[※9]。

　2006年・2007年度の2カ年間、青森県新規事業として青森県子どもの外傷予防総合推進事業が開始され、十和田市がモデルとなり、2007年度にはフォーラム「子どもの事故を減らすために〜安全・安心のまちづくり〜セーフコミュニティを目指して」が開催された。フォーラム終了後、市民ボランティア「セーフコミュニティとわだを実現させる

会」が発足し、3年以内に行政と協働して認証取得が実現できるよう設定された。

❸ 「セーフコミュニティとわだを実現させる会」の活動

「セーフコミュニティとわだを実現させる会」は、行政のセーフコミュニティ推進のサポート隊として、市民の安全・安心なまちセーフコミュニティの概念と認証取得の意義の普及・啓発、行政に頼らないボランティア活動等、具体的施策の検討や提言を目的として発足した[※10]。メンバーは市内・市外合計50名弱で構成され、同じテーマを掲げお互いができることを行うというボランティア的役割で活動し、行政との協働も図っている。

❹ 住民意識の変化

取り組みを進めるに当たって、住民意識の向上と自ら行動するという感覚が育ってきている。

例えば、公園遊具が古くなって危険になった場合には、ただ撤去するのではなく、一部を換えるなどの安全・安心の立場で考えようという声が挙がっている。さらに、段差のないまちにしようとバリアフリーのまちにする試みも始まっており、火災警報器を寄附して高齢者宅に配付しようという声も聞かれる。さらに、十和田湖の奥入瀬遊歩道で安全危険箇所チェックを行う活動等がなされるなど、市民がセーフコミュニティとして捉えている活動が見受けられるようになっている。

❺ 今後のセーフコミュニティの広がりに向けて

全国の行政は、さまざまな分野できめ細やかな対応をしており、どこの自治体においてもセーフコミュニティを推進することは可能だと考えられる

※10 新井山洋子（2009）「十和田市における取組み「ボトムアップ型セーフコミュニティ」」（厚木市・地方自治研究機構：「地域と行政等との協働による予防安全に関する調査研究」）

が、以下の2点が推進する上での課題として挙げられる。第1に、認証取得に向けての部門横断的な取り組みと、それを支えるボランティアの組織がないと難しく、5年に1回の認証が必要なセーフコミュニティは、市民が主導でなければ行政だけでは成り立たないものだと考えられる。市民サイドのボトムアップも行政側のトップダウンも、どちらも欠かせないものと思われるものである。第2には、行政・医療・消防・警察等を中心としたサーベイランスシステムによる科学的データの継続的集積と評価システムの構築が必須となる。科学的データを示すに当たっては、公衆衛生的な視点や疫学的な視点を持った専門の人材が不足していることで、評価につながりにくいということも課題である。

　また、認証指標である国内的・国際的なネットワークに継続的に参加するという要件は、予算的に厳しい面も予想される。

　十和田市でも、2009年認証取得を目指し、地域活動の積み重ねを行うとともに、セーフコミュニティのまちづくりに取り組んでいるところである。

第4　日本におけるセーフコミュニティの方向性

1　人に優しいまちづくり

　人はけがをすれば心細い上に、原因について自分を責めがちである。慰労する周囲も、当人の不注意や体力の衰え等を理由としてしまう傾向がある。そこに環境の不整備や体力の衰え、不注意になった原因等があるはずであり、それが判明すれば予防策もまた存在する。セーフコミュニティは、それを科学的に検証することで、すべての人に優しいまちづくりを目指している。

　日本では古来、地域の助け合いや結と呼ばれる協

働農作業などの歴史があるが、近年、人と人とのつながりが希薄化し、少子化や人口減少などの問題と共に、絆やコミュニティによる地域再生や活性化などが叫ばれている。そのような中で、人に優しく安全で安心して住みやすい地域づくりを基本概念とする「セーフコミュニティ」は、人と人の絆やコミュニティを蘇らせ、さらには行政と地域住民の協働をはじめ、各主体の融合などを包括するものと考えられる。セーフコミュニティの理念は、地域住民が協働して事故・犯罪・けが等を予防するために、安全で安心して暮らしていくにはどうすべきかを考え、力を合わせてその原因を取り除いていこうとする活動である。事故やけがは偶然の結果ではなく、予防できるとしている。セーフコミュニティを推進することで、人への安全という側面からの予防的視線による潜在的水面下の個人意識を表出させ、見るべきことや聞くべきこと、また、考えるべきことについて確認し、すべきことを見いだすことができる。また、その推進が地域に豊かなコミュニティを形成することにつながり、地域への愛着が増し、だれもが安全で豊かな生活を獲得することができる希望ある明るい未来を創出できると期待される。さらに、現行の地方行政の施策の風通しを良くし、効果を高めることにもつながると推測される。

2　セーフコミュニティ活動の意義

　行政活動には、評価や成功事例が活動の継続や推進に不可欠と捉えられがちであるが、セーフコミュニティの概念は、評価や効果を期待する考え方よりその過程に意義があり、効果を確信し、期待する姿勢や心構えが必要であると思われる。

　人はさまざまな事情を抱え、生涯を地域社会で過ごす。人に焦点を当て、地域に合わせたセーフコミュニティのあり方が模索されている。

第3章

倉持　隆雄

コミュニティづくりによる体感治安不安感の改善
～市民協働による生活安全活力の再生と魅力あるまちづくり～

第1　取り組みを始めた背景と主な取り組み

1　背　景

　厚木市[※1]の玄関口である小田急線本厚木駅の1日乗降客数は14万人を超え、街中では平日でも様々な人が集まり、人の流れが絶えることがなく、昼夜間人口比率は114.7％と高く、近隣市町村と比較しても若者が多く、活気に溢れた個性豊かな都市である。

　しかし、このような活気ある都市、そして都市化の発展は、反面、コミュニティ活動の減少による犯罪抑止機能の低下を招いていた。

2　刑法犯認知件数の推移

　刑法犯認知件数（図表①）は、平成8年まで3,000件台を推移していたが、平成9年以降増加を始め、平成13年には7,163件と過去最高を記録し、乗り物盗や空き巣ねらい、ひったくりなどの窃盗犯が急増し、多くの市民から治安に対する要望が数多く寄せられ、安全なまちづくりや犯罪を許さない環境の整備など、犯罪の発生そのものを抑止するための総合的な取り組みが求められていた。

　厚木市における治安対策は、平成14年から本格的に開始し、様々な対策を講じてきた結果、6年連

※1　厚木市は神奈川県のほぼ中央に位置し、豊かな自然と首都圏における拠点都市として、都市機能を兼ね備え、活気に満ちたまち。
　現在は、新たな時代を展望した厚木らしさの創造に向け、世界基準の安心・安全を目指し、WHOが認証する「セーフコミュニティ」取得に向けた活動にばく進している。
人口　226,201人
世帯　94,723世帯
面積　93.86㎢
（平成21年7月1日現在）

図表① 厚木市における刑法犯認知件数の推移

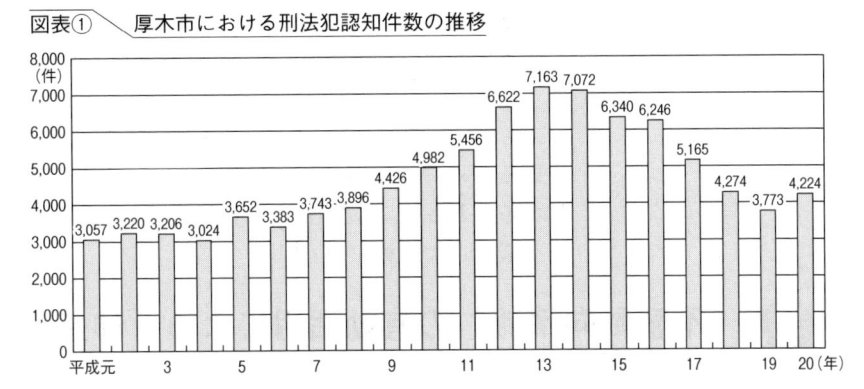

年	件数
平成元	3,057
3	3,220
5	3,206
7	3,024
9	3,652
11	3,383
13	3,743
15	3,896
17	4,426
19	4,982
20	5,456

※グラフ上の数値：3,057／3,220／3,206／3,024／3,652／3,383／3,743／3,896／4,426／4,982／5,456／6,622／7,163／7,072／6,340／6,246／5,165／4,274／3,773／4,224

続して刑法犯認知件数を減少させるなど一定の成果を上げている。

3 主な取り組み

　市民が感じる不安感や安心感は、抽象的で漠然としたものである。

　このため、治安について市民がどう感じているのかを把握するため、平成14年にアンケート調査を実施し、その結果、65％以上の人が「人通りの少ない、暗い夜道」を不安に感じていることが判明した。

　この結果を踏まえ、特に見通しの悪い箇所や危険と思われる箇所に設置してある既存の防犯灯を、照度の高い蛍光灯に順次交換するなどの改善を図ってきたほか、青色回転灯を点滅させ「ただいまこの地域をパトロールしています」などと、放送しながらパトロールを実施する「市民安全パトロール車」や、市民移動交番車「パトちゃん号」を小・中学校や地域安全活動の拠点などに移動配置するなど、犯罪に対する抑止力を高め、犯罪の発生しにくい環境づくりに努めている。

　このほか、警察や市民から提供された情報をファックスで公民館や小・中学校に伝達するほか、電子メールを使い、収集した情報を事前に登録した

方へ伝達する「ケータイSOSネット（平成21年3月現在約6,000人が登録）」の運用を開始している。

さらに、コミュニティの活性化と防犯意識の高揚を図るため、「セーフティ・ベスト着用運動」を開始するとともに、「愛の目運動」などの地域安全活動を積極的に支援している。

第2 「不審動向情報」の有効活用による「体感治安不安感」の改善

1 体感治安不安感の改善とコミュニティの活性化

子どもに対する声かけ事案など、いわゆる不審動向は、「体感治安不安感」を増大させ、場合によっては事件に発展する危険性をはらんでいる。

厚木市では、子どもの犯罪被害の未然防止を図るため、不審動向情報※2の集積・分析・コミュニティへの還元という「不審動向システム」を構築して、「体感治安不安感」の改善とコミュニティの活性化を図っている。

(1) 循環型不審動向情報システムの概要

地元警察署との緊密な連携の下、市役所自らが不審動向情報を集積・分析・コミュニティへの還元という循環型システムを構築し、情報の有効活用を市役所が核となって積極的に実施している。

(2) 不審動向情報発生時の活用方法

必要に応じて、情報を速やかに学校や地域に発信し、警戒を呼びかけるとともに、不審動向発生状況データ等の分析を行い、結果を地域へフィードバックして、地域の安全活力の強化につなげている。

(3) 不審動向情報発生時の緊急出動態勢の確立

市生活安全課に防犯パトロール隊を配置し、緊急

※2 不審動向情報とは、いわゆる不審者等情報で、市民等の情報提供者が不審と判断した不審者や不審物・車両などの状況等であり、必ずしも犯罪に関する者（物）を指す情報ではない。

を要するものについては、警察との連携の下、直ちに防犯パトロール隊員（非常勤特別職員・警察OB）が現場に急行し、通報者等から情報提供などを受けるとともに安全指導に努めている。

市役所自らが、現場対応の「機動力」を持って学校やコミュニティとの関係や連携、信頼性を深めることにより、子どもの犯罪遭遇不安や危険の防止にこれまでにない効果がみられ、かつ、この組織一体的な活動により、コミュニティ自身の活性化（絆の再生）、自治体とコミュニティの関係強化が図られ、体感治安不安感の改善につながっている。

(4) 「セーフティ・ベスト着用運動」と「愛の目運動」

このシステムと併せて、ボランティアによる「セーフティ・ベスト着用運動」（共助安全活力）、地域の人々の日常活動を通じての見守りあい「愛の目運動」を展開している。

「愛の目運動」は、朝、家から子どもを学校に見送るとき、親が玄関や門の外まで一歩出て、「行ってらっしゃい」の声をかけるなど、簡単にできることをみんなで実施する「子ども見守り運動」である。

2 不審動向情報の集積・分析による科学的な被害の未然防止対策の推進

(1) 不審動向情報とは何か

不審動向情報とは、人により捉え方が異なるため、市民などの情報提供者が不審と判断した事象や状況と位置づけている。

図表② 不審者の乗物等別件数（平成16年～20年）

種類	徒歩	自転車	オートバイ	普通車	トラック	不明	合計
件数	153	42	14	91	1	150	451
割合(%)	33.92	9.31	3.11	20.18	0.22	33.26	100

例えば、不審動向情報451件（図表②）を分析したところ、不審者等の被害者への接近手段別として、車の利用が32.82％（普通車20.18％、自転車9.31％、オートバイ3.11％、トラック0.22％）と、徒歩の33.92％とほぼ同数である。
　これは、不審者などの接近に対して注意を向けなければならない第一対象は、人だけではなく、不審な車（乗りもの）も注意しなければならないということである。

(2)　子どもたちが持つ「不審者」のイメージとは

　子どもたちは、「不審者」という言葉に、「黒の上下、黒の帽子、サングラス、マスク」というワンパターンのイメージを強く持っているようである。
　実際、子どもから「不審者が刃物を持って歩いていた」等の情報が寄せられたが、子どもたちの見間違いや勘違い、思い込み、なかには狂言なども混在していた。
　このような傾向性は、システムの運用当初は分からなかったことであるが、子どもから寄せられた不審動向情報を積み重ねて分析し、初めて判明した。

❸ 不審動向の傾向性

(1)　不審者等が多く目撃される環境・状況等

　情報分析の結果、「学校のある日」特に「週始めや週半ば」、若しくは「夏休みなどの長期休み期間の前後の月」「晴れた暖かく気持ちの良い日」「午後3時から午後5時までの間」。場所は、「繁華街を取り巻く公園や駐車場付近の死角のある路上等」「新興住宅街やアパート、公営住宅の多い地域」、若しくは「人口の少ない山間部に近い郊外」において、「徒歩か自動車を利用して」「女子小・中学生を狙う」「中年の男」による「下半身露出」や「痴漢」又は「声かけ事案」などが多いことが判明した。

(2)　様々な情報が混在する不審動向情報の特殊性

不審動向の種類で一番多いのは、「下半身露出」（25.05％）である。次に「体を触れられた」「声をかけられた」「挙動不審者」等の事案であるが、その他にも「写真を撮られた」「腕をつかまれた」「尾行された」「追いかけられた」「車に連れ込まれそうになった」「刃物を持っていた」「のぞかれた」など、直接・間接、危険・不安・無害の情報が混在している。

(3) 危険な手口と事案の性格・態様の多様性

このうち、事件への発展性・可能性からみて危険と思われる情報は、「おじさんの家においで」「駅まで連れて行って」など、連れ去り事件に発展する可能性のある「声かけ事案（12.20％）」「尾行・追いかけ（8.43％）」「腕をつかまれた（2.66％）」「連れ去られそうになった（2.44％）」など、子どもの安全侵害の現実的危険性が認められる動向が、全体の約4分の1を占めていることは注意を要する。

その他には、「胸に触られた」「胸をつかまれた」「スカートをめくられた」「写真を撮られた」「刃物で切りつけられた」「鎌を持った男」「モデルガンで撃たれた」「髪の毛を焼かれた」「髪の毛をつかまれた」などの危険な不審動向がある。

また、「うろついている男」「上下黒の服装でサングラス、マスク姿の男」「クラブ活動をのぞいている男」「路上に字を書いていた」「訪問販売」「酔っ払い」「不審火」「少年たちのたむろ」「不審電話」「騒音」「不法投棄」「放置自転車」などの情報が含

図表③ 不審動向情報の推移（種類）（平成16年〜20年）

種類	下半身露出	声かけ	尾行・追いかけ	腕をつかまれる	車に連れ込まれそうになる	その他	合計
件数	113	55	38	12	11	222	451
割合(%)	25.05	12.20	8.43	2.66	2.44	49.22	100.0

まれている。

(4) ターゲットとなりやすい被害者特性

不審者などに狙われやすいのは、女子中学生が153件（33.92％）、次に女子小学生137件（30.38％）、全体で451件中、女子小・中学生が290件（64.30％）と半数以上を占めている。

(5) 曜日や天候による出現の特徴

水曜日が21.29％、月曜日が19.73％と多い。月別では6月が14.41％、9月が11.97％、4・5月がそれぞれ11.87％と、子どもたちの長期休み期間の前後の月の情報が多い。

逆に情報の少ないのは、土曜日の4.88％、日曜日の2.66％である。月別では、8月の3.99％、3月の4.88％であり、学校のない日の情報は少ないようである。

また、天候別では、晴の日の情報が67.07％と圧倒的に多い。

❹ 循環型不審動向情報システムの活用で体感治安不安感の改善

(1) 循環型不審動向情報システムの活用

刑法犯認知件数は6年連続して減少し、特に、窃盗犯は大幅に減少した。これは、不審動向情報システムの活用、市の防犯パトロール隊の迅速な対応、地域住民の安全パトロール活動の盛り上がり等が相

図表④　市民意識調査（単位：％）

質問事項：治安について5年前と比べてどうですか。

調査年度 項目	平成13年	15年	17年	19年
良くなった	3.0	3.0	4.4	9.5
変わらない	39.6	30.4	32.8	40.7
悪くなった	42.8	54.0	54.2	36.4
無回答	14.6	12.6	8.6	13.4

俟って、この成果につながったのではないかと分析される。

(2) 体感治安不安感の改善

市民意識調査（図表④）では、平成19年は17年に比べて、「良くなった」が4.4％から9.5％に、「悪くなった」が54.2％から36.4％と、それぞれ好転している。

これは、体感治安不安感が徐々に改善されているものと考えられる。

5 循環型不審動向情報システムにおける科学的アプローチの意義

◆ なぜ、「循環型」なのか。これについては、不審動向情報を、行政や警察から登録者に携帯電話やファックスで、一方的に情報発信するだけの仕組みでは情報が一方的であるため、その効果測定を含め、有効性に限界があるからである。

◆ 子どもの危険・不安情報（体感治安不安情報）を集積して分析することにより、子どもをめぐる潜在的犯罪遭遇リスクの分布が分析でき、被害の未然防止対策に参考として、有効活用できる。

◆ 危険・不安に遭遇した子どもの対応が重要

多くの子どもの犯罪被害は、一人の時に多く発生している。

子どもの被害の未然防止のためには、子ども自身が不審者等に遭遇した場合に、その状況をすぐに親や先生などに知らせることを生活習慣化することが重要である。子どもの目線での、危険や不安の実態把握が重要となる。

次に、子どもからの情報を、父兄や先生等が必要に応じ、いち早く市や警察に連絡できる体制づくりを行う必要がある。この点に関しても、循環型不審動向情報システムの導入や運用が軌道に乗るにしたがって、市・警察・関係機関・学校・地域との信頼

関係が深まっていった。

⑥ 循環型不審動向情報システムとコミュニティの活性化

(1) 防犯パトロール隊の活動による市民の体感治安改善の具体例

防犯パトロール隊には、市民から危険や不安事案についての情報提供もあるが、「警察に通報するほどでもない」「警察に通報するのが面倒」などの市民感情の本音の声が寄せられるようになった。

隊員は、市民感情を尊重しつつ、情報の裏づけとなる現地調査を実施する。場合によっては、情報提供者に代わって警察に事案の通報を行うなどの対応をとっている。

このような市の地道な、かつ市民の立場に立った対応が、積極的に通報を行った地域住民や近隣のコミュニティに、これまでにない安心感・安全感を与え、行政への信頼感・親近感を高める好循環が生まれている。

(2) コミュニティの安全活力の活性化対策

循環型不審動向情報システムが、市民生活の現場で身近な安全ツールとして定着するためには、何としてもこれを活用してくれるコミュニティを育てていかなくてはならない。

そこで、仕組みの趣旨や不審動向情報の意義、地域の防犯意識の強化の重要性について、コミュニティの現場（公民館等）に市幹部職員が出向き、犯罪現場の再現ということで地域安全ボランティア団体の幹部の協力を得てガラス破りの実演を行うなど、説得力ある手法を取り入れ、地域の関心を高めることができた（平成15年から17年までの３年間で、合計約300回の勉強会や講演会を開催した）。

(3) 「セーフティ・ベスト着用運動」による見せる警戒活動の展開

平成16年4月、新入学児童を迎えた時期に、小中学校周辺で不審者の出没や痴漢行為などが連続的に発生したこともあり、以後2カ月間、自治会や老人クラブ、ボランティアの方々、そして地域の方々や学校関係者などが一丸となって、セーフティ・ベストを着用しての「小中学校緊急安全パトロール」を全市挙げて実施した。

　その結果、不審者の確認どころか、その期間の犯罪も激減したことにより、「セーフティ・ベスト着用運動」による犯罪抑止効果が実証されたのである。以後、不審動向情報システムによる情報に基づき、地域住民が「セーフティ・ベスト」を着用して、緊急パトロールを実施する地域も増加している。また、老人クラブやボランティアにより、子どもたちの登下校時間に合わせ、「セーフティ・ベスト」を着用して通学路や交差点などに立ち、子どもたちを見守る「愛の目運動」が展開されている。

　現在、このベストは、市が1万枚、自治会等が2,000枚、企業からの寄附が1,000枚、合計1万3,000枚が作成され、地域防犯活動に活用されている。

(4) **不審動向情報の集積・分析・伝達（フィードバック）等の具体的手法**

　市に提供される不審動向情報は、警察、学校、自治会、ボランティア団体等からのものが多く、その背景としては、地域住民の防犯意識の高揚が挙げられる。

　集積した情報は、市の生活安全課において、時間別、動向情報別、年齢別、乗物等別、被害者等別、曜日・月別、天候別、地域別などに分析する。

　また、警察からの情報を罪種別、地区別、月別などに整理し、地域の現場で、コミュニティのリーダーが活用しやすいよう棒グラフや円グラフで図解するなど、見てすぐ理解できるよう加工編集し、地

区市民センター（公民館）等に配付している。
(5) 防犯一口メモの効用
【「ケータイSOSネット」発信事例・防犯一口メモ】

> ○月○○日○曜日「学校からの情報」平成○○年○月○○日（○）午後○時○分頃、○○町○○番地付近で、下校途中の女子児童1名が男に手をつかまれるという事案が発生しました。【男の特徴】20〜30歳くらい、背が高い、くせ毛の髪、黒の長袖シャツ、黒のジャージ【防犯一口メモ】歩道と車道が分かれていない、人目がない道は、「車による連れ去り」「バイクによるひったくり」「背後からの抱きつき」などの犯罪が起こりやすくなります。

　地域住民から「防犯情報だけでなく、地域安全活動のワンポイントとなるようなものをケータイSOSネットでも発信してほしい」と要望があり、「防犯一口メモ」を併せて発信することにした。
(6) 不審動向情報の地域へのフィードバックの波及効果
　情報が発信されるようになり、自分の地域や身の回りで発生している犯罪の多さを初めて知り、地域住民の犯罪に対する意識が大きく変化し始めたのである。
　また、市に提供された情報をできるだけ早く地域住民に知らせることが、コミュニティや地域安全活動の活性化に大きな役割を果たしていることが確認できた。

> ◆参考【安心・安全に関する意識と今後の近所付き合いの意向との関係（平成20年10月に実施）】
> 　厚木市民を対象に実施したアンケート調査では、近所付き合いが親密になるほど、居住地域が

安心・安全と考える人が多いことが判明した。⇒「生活面での協力関係（安心度57.4％）」「世間話や立ち話（同51.2％）」「あいさつ程度（同42.4％）」「ほとんど付き合いがない（同31.9％）」。また、「子どもが不審者に声を掛けられたり、連れ去られたりする」ことに、不安を抱える人が全体の85％に上ることが分かった。

第3 本厚木駅周辺のにぎわいと安全「安全と魅力づくりにチャレンジ」

① 大都会を追われた違法な性風俗店等はどこへ行く

厚木市から、電車で1時間程度で行ける新宿歌舞伎町や横浜伊勢佐木町などの大繁華街、電車で20分程度で行けるJR町田駅周辺の中規模繁華街では、平成15年ごろから繁華街における迷惑・違法行為の撲滅を強力に推進した。

大都市における繁華街対策との因果関係は不明であるが、平成15年ごろから本厚木駅周辺の繁華街では、違法な性風俗店やその客引き、ピンクチラシの配付、風俗店等への勧誘・斡旋するカラス族、違法駐車などの迷惑・違法行為が急激に増加し、一部の来街者からはミニ歌舞伎町と呼ばれるようになっていた。

② 街のマイナスイメージを排除！

多くの市民からは「犯罪は減少しているのに体感治安は良くならない」と指摘され、何が体感治安を低下させているのかを調査した結果、若者のたむろ、ピンクチラシの配付や掲示、客引き、違法駐車、落書き、ゴミの散乱、放置自転車などの迷惑行

為や街の暗がりなどが、来街者に「無秩序」「不安感」を感じさせ、街の魅力を減退させていることが判明し、本格的な環境浄化作戦がスタートしたのである。

③ 安全対策と魅力づくり

街のマイナスイメージ（「怖い」「危ない」「汚い」）を排除。そして、街の魅力づくり（プラスイメージの創出）を同時に推進する必要があった。そのため、連携協働の場として、繁華街の空き店舗を利用した「セーフティステーション番屋」と「にぎわい処」を、平成19年7月13日に同一施設内にオープンさせたのである。

(1) 番 屋

番屋の役割は、本厚木駅周辺環境浄化対策協議会[3]などの地域安全活動の拠点、地域・行政・警察が三位一体となって環境浄化対策事業を展開する拠点、情報収集・発信や防犯相談の場である。

(2) にぎわい処

「にぎわい処」は、地域からの意見や要望を直接うかがう場、市街地の空き店舗や商業施設の情報の収集・提供の場、市街地にぎわい懇話会[4]など、にぎわい創出活動を支援する場、そのほか、講演会や研修会などを実施する場でもあり、市民の待ち合わせや憩いの場として開放している。

そのほか、食文化や芸術文化などを積極的に推進・啓発、繁華街のにぎわいを創出している。

※3 地元自治会や商店会、ボランティア団体など21団体で組織。防犯パトロールなどの地域安全活動の実施など、地域住民、市、警察が三位一体となって、繁華街の体感治安の向上を目指している。（平成18年4月26日 発足）

※4 中心市街地のにぎわい創出に向け、商業者や学校関係者など約40人が市街地活性化ビジョンを策定。魅力あふれる市街地づくりを進めている。（平成19年7月24日 発足）

第4 セーフコミュニティ認証に向けての挑戦！

① 体感治安不安感の改善

平成19年9月に開催された「京都セーフコミュ

ニティシンポジウム」に参加したのをきっかけに、厚木市でもセーフコミュニティ※5に対する研究を開始したのである。

　これまでは、防犯や防災、交通安全など個々に地域安全力の向上に努め、バラバラに対策を講じてきたのであるが、セーフコミュニティでは、組織を越えた横断的な連携により、コミュニティの「安全活力」と「信頼と絆」の強化を図り、市民の安全意識の高揚と事件・事故発生環境の改善を推進するなど、厚木市の安心・安全に対する考え方に合致していた。このため、セーフコミュニティに対する総合的な取り組みを開始することにしたのである。

❷ セーフコミュニティの認証を目指して

　平成20年4月から新たに担当課を設け、職員も4人配属（平成21年4月1日現在、職員6人体制）されるなど、セーフコミュニティに対する取り組み体制が整い、本格的に認証取得に向けての挑戦がスタートしたのである。

　国内における先進事例は、平成20年3月に国内で初めて認証取得した京都府亀岡市、既に厚木市より先行して取り組みを進めている青森県十和田市の2例しかなく、取り組みも未知の世界であり、認証に向けてのハードルの高い戦いがスタートしたのである。

　地域が抱える問題や地域で実施しやすい活動、また、その地域しかできない活動など、地域独自の安全活動を幅広く実施できる体制づくりを進めるとともに、小さな安全活動が街のあちこちで少しづつ始まり、いくつも重なり合うような、地道なセーフティプロモーション※6を継続して実施できるような体制づくり、PDCAサイクル※7の確立、セーフコミュニティネットワーク※8への参加など、数々の取り組みに挑戦している。

※5　事故やけがは偶然の結果ではなく、予防できるという理念のもと、行政と地域住民など多くの主体の協働により、市民のすべてが安心して安全に暮らせることができるまちづくりを進めるもの。これは、WHO（世界保健機関）が「世界中の人を健康に」という取り組みを進める中で、日々の生活において「安全」が健康に大きな影響を与えることに着目したのが始まり。

※6　セーフティプロモーションとは、住民が平穏に暮らせるようにするため、事故や暴力及びその結果としての外傷や死亡を、部門や職種の垣根を越えた協働による科学的に評価可能な介入により、予防しようとする取り組みのこと。

※7　PDCAサイクルとは、P（Plan）・D（Do）・C（Check）・A（Action）という事業活動の「計画」「実施」「監視」「改善」サイクルを表している。

※8　セーフコミュニティネットワークとは、セーフコミュニティに取り組む地域をネットワークで結び、これらの地域と連携・協働して安心して安全に暮らせる社会を構築するとともに、新たに取り組む地域への情報提供など、セーフコミュニティを国内へ広めるための活動

第5 まとめ

① 市民生活の質の向上（QOL）

　安心・安全は、市民生活のすべての基盤であり、だれにとっても重要な関心事項でもある。

　このため、そこに住む人が「コミュニティの安全の向上」という同じ目標に向かうことで、市民生活の安全の質の向上を図り、地域の絆やコミュニティの活性化を図ることが重要である。

　また、「安心して安全に暮らせるためにはどうすべきか」を地域住民が中心となり考え、すべての安全関係者が力を合わせ、その原因を取り除いていく活動を通じて、住みよい安全なコミュニティづくりを築く必要がある。

② 予防安全から予知安全へ

　単に地域安全活動を実施するのではなく、「防犯パトロール」「あいさつ運動」「環境美化運動」や「防犯灯の設置」などの効果や必要性を地域住民が十分理解して活動することが重要であり、無理をせず、小さな活動を多くの地域住民が継続的に実施することが大切である。

　また、すべての安全関係者が客観的なデータを共有して、市民生活の身近で発生している事件や事故を予測し、的のあった対策を講じることが大切であるとともに、活動の中心は地域住民であることが重要な役割を果たす。

【地域安全活動のポイント】地域のことは、そこに住んでいる人が一番良く知っている
- ◆　情報を集める。（実態を知る）
- ◆　情報を発信する。（危険箇所を意識し、危険

を避ける）
- ◆ 原因を明らかにする。（多くの地域住民が参加することが大切）
- ◆ 原因に基づく再発防止策を検討・実施する。
- ◆ 目標を明らかにする。
- ◆ 成果を数値で示せるように考える。

③ 効果と課題

　地域安全活動におけるコミュニティの活性化と防犯意識の高揚を図るため、平成14年度から様々な対策を講じてきた結果、刑法犯認知件数の減少や体感治安不安感の改善など一定の成果を上げている。

　これは、地域住民の「身の回りから犯罪をなくそう」とする強い意思が家庭や隣近所、そして、職場などに広がり、地域住民やボランティアなどによる地域安全活動が市内全域に広がり、犯罪者を近寄せない環境づくりが推進されてきた成果である。

　しかし、このような地域安全活動におけるコミュニティの活性化は、市内全域に定着したものではない。このため、地域安全活動をより一層強力に推進するため、基本的知識を身につけた安心安全リーダーの育成に努め、市民一人ひとり、そして市域の隅々までに浸透した安全意識の高揚を図り、地域安全活動が定着できるよう積極的に支援していきたい。

第4章

仁階堂　拓哉

歌舞伎町タウン・マネージメントにおける歌舞伎町ルネッサンス事業の現況

～だれしもが楽しめるエンターテイメントの街を目指して～

　歌舞伎町は、1丁目の大部分が繁華街、その一部が「ゴールデン街」という住宅兼飲食街で、2丁目が住宅・ホテル街で構成される特殊な街である。本章では、このように特殊な街において、地元自治会・商店街振興組合・区行政・警察・消防等の関係諸機関が、どのような浄化作戦を行っているのかについて概観する。これから紹介する諸活動は、繁華街を抱える他の自治体においても、地元や警察・消防との関係を考える際に、参考になるだろう。

第1　歌舞伎町誕生の歴史

　歌舞伎町（写真①）は、常時多くの外国人観光客があふれる、世界でも有数の歓楽街である。最近では、料理店の格付けで有名な「ミシュラン」が発行している観光版ガイドにて、歌舞伎町全体と歌舞伎町内のゴールデン街が、2つ星という高評価を得たほどである[1]。

　この歌舞伎町（かつては角筈一丁目北町）は、昭和20年8月の空襲で、焼け野原となった。それを、当時の町会長・鈴木喜兵衛氏が中心となり、民間主導で復興した。昭和25年には、戦災復興を記念する産業文化博覧会が開催された。そして、これが契機となり、旧新宿コマ劇場（平成20年閉館）や東急ミラノ座会館等が建設された。博覧会開催後の昭和20年代後半からは、博覧会場だった建物を

※1　東京都の調査によると、外国人観光客の19.1%が新宿を「もっとも満足した街」と回答している（歌舞伎町に限定しない。）。これは、浅草などの定番観光スポットを含めての調査結果である。

写真① 歌舞伎町一番街アーチ

出所：筆者撮影

再利用した娯楽施設が次々と生まれ、昭和30年から40年代前半までの間に、現在の街並みの基礎ができた。

第2 治安状況

1 治安悪化の経緯

今では、日本の代表的な観光地として世界が注目している歌舞伎町だが、ある一時期において、その治安は最悪の状況だった。そして、それを反映する様々な娯楽施設や風俗店、飲食店が、街の至るところに見られるようになった。特に昭和50年代中ごろからは、だれもが楽しめる一般的な娯楽施設ではなく、性風俗店舗の建設・営業が目立ち始めた。そして、青少年への悪影響が懸念され始めた正にその時期、実際に犯罪発生件数は増加した。

2 警察の取り組み

少々古いデータではあるが、平成17年における歌舞伎町の単位面積当たりの刑法犯認知件数をみる

写真② 警察特番でおなじみの
警視庁新宿警察署歌舞伎町交番

出所：筆者撮影

※2　東京都公式HP：http://www.chijihon.metro.tokyo.jp/hyokahp/h14/h14PDF/44.pdf（平成21年４月閲覧）

※3　セーフティージャパンHP：http://www.nikkeibp.co.jp/sj/2/special/263/index3.html（平成21年６月閲覧）

※4　指定都市安全安心プロジェクト公式HP：http://www.siteitosi.jp/st_project/anzenansin/giji/giji-060508.html（平成21年４月閲覧）

※5　平成17年６月、犯罪対策閣僚会議・都市再生本部合同会議決定

と、東京都の平均値と比べて約40倍である[※2]。凶悪犯に限って言えば、およそ185倍にまでなる。つまり、犯罪の発生率が極めて高い地区であった。また、新宿区にある暴力団事務所の半数（200超）は、歌舞伎町に集中しており、2,000人もの組員がこの街で生活していた[※3]。このような状況に対して、警察も重点的な対策を迫られ、都平均の26倍もの警察官を町内に配置した。しかし、犯罪発生件数が減少することはなく、更に強力な対策が求められた[※4]。

そこで、国は、繁華街・歓楽街の安全・安心を再構築すべく、平成17年６月に都市再生プロジェクト「防犯対策等とまちづくりの連携協働による都市の安全・安心の再構築[※5]」を発足させ、歌舞伎町の「魅力の再生」に努めた。

さらに、こうした状況のなか、ポルノ産業規制を求める約20万人分の署名が集まったのを受けて、

地元・区行政・議会が一体となり、歌舞伎町浄化運動を展開した。その結果、風俗営業等を規制し、あるいは業務を適正化するような、法律・施行条例の改正がなされた。例えば、ソープランドの新設禁止等が定められた。

また、警察は、一斉取締りを実施したり、迷惑行為・違法行為をこまめに取り締まるなど、独自の対策強化にも乗り出している[6]。

しかし、徹底的な取締りで局地的な安全・安心を享受できたとしても、無店舗型風俗店への業態変更や、周辺地域への店舗の移転といった形で、犯罪が捜査の目を逃れるケースが跡を絶たなかった。そのため、犯罪の予防（抑止）に向けて、区行政が警察や地域と更なる連携をし、協議会の設置等、地域を挙げて取り組む必要が出てきた。

なお、一斉取締りの結果、繁華街・歓楽街から違法店舗が一掃されたとしても、その結果、空き店舗が増え、繁華街・歓楽街が衰退し、その魅力が失われるという別の懸念もある。それゆえ、「犯罪抑止」と同時に街の「魅力の再生」をも手がける必要がある。

治安が良化される以前の歌舞伎町には、いわゆる「風俗系ピンクチラシ」やその類の貼り紙、違法風俗店舗や不法看板、放置自転車やポイ捨てごみなどが溢れていた。有名な防犯理論である「割れ窓理論」によれば、「無秩序は現実に重大犯罪や都市衰退の前兆となっており、あるいはそれらを伴っている[7]」と説いており、無秩序状態がやがて重大事案に発展しうるとしている。歌舞伎町はまさに、そのような無秩序状態の典型であった。実際、平成13年9月には、消防設備に不備があった雑居ビルの火災により、44名が死亡している[8]。

※6　わが国では、平成13年に札幌中央署がゼロトレランス（非寛容政策）を採用し、歓楽街の「すすきの」において駐車違反を徹底的に取り締まることで路上駐車を減少させた。その結果、違反は対策前に比べて3分の1以下に減少した。併せて、地域ボランティアとの協力による街頭パトロールを強化し、2年間で犯罪を15％減少させている。警察庁は、平成14年度版『警察白書』において、「犯罪に強い社会を構築するためには、これまで取締りの対象外であった秩序違反行為を規制することにより犯罪の増勢に歯止めをかけることも重要な対策の一つである」と、その効果を認めている。

※7　G.L.ケリング、C.M.コールズ（2004）『割れ窓理論による犯罪防止』文化書房博文社、p.31

※8　雑居ビル「明星56ビル」を平成11年10月、新宿消防署が定期立入検査を実施した際、8項目にわたる

③ その他の機関の取り組み

　荒れた歌舞伎町に対し、平成14年2月、地元の歌舞伎町商店街振興組合が、「歌舞伎町を楽しく、安全で安心できるまちにするための宣言」を出した。さらに同月、犯罪抑止を目的に、警視庁が歌舞伎町に全国で初めて公費負担による街頭防犯カメラを設置した。

　新宿区も、平成14年に危機管理室を設置した。平成15年には、「新宿区民の安全・安心の推進に関する条例[※9]」を制定し、歌舞伎町を安全推進地域活動重点地区に指定した。さらに、平成16年には、新宿区長をトップとする歌舞伎町対策推進会議を設け、全庁一丸となった歌舞伎町対策の体制を整えた[※10]。

　また、同年に東京入国管理局は、不法滞在外国人の組織犯罪多発を受け、全国初の摘発専従型の出張所である新宿出張所を歌舞伎町に設置し、不法滞在者の摘発を強化した。出張所設置前は、集中摘発期間において、入国警備官延べ266人を動員して、歌舞伎町周辺の事業所・風俗関連店舗・居宅など計16箇所を立ち入り調査し、入管法違反外国人119人（男35人、女84人）を摘発した[※11]。出張所設置後は、平成17年3月末までに、延べ2,339人を摘発しており、その成果は着実に上がっている。また、こうした取り組みにより、路上の客引きは減少し、周辺地域（大久保等）における不法滞在者の集団居住も見られなくなった[※12]。

　新宿消防署は、平成20年4月1日より、大久保出張所へ予防担当課長を配置し、防火安全対策係を設けている。そして、査察業務や、防火対象物の届出受付事務、消防同意事務に関わらない中間検査・完成検査や、査察の際に指摘した防火対象物に対する自衛消防訓練指導を通じて、防火対策に取り組ん

消防法違反を指摘していたにもかかわらず、ほとんど改善していなかったことが分かっている。防災システム研究所：http://www.bo-sai.co.jp/sinjyukukasai.htm（平成21年4月閲覧）

※9　この条例は、自然災害だけではなく、事故・犯罪からも街を守り、だれもが安心して暮らすことのできる街、心から愛着の持てる街をつくることを目指している。そして、そのために、区民・事業者・区が連携・協働すべきことを定めている。また、区民・事業者・各種団体が、地域活動を自主的・積極的に実践している場合、区長に対して重点地区指定の申し出ができると定めている。申し出がなされた場合、区行政は、その活動に対して支援を行う。そのほかにも、人権に関する規定や、地域防災計画に基づく施策の推進について記されている。

※10　通常の所管課として、生活環境課が歌舞伎町に限定しないが、各駅周辺などにパトロール員（警備員）を配置し、巡回指導し歩きたばこをしている歩行者に対して、歩きたばこの指導、違法ポスターの廃棄や除去等を実施し、交通対策課が違法駐車がしにくい道

❹ 小まとめ

　こうして、地元・新宿区・警察・消防などの関係諸機関が一体となった、歌舞伎町対策が本格的に稼働する。具体的には、重点的な環境浄化・環境美化のためにクリーン作戦を実施した。「犯罪インフラの除去と環境美化」をスローガンに、違法風俗店排除、客引き取締り、不法看板・チラシ除去、放置自転車対策、違法駐車対策[13]、不法滞在者取締り、雑居ビル査察や安全・安心パトロールなど、それぞれの役割分担の下、ゼロトレランス政策をとり、地元と警察機関という官民一体の街づくりが開始された。

路づくりを実施し、みどり公園課は町内にある大久保公園をイベント公園として利用できるよう配慮するなどの協力を得ている。

※11　法務省入国管理局ホームページ：http://www.moj.go.jp/PRESS/020328-1.html（平成21年5月閲覧）

※12　違法風俗店に関しては、警察の取締りにより、平成16年4月から平成20年12月末までに、違法個室マッサージ店約160店舗、わいせつビデオ店約430店舗、カジノ等の賭博店約60店舗が摘発されている。http://www.keishicho.metro.tokyo.jp/seian/taisaku/taisaku.htm（平成21年6月閲覧）
　客引きに関して、新宿署では、道路使用許可を1店舗2箇所まで許可し、規制を強化した。その結果、ホストクラブ等の勧誘は激減している。また、違法看板の撤去も行っている。さらに、新宿区自転車等の利用と駐輪対策に関する総合計画において、警備員による指導を行い、駐輪対策を強化している。新宿区全体で、約400回の作業により、約3万台の放置自転車を回収している。

※13　法務大臣が閣議において発言している。出典：http://www.moj.go.jp/kaiken/point/sp050426-01.html（平成21年5月閲覧）

第3 歌舞伎町浄化作戦の具体的始動

1 歌舞伎町ルネッサンスの誕生

当初、関係諸機関は、それぞれの役割を各自で展開し、浄化作戦を実施していた。しかし、それぞれの課題が多岐にわたるため、意見交換の場として、平成17年1月に、歌舞伎町ルネッサンス推進協議会を発足させた[14]。これには、大学教授等の有識者、警察庁・法務省・国土交通省・経済産業省・内閣官房・総務省等の国家行政機関、東京都、東宝株式会社等の町内事業者、歌舞伎町商店街振興組合や歌舞伎町二丁目町会など、多くの関係者が参加し、歌舞伎町対策の新たな推進主体となった。そして、この協議会の事業を具体的に推進・実施していく上で、4つのプロジェクトを設けた。

※14 〈歌舞伎町ルネッサンス憲章〉―①：新たな文化の創造を行い、活力あるまちをつくります。②：アメニティ空間を創造し、魅力あふれるまちをつくります。③：安全で安心な美しいまちをつくります。

2 歌舞伎町ルネッサンスにおける具体的事業

① クリーン作戦プロジェクト

クリーン作戦プロジェクトでは、町内の環境浄化・美化のために、関係諸機関が連携し、違法風俗店や客引きの取締り・防止、違法駐車対策、路上清掃、放置自転車や不法看板の撤去などを行った。毎週水曜日午後3時からは、地元・事業者・区職員が参加して、歌舞伎町の路上清掃活動を行っており、現在ではボランティアの参加も増えている。

確かにこの活動は、安全・安心のまちづくりに直接寄与する。しかし、区行政にとっても企業にとっても、人的・金銭的負担が非常に大きいプロジェクトである。そこで、今後は、活動形態を見直し、もう少し緩やかな形で、だれもが無理せず長く継続できる形態に改善する必要がある。

② 地域活性化プロジェクト

　地域活性化プロジェクトは、イベント等による歌舞伎町ルネッサンスの発信を行い、町内イメージを改善することが目的である。具体的には、歌舞伎町の中心に位置するシネシティ広場で音楽・演劇・ファッションに関するイベントを催している。平成19年度からは、大久保公園でのテント劇場演劇や、区役所玄関前でのジャズ・クラシックコンサートなども開催している。平成20、21年度は、吉本興業とテレビ東京との共同イベントを約30日間実施した。

③ まちづくりプロジェクト

　まちづくりプロジェクトでは、新宿区が平成17年度に、街の現状と課題を把握するための「現況調査」を実施した。そして、それに基づき、まちづくりガイドラインが策定され、まちづくりの推進に活用されている。

④ 喜兵衛プロジェクト（家守事業）

　喜兵衛プロジェクトは、歌舞伎町を戦後復興（ルネッサンス）した鈴木喜兵衛氏の名を借りた事業である。これは、大衆文化や娯楽の拠点となるべく、事業者を誘致するプロジェクトであり、事業者向けのイベントを通して誘致活動を行っている。つまり、家守事業を目的とした取り組みである。

第4 歌舞伎町タウン・マネージメントの設立

　歌舞伎町ルネッサンスを更に推進するため、平成20年4月からの準備期間を経て、同年7月より、歌舞伎町タウン・マネージメント（TMO）が設立された[15]。通常TMOは、いわゆる「シャッター通り」などの中心市街地を再生する機関であり、既成市街地におけるTMOの設立は珍しい。この機関は、準備期間中では専任職員2名、本格始動後（7

※15　平成20年4月に「歌舞伎町ルネッサンス推進協議会プロジェクト運営委託協定」を歌舞伎町ルネッサンス推進協議会会長と歌舞伎

図表① TMOの組織図

歌舞伎町タウン・マネージメントの組織

歌舞伎町タウン・マネージメント
- ＫＩＨＥＩ戦略会議（理事会）
  - 評議会
  - 公共空間等活用審査会
    シネシティ広場等イベント企画審査
- 情報発信部会
  ・情報発信事業
- 安全・安心部会
  ・安全安心事業
- 地域活性化部会
  ・地域活性化事業
- まちづくり部会
  ・まちづくり事業

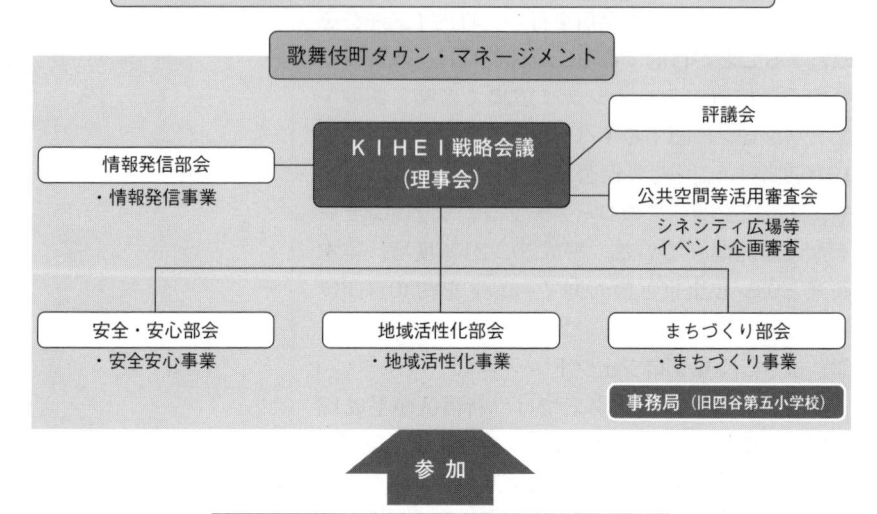

事務局（旧四谷第五小学校）

↑ 参加

地域団体・事業者・関係行政機関・新宿区

町タウン・マネージメント代表が締結し、上述4プロジェクトの運営を委任された。事業活動費は、平成20年度から4年間支給される補助金にて運営される。

※16 平成20年4月1日、筆者はタウン・マネージメントの事務局事務職員に着任している。

月以降）は非常勤事務員を含む3名で運営されていた。そして、平成21年度からは、事務局体制の更なる強化のため、2名の非常勤職員を含む5名体制で事業を行っている。事業内容は、地域活性化事業、安全・安心事業、情報発信事業、まちづくり事業の4つである（図表①）。準備期間を含め1年半たらずの組織ではあるが（平成21年8月現在）、以下、筆者が着任してからの代表的な取り組み実績を紹介する[16]。

1 地域活性化事業

　平成20年度は、地域活性化のため、シネシティ広場（写真③）でのイベントを8件12イベント実施した。この広場は、区道に指定されている公共空間であり、通常は民間企業などに貸し出されない。しかし、新宿区は、場所貸しを地域の活性化のための実験として位置づけ、シネシティ広場における民

第4章 ● 歌舞伎町タウン・マネージメントにおける歌舞伎町ルネッサンス事業の現況 | 073

写真③ シネシティ広場にて氷彫刻全国大会を開催したときの模様

出所：筆者撮影

図表② タウン・マネージメントの輪

歌舞伎町タウン・マネージメント〜緩やかな連携の輪

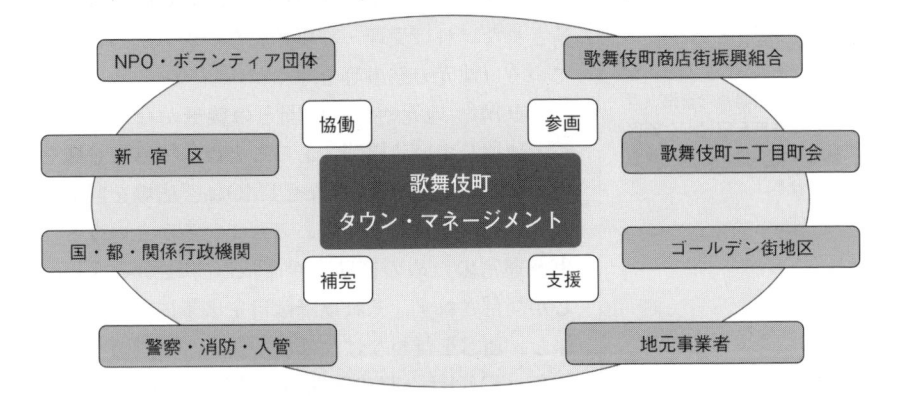

- NPO・ボランティア団体
- 新宿区
- 国・都・関係行政機関
- 警察・消防・入管
- 歌舞伎町商店街振興組合
- 歌舞伎町二丁目町会
- ゴールデン街地区
- 地元事業者

歌舞伎町タウン・マネージメント（協働・参画・補完・支援）

間企業のイベントの実施に協力している。ただし、イベントを実施する場合、利用者はTMO理事で構成される公共空間等活用審査会で、イベント実施の承認を受ける必要がある。平成20年9月には、新宿区長とTMO代表が、「歌舞伎町シネシティ広場の活用に関する協定書」を締結した。そこでは、公共空間であるシネシティ広場を販売促進や広告のためのイベントに用いる場合、料金が徴収され、TMO

写真④　シネシティ広場でのオープンカフェ（シネシティカフェ）

出所：筆者撮影

※17　その活用は、「シネシティ広場における道路占用等に関するガイドライン（平成20年8月29日付け新み土占546号）」及び「シネシティ広場運営基準（平成20年9月5日付け　新区特特第165号）」に基づき実施される。

の収益源として活用されることが認められている[※17]。民間企業などが広場を使用する際、関係諸機関への申請書類は、原則としてTMOを通じて申請されなければ受理・許可されないシステムになっている（地元の祭事等を除く。）。

　TMOが、地元や公的機関との緩やかなリンゲージで連携している機関であることは、大きな意味をもっている（図表②）。なぜTMOに、広場を収益源として活用することが認められているかというと、事業運営のための補助金が平成20年度から4年間しか交付されず、それ以降は自主事業にて収益を確保し、運営を行わなければならないからである。つまり、TMOは、収益確保のため社会実験として、公共空間（広場）での収益事業を行うのである。

　また、TMOは収益事業と別に、オープンカフェを運営し、地域活性化を図っている（写真④）。平成20年10月、コマ劇場閉鎖後の街の活性化のため、広場でのオープンカフェ実施に関する要望書が、歌舞伎町商店街振興組合から区に提出された。さらに、翌年1月には、TMOに対して、「広場の常態的な活用の要望書」が提出された。これにより、

区行政や警察の協力を得て、社会実験としてTMOが運営する公共空間（オープンカフェ）が実現した。

　繰り返すが、道路上でイベントを実施することは通常不可能である。しかし、歌舞伎町再生のため、道路管理者たる区行政は、来街者への安全が確保されることを条件に、道路占有許可を発行する。警察もまた、交通管理者として、イベントが歩行者や車輌の通行に支障を来さないことを確認した上で、許可を出す。消防も同様で、イベント会場下に埋設してある防火用水槽が非常時に使用できることを確認した上で、届け出を受理する。このように、三諸機関が異なる角度より安全を確認している。非常に煩雑な手続きが必要ではあるが、安全面が最優先されている。イベント担当者への事前説明を経て、はじめて本申請が可能となるため、申請受理には最低1カ月は必要である。イベント会社が通常2週間単位で動くことに鑑みれば、この行政側のタイムスケジュールは改善される必要があると思われる。

❷ 安全・安心事業

　安全・安心事業としては、平成20年11月に、日本たばこ産業（JT）や地元（自治会、商店街振興組合や企業）と共同で、町内全体の一斉路上清掃を実施した。このイベントには、多くのボランティアが参加し、マスメディアも取材に訪れるほどの盛況ぶりであった。

　また、TMOの活動ではないが、地元有志によりいくつかの組織がボランティアで、定期的に街を清掃している。歌舞伎町商店街振興組合は、週2回の安全・安心パトロールを実施しているのと同時に、旧コマ劇場前の大型スクリーンに広報枠を得て、キャッチセールス禁止等を広報している。

３ 情報発信事業

　情報発信事業としては、TMOを紹介するホームページを作成[※18]し、地域情報紙（写真⑤）を配布し、歌舞伎町全体がエンターテイメント施設であることをアピールした（平成20年度は１万部作成；平成21年度は３万部作成予定）。

　また、イベントにTMOが関係していることを来街者へアピールするために、ウィンドブレーカー（写真⑥）を作成し、イベントの関係者に着用してもらっている。

　さらに、オフラインの情報発信として、歌舞伎町内の「ふらっと新宿」２階にインフォメーションセンターを設け、地域情報を提供している（写真⑦）。

[※18] http://www.d-kabukicho.com/

写真⑤　TMO発行の地域情報紙（"DISCOVERY KABUKICHO"）

出所：筆者撮影

写真⑥　TMOのウィンドブレーカー

出所：筆者撮影

写真⑦　インフォメーションセンター

出所：筆者撮影

❹ まちづくり事業

　まちづくり事業としては、歌舞伎町二丁目の46街区すべての建物の空き部屋調査を、TMO専任事務職員2名で6カ月間かけて実施した。調査目的は、町内の空き店舗・部屋数を把握し、そこにクリエイターを誘致し、歌舞伎町を文化の発信基地とす

ることである。人が常時不在という状況は犯罪発生を誘発するので、防犯という側面からも入居者を探すことは望ましい。平成20年度には、調査結果を基に、二丁目町会と共同で入居者を募集したが、残念ながら入居者を見つけることができなかった。しかし、この事業活動は平成21年度も引き続き実施する。

第5 おわりに～これからの歌舞伎町～

　歌舞伎町は依然として、比較的犯罪の多い街かもしれない。しかし、この浄化作戦は、まさに良貨が悪貨を駆逐するような、地道な努力が必要である。石原都知事は「東京の治安を回復する」と宣言し、竹花豊副知事（当時）を指揮官とした。警視庁は、新宿・渋谷・池袋・六本木の4地区を浄化の重点地域と位置づけ、不法滞在外国人の摘発などを積極的に行った。歌舞伎町の浄化・再生は、全国の繁華街再生のモデルと位置づけられており、安倍晋三氏が官房長時代に視察するなど、今や国策レベルでも注目されている。この浄化作戦の成功までには、まだまだ時間と人員が必要であり、その過程は険しいだろう。

　歓楽街における浄化作戦自体は、全国どの地域でも同じような活動内容になると思うが、私が諸活動を通じて最も重要だと感じたのは、極めて基本的なことなのだが、「人とのつながり」だと感じている。地域は人と人との交流で信頼の下でつくられると思う。他の自治体においても、歌舞伎町と同様に街の浄化作戦を実施する場合、似たような活動を実施するに至るとは思うが、人との信頼がないと、同じような活動を行うことは困難を極めるであろう。

　女性や子どもが安心して娯楽を楽しめる、安全な歌舞伎町にするために、ここでルネッサンス事業を

停滞させてはいけない。なお一層、関係諸機関と緊密な連携をとり、強力にルネッサンス事業を推進していきたい。

＊付記：本章は、筆者の所属する歌舞伎町TMOの公式見解ではない。

第 2 部
成果を上げる犯罪撲滅に向けた行動

第5章
振り込め詐欺の防犯対策と関係機関の連携について
〜警視庁の取り組みを事例にして〜

江﨑　徹治

第1　はじめに

　振り込め詐欺は、2003年終半から首都圏を中心に認知[1]されるようになり、2004年ころから全国に波及するとともに首都圏において激増した。当然、当時も警察としてはできる限りの防犯対策を進めたが、主に生活安全警察だけで対応していたのが現状である。なぜかというと、ご承知のとおり、刑法犯認知件数が2002年に過去最悪の件数となり、全国警察を挙げて刑法犯認知件数の絶対数を減少させるというマクロな犯罪抑止総合対策に取り組んでいたことから、警察力を振り込め詐欺というミクロな犯罪抑止対策のみに向けることができなかったのだと思う。お陰様で犯罪抑止総合対策は功を奏し、刑法犯認知件数は5年間連続減少、2002年に比べ30%以上減少した。

　ところが、振り込め詐欺は、その間にエスカレートし、看過できない状況となってしまった。警視庁では2008年6月（全国では10月）から振り込め詐欺撲滅に向けた取り組みを集中的に行った。その結果、2008年10月以降に激減を見たところである。

　しかし、未だに振り込め詐欺がなくなったわけではなく、全国警察が総力を挙げて撲滅に向けて取り組んでいるところであるが、本章では、これまでの警視庁の振り込め詐欺対策を題材として、基礎的自

[1] 被害者からの届出等により警察が知ること。

治体・金融機関等をはじめとする関係機関及び地域住民との協力のあり方について考えたいと思う。もちろん、意見にわたる部分は個人的見解であることをお断りしておく。

第2 振り込め詐欺の現状

※2 「オレオレ詐欺」は、被害認知当時、犯人のほとんどが「おれ。おれ。」としか名乗らず、被害者に「○○かい？」と言わせ、子や孫と信じ込ませたことから、この名称となった。また、「オレオレ恐喝」とは、暴力団員等を名乗り「自動車を運転中、お前の娘（息子）が急に路地から飛び出し、よけたら事故を起こした。親分の高級車だから、今なら100万円でいい。いやなら帰さないぞ。」等と、恐喝まがいの詐言を用いたことから、この名称となった。

※3 インターネットや携帯電話のメールを利用して、

警察では、オレオレ詐欺（恐喝）[2]、架空請求詐欺（恐喝）[3]、融資保証金詐欺[4]、還付金等詐欺[5]の4つの手口を総称して、「振り込め詐欺」と定義している。

2004年から2008年までの警視庁管内の年別認知件数及び被害金額は、図表①のとおり、2008年においてはオレオレ詐欺（恐喝）、還付金等詐欺という2つの手口で認知件数全体の80％以上を占めていた。また、これらの手口は被害者に何らの落ち度もなく、被害者の90％が60歳以上の高年齢者であることから、警視庁においてはオレオレ詐欺（恐喝）、還付金等詐欺に重点を絞って対策を進めた。

図表① 警視庁管内の年別認知件数及び被害金額

（件、円）

手 口	内 容	2004年	2005年	2006年	2007年	2008年
オレオレ詐欺	認知件数	1,711	1,758	2,397	2,074	2,039
	被害金額	3,653,561,110	3,658,020,714	5,139,933,182	4,585,789,431	4,416,496,524
架空請求詐欺	認知件数	270	507	359	340	351
	被害金額	353,329,881	1,111,439,319	477,014,906	366,563,120	284,453,062
融資保証金詐欺	認知件数	52	643	394	262	245
	被害金額	12,434,425	416,287,460	239,979,479	137,010,335	165,960,162
還付金等詐欺	認知件数	—	—	233	821	1,083
	被害金額	—	—	213,152,929	947,533,804	1,122,606,424
合 計	認知件数	2,033	2,908	3,383	3,497	3,718
	被害金額	4,019,325,416	5,185,747,493	6,070,080,496	6,036,896,690	598,516,172

注：還付金等詐欺の認知は、2006年7月が最初である。

第5章●振り込め詐欺の防犯対策と関係機関の連携について

第❸ 科学的根拠に基づく振り込め詐欺防止対策

❶ 相対的被害実態の把握

　そもそも振り込め詐欺は、犯人がどこにいるのか全く分からない。つまり、通常の犯罪と違う大きな特徴は、「犯行場所」という概念がないことである。そこで、これまでの「犯行場所」から「被害者の居住地」へのパラダイムシフトを図った。

　警察署では、管轄地域内の被害絶対数を気にするあまり、例えば、被害に遭う確率の高い60歳以上の人口1,000人当たりの被害率を算出するというような、相対的被害分析はあまり行われていなかった。

「サイトの利用料金が未納になっている。払わないと裁判を起こす。」等、身に覚えのない請求をして恐怖心を与え、金を振り込ませることから、この名称となった。

※4　金を貸すつもりがないのに、被害者にダイレクトメール等を送り付けて金が借りられると思い込ませ、保障料や調査料名下で金を振り込ませて騙し取ることから、この名称となった。

図表②　60歳以上人口1,000人当たりの発生件数（オレオレ詐欺）

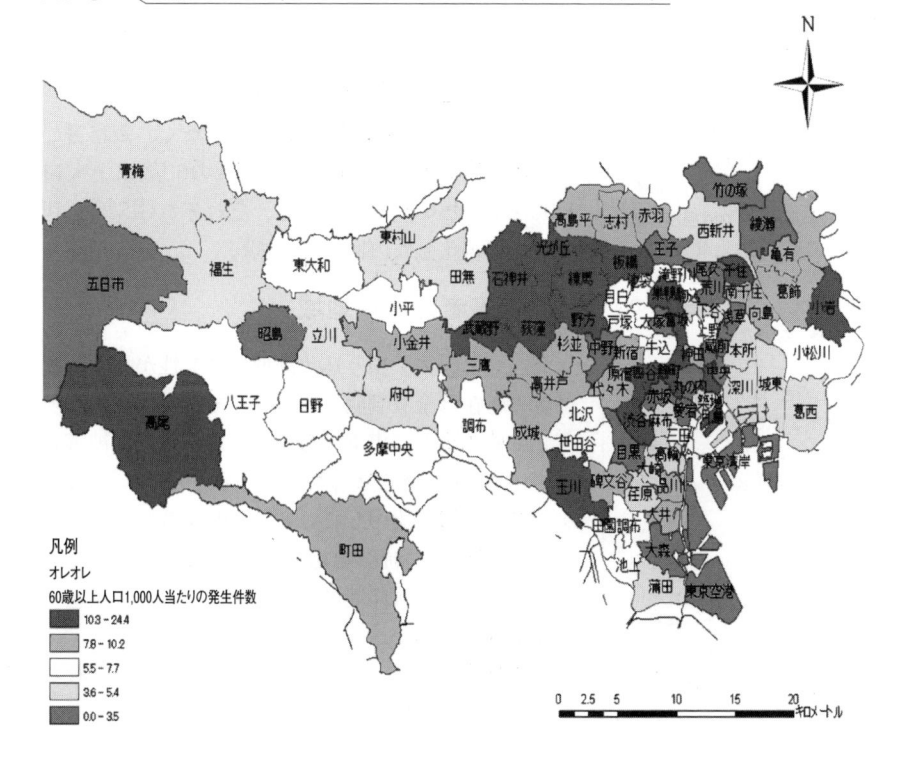

凡例
オレオレ
60歳以上人口1,000人当たりの発生件数
- 10.3 - 24.4
- 7.8 - 10.2
- 5.5 - 7.7
- 3.6 - 5.4
- 0.0 - 3.5

第２部●成果を上げる犯罪撲滅に向けた行動

図表③　60歳以上人口1,000人当たりの発生件数（還付金等詐欺）

凡例
還付金
60歳以上人口1,000人当たりの発生件数
- 0.0 - 2.6
- 2.7 - 3.9
- 4.0 - 5.4
- 5.5 - 9.1
- 9.2 - 662.1

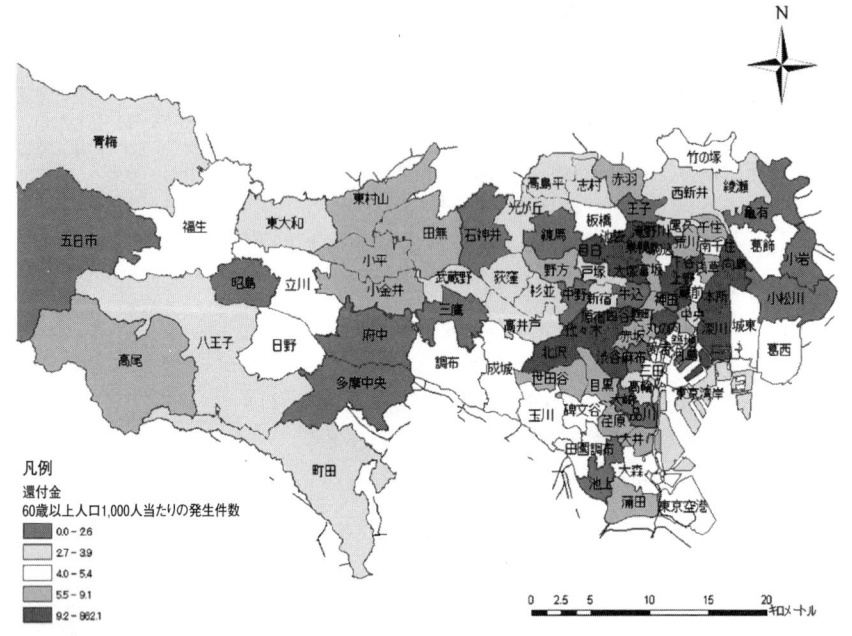

※5　役所等の公共機関を名乗って、「医療費の過払い還付金等がある。ATMから電話をくれれば操作方法を教える。」と電話し、ATMを誤操作させ金を振り込ませることから、この名称となった。

※6　Geo-graphic Information Systemの頭文字をとったもので、わが国では「地理情報システム」と訳されている。

※7　単位面積当たり何件の犯罪が発生しているかという、いわば犯罪の分布の密度を計算する「カーネル密度推定」という方法を用いた。

　そこで、絶対的認知件数だけではなく、警察署ごとのオレオレ詐欺と還付金等詐欺の60歳以上人口1,000人当たりの認知件数を、それぞれGIS※6を利用して可視化した（図表②・③）。

2　被害者の居住地域

　前述のように、振り込め詐欺は匿名性が強く、被疑者の所在は全く判明しないが、被害者は数多く現存していることは事実である。したがって、被害者の居住地域をGISによって密度表示※7すれば、被害がどこの地域に集中しているか判明する。それと、60歳以上町丁別統計を重ね合わせれば、被害に遭いやすい住民の居住地域が明らかになる（図表④・⑤）。

　図表④・⑤は、いずれも23区のみの地図であるが、オレオレ詐欺は、どちらかといえば山の手ある

図表④ 被害者密度（オレオレ詐欺）

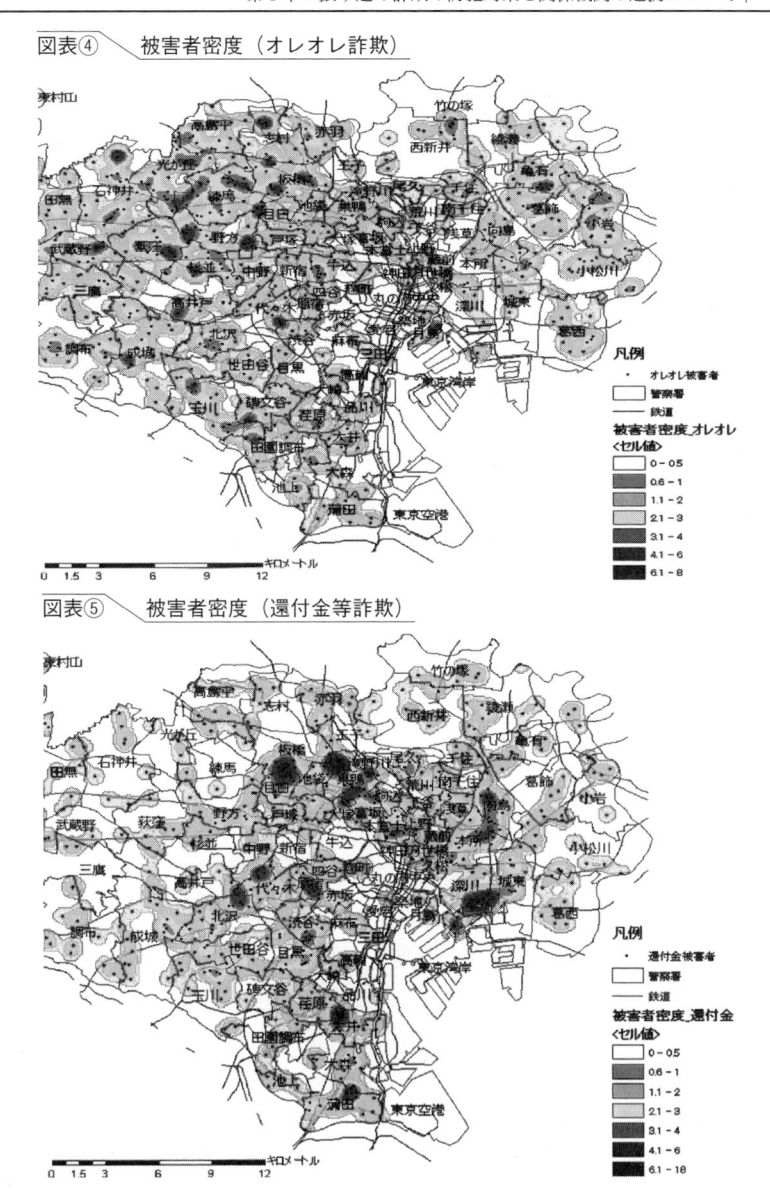

図表⑤ 被害者密度（還付金等詐欺）

いは新興住宅地に集中しているが、還付金等詐欺は、どちらかといえば下町的な風情の残る地域に集中していることが明らかである。

３ 犯罪のトレンド（傾向・規則性）

　振り込め詐欺の被疑者らは、被害者宅に電話をするに当たり、ハローページ（いわゆる電話帳）や卒業アルバム等の各種住所録を「名簿屋」[※8]等から入手し、使用していると思われる。また、年別、月別に被害多発地域を見比べると、ある程度規則的な動きが見られる。つまり、いわゆる「ダマシ」[※9]の小グループはいくつかあるが、その上には、それらのグループを束ねて統制している人物がおり、電話をかける地域をコンピュータ等を利用するなどして管理しているのではないかという仮説を立てた。したがって、今月は多いとか、今年は少ないなどと一喜一憂するのではなく、短期スパンと長期スパンの両面から認知件数や被害者の集中する地域を把握する必要がある。そこで、60歳以上の被害者数の前年

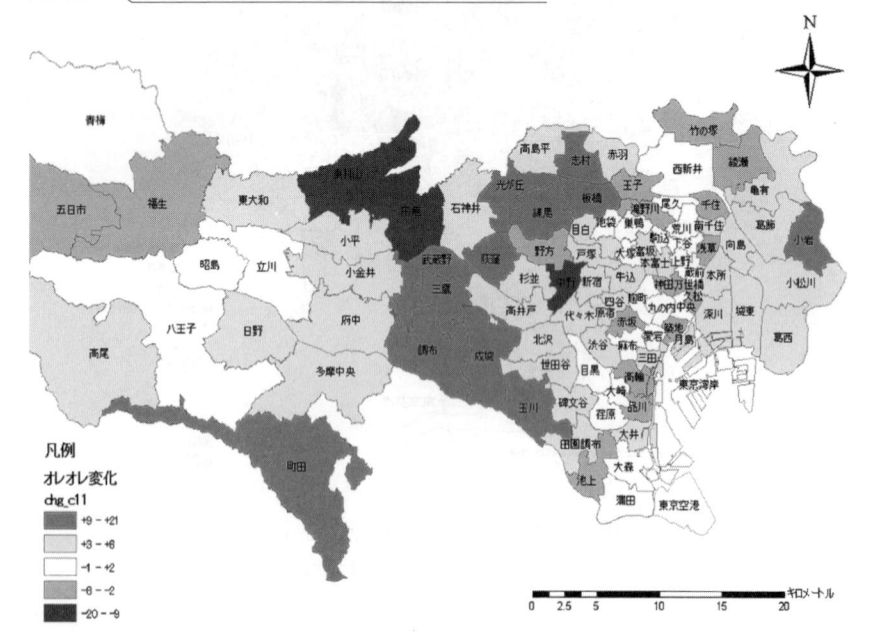

※8　町内会名簿、学校の卒業名簿、多重債務者のブラックリスト、医師会名簿等ありとあらゆる名簿を合法・非合法に集め、インターネットの闇サイト等で販売している者をいう。

※9　振り込め詐欺は、いくつかのグループが集まって敢行されており、だれかが警察に捕まってもグループ全体に影響がないように、それぞれのグループ同士がなるべく接触しないように工夫されている（いわゆる

図表⑥　高年齢者被害（オレオレ詐欺、昨年同期比）

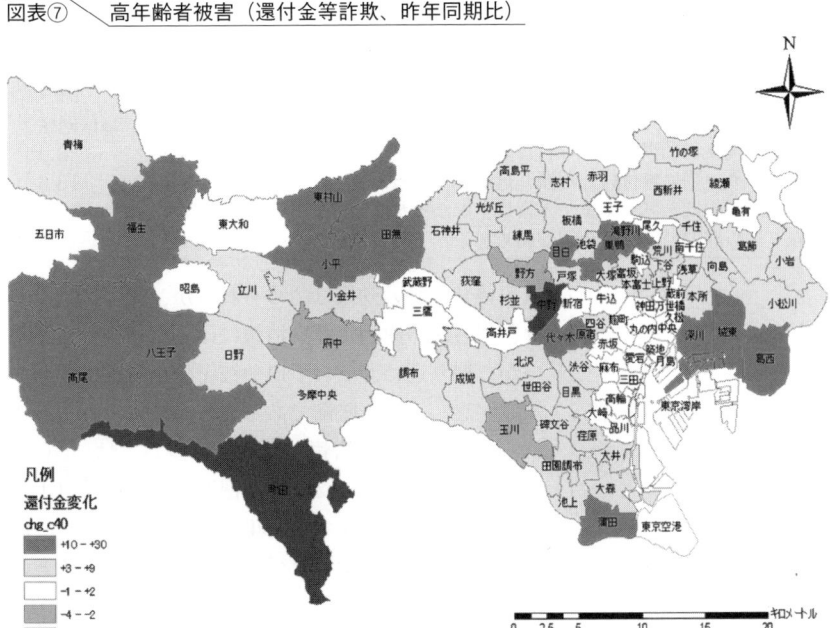

図表⑦　高年齢者被害（還付金等詐欺、昨年同期比）

同期との増減比を可視化した（図表⑥・⑦）。

　図表⑥と図表⑦を比較すると、前年同期と比較して両手口とも増加している警察署はなく、両手口とも減少しているのは2警察署のみで、他はどちらかが増加、どちらかが減少していることが明らかである。したがって、「ダマシ」を統制している者の存在と、その者が束ねているグループ自体の数は多くないという仮説の裏付けの一つとなっている。

④ 被害者の警察情報へのアクセス状況

　警視庁捜査第二課振り込め詐欺プロジェクトが被害額300万円以上の被害者について、千葉県警察犯罪抑止対策本部が振り込め詐欺被害者すべてについてアンケート調査を実施したところによれば、おおむね次のような結果であった（図表⑧）。

　これらのことから、警察が行っているスタイルの

「トカゲの尻尾切り」）。一番上に統括している者（例えば暴力団）がおり、次にその補助者がおり、グループに具体的指令を出していると思われる。その下に実行部隊の責任者である「店長」などと呼ばれる人物がおり、騙した金を集めたり、グループを束ねている。グループには、「ダマシ」といわれる電話をかける人物が数名おり、「出し子」といわれる振り込まれた金をATMで下ろすだけの人物がいる。最近は、宅配便やバイク便等に扮し、直接お金を受け取りに行く役もある。

図表⑧ アンケート調査

(%)

調　査　項　目	警視庁	千葉県警察
振り込め詐欺について知っていた	99.0	91.7
振り込め詐欺を知った情報媒体はマスコミである	92.1	ほぼ同様
金融機関職員に声をかけられたのに振り込んでしまった	26.5	22.4
ステッカー等に気付いたが振り込んでしまった	―	13.6
振り込め詐欺と気づくまで1日以上かかった	74.0	―
振り込め詐欺の電話は今回が初めて	89.8	―

　広報啓発活動の効果は認められるが、被害に遭う方は、何らかの原因で警察情報にほとんど接していないか、振り込め詐欺の手口や被害防止対策について知識が乏しく、無防備であることが考えられる。これらの結果から、広報啓発活動については、GISによって明らかとなった被害者密度の高い地域（ホットスポット）に居住する高年齢者世帯に対して、個別に訪問して防犯指導を行うことが重要であるとの結論に達した。

図表⑨ 振り込み利用金融機関①

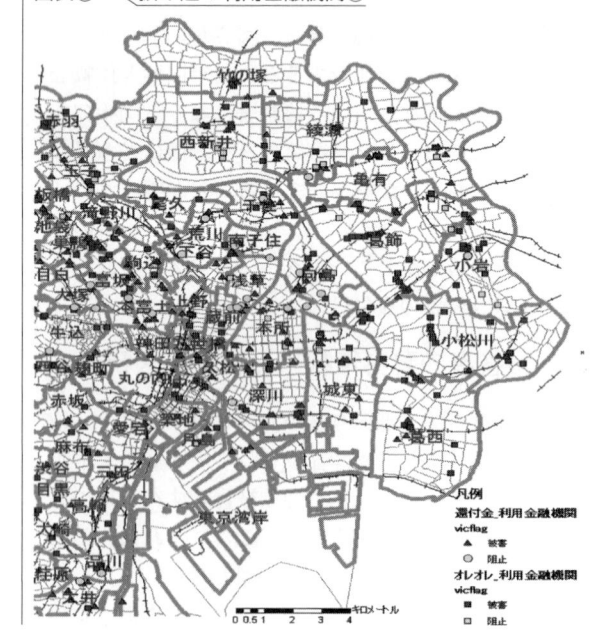

図表⑩　振り込み利用金融機関②

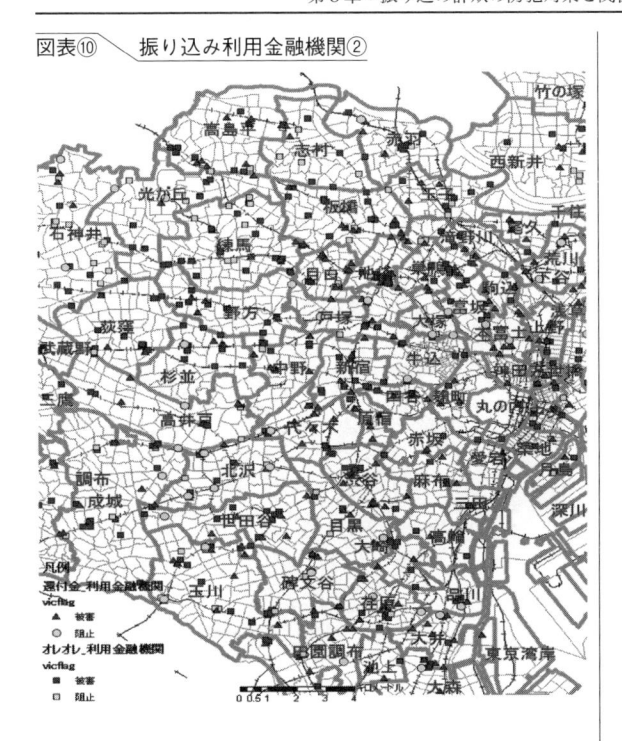

⑤ 振り込み利用金融機関の所在地

　被害者が犯人らの言葉に騙され、振り込みに利用している金融機関と、同職員に声をかけられ被害が阻止された金融機関をGISによって可視化したところ、特定の店舗に集中していることが明らかとなった（図表⑨・⑩）。

　また、利用が集中している金融機関は、各警察署ともおおむね2、3か所であることが明らかであり、この金融機関で被害者の振り込みを阻止すれば、大きな人員負担を負わなくても被害の相当数は防止できるのではないかと考えられた。

⑥ 金融機関における水際阻止状況

　金融機関において同職員や警戒中の警察官が、不

自然な振り込みをしようとする顧客に対して声かけを行ったことによって、現金を振り込む寸前で阻止できた、いわゆる水際阻止状況をオレオレ詐欺と還付金等詐欺に分けて可視化したところ、既遂も多い

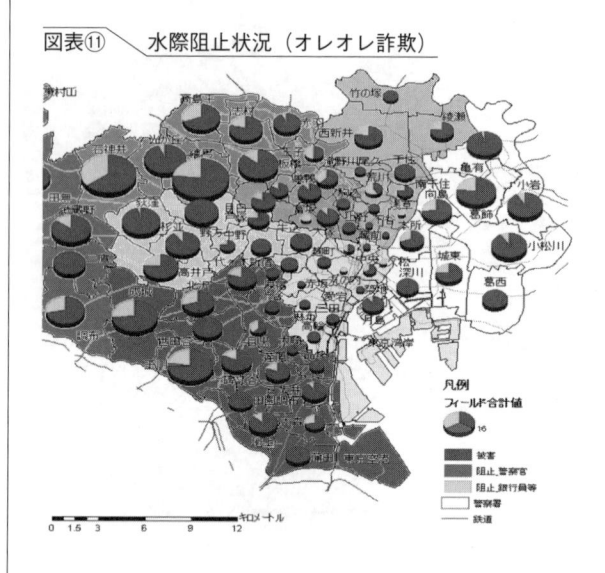

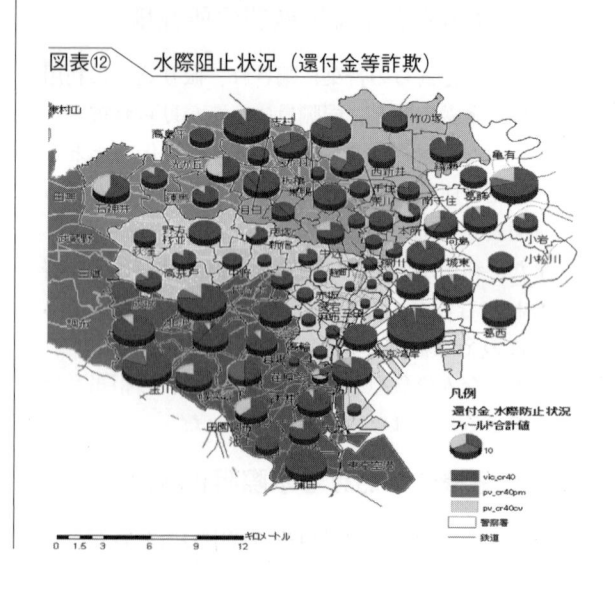

図表⑪　水際阻止状況（オレオレ詐欺）

図表⑫　水際阻止状況（還付金等詐欺）

が水際阻止も多い金融機関がある一方、既遂は多いが全く阻止されていない金融機関も存在するなど、その差が歴然としていることが明らかとなった（図表⑪・⑫）。

　還付金等詐欺は、「ATM」「高年齢者」「携帯電話」という３態様によって外見上から比較的容易に認識できることもあり、警察官が水際で阻止できるのは、ほぼ還付金等詐欺に限られていた。そこで、警察官自身のパラダイムシフトが必要であることと、金融機関職員と警察官の連携が不可欠であるということが明らかになった。

❼ 被害者の振り込み手段及び金融機関における注意喚起の状況

　被害者がどのような手段で金銭を振り込んでいるのか、オレオレ詐欺と還付金等詐欺について調査したところ、還付金等詐欺では100％ATMを利用しており、オレオレ詐欺では金融機関の窓口とATMが、おおむね半数ずつであることが明らかとなった。

　次に、金融機関における被害者に対する注意喚起の状況、つまり「振り込め詐欺ではありませんか？」などという声かけがなされたか否かについて調査した結果、前述の金融機関における水際阻止状況で述べたとおり、オレオレ詐欺は窓口を利用している被害者が半数いるため、声かけの率が高いが、還付金等詐欺にあっては、外見的には被害者であることが明らかであっても、無人ATMコーナーなど目立たないところに誘導するため、声かけの率が極めて低いことが明らかとなった。

　したがって、オレオレ詐欺にあっては、金融機関の窓口職員による被害者に対する声かけの励行とATM周辺における被害者対策、還付金等詐欺にあっては、ATM周辺における被害者対策を早急

⑧ 被害者の金融機関における振り込み時間帯

　被害者が金融機関において金銭の振り込みを行っている時間帯を、オレオレ詐欺と還付金等詐欺について調査したところ、おおむね13時台を中心として11時から14時台に集中していることが明らかとなった。したがって、金融機関における被害者対策は、この４時間に集中して行う必要性があると考えられた。

⑨ 被害発生の規則性

　被害の一覧表をやみくもに眺めていても、規則性があるか否かについては理解できない。そこで、週単位（日単位であると発生ゼロがありすぎ予測が不可能であるため。）で観察することにした。
　はじめに、一般的に株価などの動きを予測するためのソフトとエクセルを使用して折れ線グラフを描いてみた（図表⑬〜⑮）。
　一見して分かるとおり、オレオレ詐欺には規則性

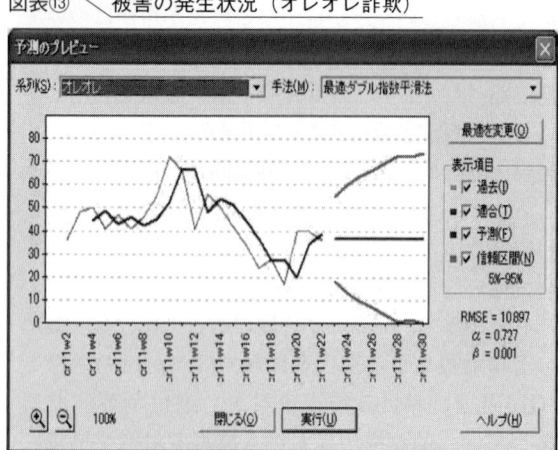

図表⑬　被害の発生状況（オレオレ詐欺）

図表⑭　被害の発生状況（還付金等詐欺）

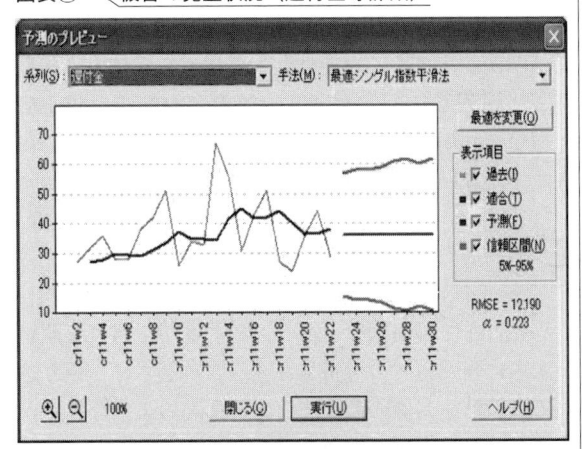

図表⑮　オレオレ・還付金等詐欺週別発生対比グラフ

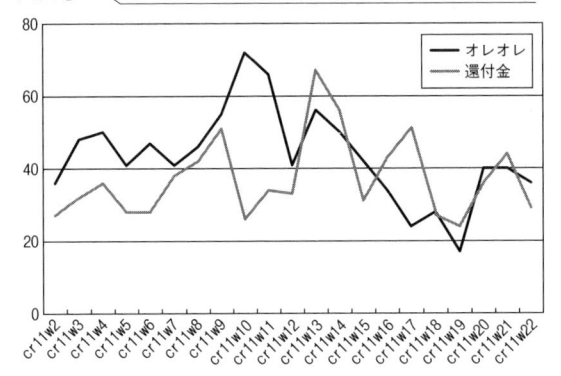

（トレンド）は見られないが、還付金等詐欺については ある程度のトレンドが読みとれる可能性があった。

　警視庁には、おおむね10警察署を一つの単位とした10の方面本部[※10]がある。GISを利用して方面本部単位で月ごとに被害者ホットスポットを表示し、連続的に観察してみたところ、警察署単位では見えなかった被害者ホットスポットのトレンドがある程度見える可能性があることが判明した。

　これらのことから、「電話があったが騙されな

※10　警察署等の業務監察や各警察署間や本部との連絡調整を行う機関

※11 刑法理論上は未遂であることが多いと思われるが、実質的被害がないことから、被害届が提出された「未遂」と区別するための「造語」

かった。」という市民からの容疑事案情報[※11]がリアルタイムでキャッチできれば、被疑者から騙しの電話がかかってくる可能性がある場所を管轄する警察署に速報し、ATMに対する警察官の配置や防犯広報車を利用した注意喚起など、先手を打つことが可能ではないかと思われた。

第4 更なる検証

これまでの説明は、振り込め詐欺防止対策を開始するに当たっての分析である。これからは、振り込め詐欺防止対策の前後で、犯罪にどのような動きがあったのか検証してみる。

1 全国及び都内の認知件数の動き

平成20年以降の全国及び都内における振り込め詐欺の認知件数は、図表⑯のとおりである。

還付金等詐欺の認知件数は全国的に減少している。オレオレ詐欺は、都内においては2008年10月を、全国においては12月を境にして減少傾向にあったが、2009年6月以降、全国、都内ともに増

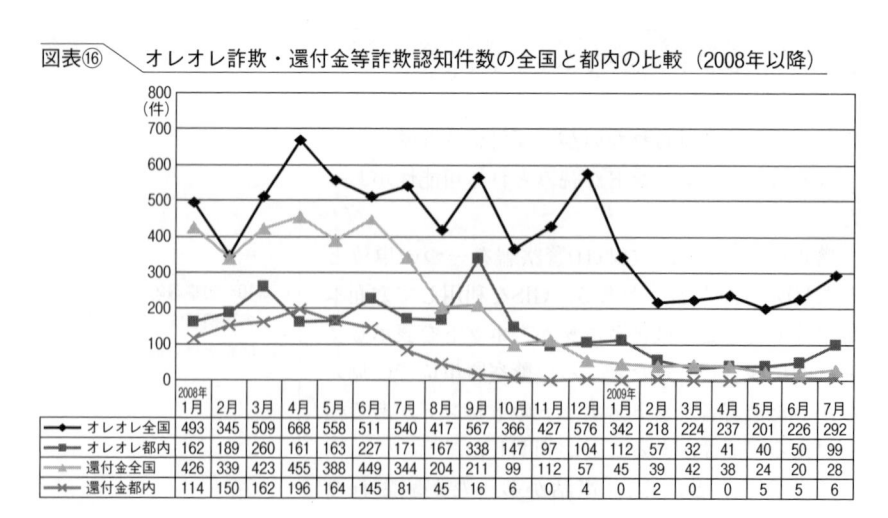

図表⑯ オレオレ詐欺・還付金等詐欺認知件数の全国と都内の比較（2008年以降）

	2008年1月	2月	3月	4月	5月	6月	7月	8月	9月	10月	11月	12月	2009年1月	2月	3月	4月	5月	6月	7月
オレオレ全国	493	345	509	668	558	511	540	417	567	366	427	576	342	218	224	237	201	226	292
オレオレ都内	162	189	260	161	163	227	171	167	338	147	97	104	112	57	32	41	40	50	99
還付金全国	426	339	423	455	388	449	344	204	211	99	112	57	45	39	42	38	24	20	28
還付金都内	114	150	162	196	164	145	81	45	16	6	0	4	0	2	0	0	5	5	6

加傾向を示している。

　犯行の手口を見ると、警察官や金融機関関係者を名乗って、キャッシュカードや預金通帳を騙し取るものが若干発生しているほかは、旧来のままである。すなわち、振り込め詐欺については知っているのに、振り込んでしまう被害者がいまだにいるのか、警察広報が浸透していない部分があるという両方の見方ができる。

② 都内からの拡散状況

　図表⑰は、都内の認知件数を全国の認知件数（都内を除く。）で除した割合をグラフにしたものである。2008年10月以降、全国に拡散したオレオレ詐欺及び還付金等詐欺が、2009年5月以降、再び都内に戻ってきたことを現している。

図表⑰　オレオレ詐欺、還付金等詐欺の全国に占める都内認知件数の割合（都内からの拡散状況）

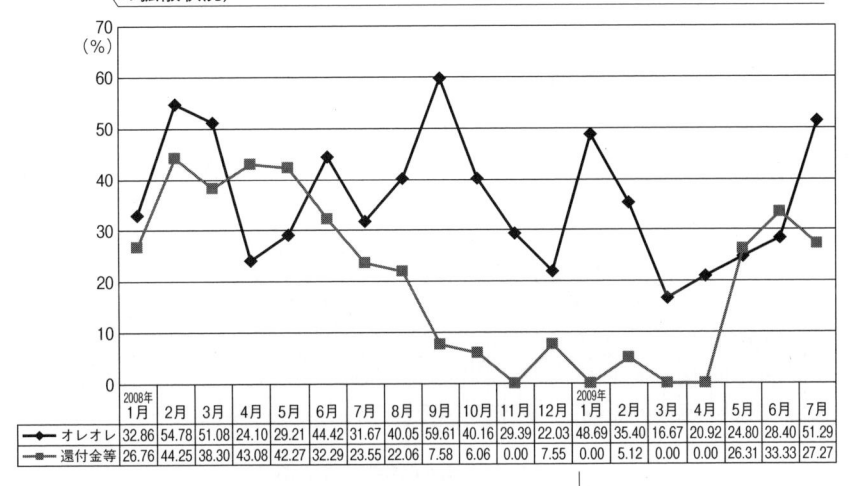

	2008年1月	2月	3月	4月	5月	6月	7月	8月	9月	10月	11月	12月	2009年1月	2月	3月	4月	5月	6月	7月
オレオレ	32.86	54.78	51.08	24.10	29.21	44.42	31.67	40.05	59.61	40.16	29.39	22.03	48.69	35.40	16.67	20.92	24.80	28.40	51.29
還付金等	26.76	44.25	38.30	43.08	42.27	32.29	23.55	22.06	7.58	6.06	0.00	7.55	0.00	5.12	0.00	0.00	26.31	33.33	27.27

③ 既遂と容疑事案の認知件数の関係

　容疑事案の統計をとり始めた2008年8月1日から、週ごとに既遂事件と容疑事案の認知件数をグラ

098 　第2部●成果を上げる犯罪撲滅に向けた行動

図表⑱　既遂と容疑事案の件数の関係（2008年8月以降）

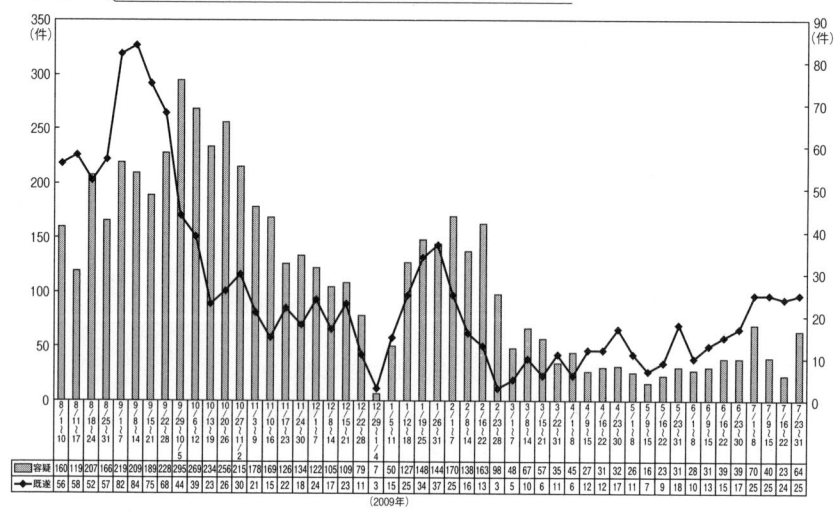

図表⑲　容疑事案と既遂認知件数の関係（2008年8月以降の既遂率）

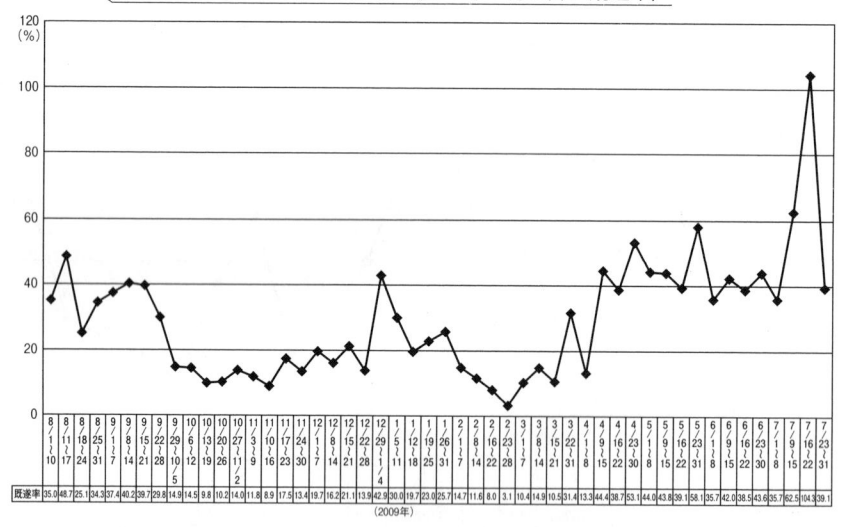

フにしたものが図表⑱である。
　また、容疑事案の認知件数で既遂事件の認知件数を除したものが図表⑲である。これは、いわゆる「騙され率」を現したものであり、2008年10月を境に騙される度合いが減少していたが、2009年4

月ころから増加傾向を示しており、2008年6月から集中的に行った対策効果がなくなっていることの現れとみることができる。

❹ オレオレ詐欺の認知件数と検挙人員の関係

2008年1月以降の毎月のオレオレ詐欺の認知件数と検挙人員の関係を散布図で示したものが図表⑳である。

SPSSというソフトを使用して回帰分析を行った結果、両者の間に負の相関関係があることが分かった。

Pearsonの相関数式で計算すると、認知件数と検挙人員との関係は1：-0.454という関係になって

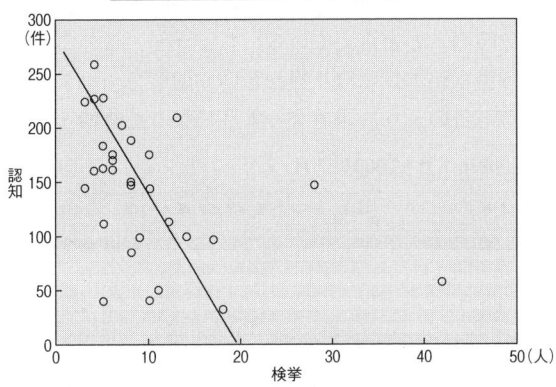

図表⑳　オレオレ詐欺の認知と検挙の関係

図表㉑　相関係数

		認知	検挙
認知	Pearsonの相関係数	1	-.454*
	有意確率（両側）		0.010383648
	N	31	31
検挙	Pearsonの相関係数	-.454*	1
	有意確率（両側）	0.010383648	
	N	31	31

おり、この関係に有意性があると考えられる。
　これによっても、認知件数と検挙人員は反比例の関係にある。つまり、検挙に力を注げば抑止に効果が出るということが証明された。
　還付金等詐欺については、認知件数と検挙人員に相関関係がないことが明らかになっている。つまり、還付金等詐欺被疑者の検挙以外の原因で犯罪が減少したと考えられる。
　したがって、防犯対策と検挙は犯罪抑止の両輪であるといえる。

⑤ 被害者の振り込み手段等

ア　振り込み手段の変遷

　2008年1月からの被害者の振り込み手段は図表㉒のとおりである。
　筆者は、2008年7月中旬を「振り込め詐欺の分岐嶺」ととらえている。ちょうど、このころから警察が本気で取り組むという記事を、マスコミが毎日のように報道するようになった時期と重な

図表㉒　振り込み手段の変遷（2008年1月〜2009年7月）

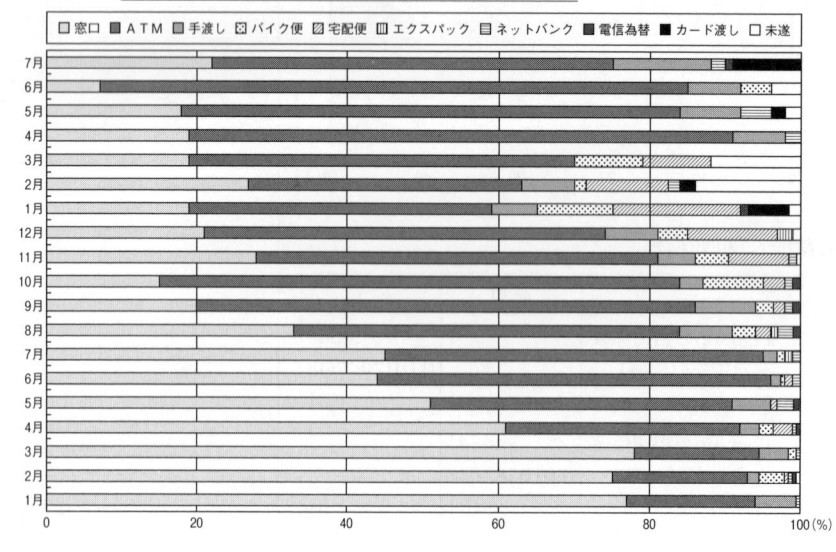

るので、犯人側が何らかの方向転換を図ったことを想像することは決して難しいことではない。その後、宅配便（バイク便）、エクスパック、手交等、警察の動きを見ながら騙取の手段を変えてきたことは、実感としてもグラフによっても明らかである。

最近の特徴としては、2009年6月に窓口からの振り込みが10％を切ったのに、7月に再び増加したこと、7月に手交のほか、警察官と金融機関職員を名乗ってキャッシュカードを騙取する手口が増加したことが挙げられる。

イ　金融機関における振り込みの態様

被害者が金融機関において窓口で振り込んだのか、ATMで振り込んだのか、そして、その場で金融機関職員等の声かけがあったのかどうか示したものが図表㉓である。

2008年11月に金融機関職員に声をかけられたにもかかわらず、振り込んだ被害者が激増したが、2009年3月以降減少を続け、6月には約

図表㉓　金融機関における振り込みの態様（2008年1月～2009年7月）

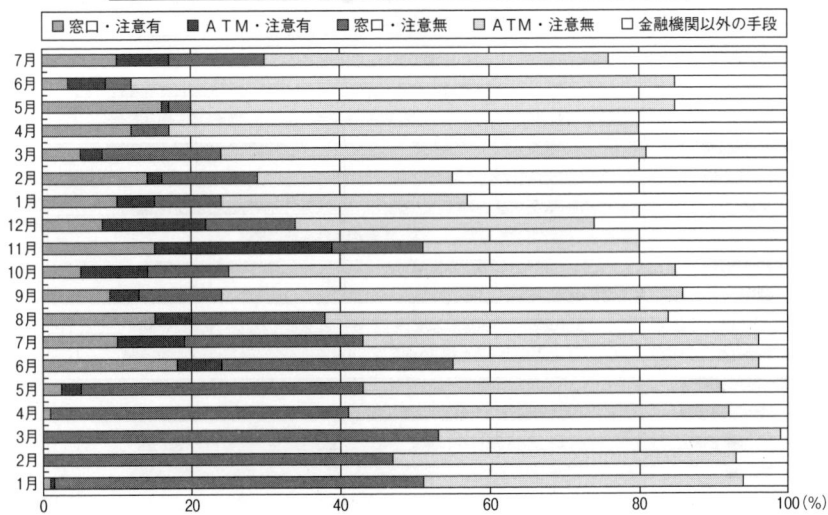

10％に減少したものが、7月に約18％に増加していることが特徴的である。

6 被害者の年齢構成

被害者の年齢構成を示したグラフが図表㉔である。

これらのグラフと、図表㉒をつきあわせてみると、2008年11・12月に手交が増加したのと同時に、75歳以上の後期高齢者の被害者が増加していることが分かる。おそらく、犯行グループは1970年代の高校や大学の卒業生名簿を見ていたものと思われる。

また、2009年6・7月も手交やキャッシュカードの騙取が増加しているが、対面事案は、後期高齢者の方が騙しやすいことから必然的にターゲットにされる。これらも、よく観察していると同じ高校の卒業生名簿に集中していることが分かる。還付金等詐欺は、被害自体が少ないので省略する。

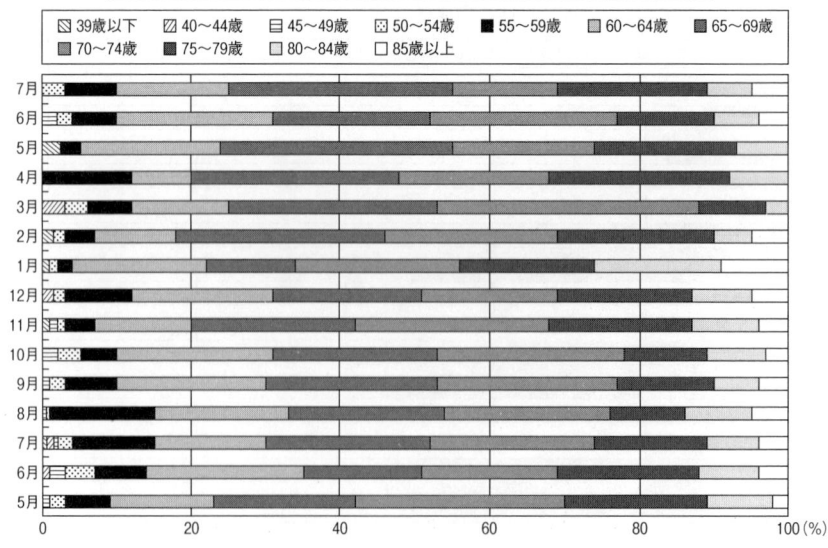

図表㉔　オレオレ詐欺月別被害者年齢層比較（2008年5月～2009年7月）

figure㉕　金融機関職員が声掛けをしたのに振り込んだ率（2008年1月～2009年7月）

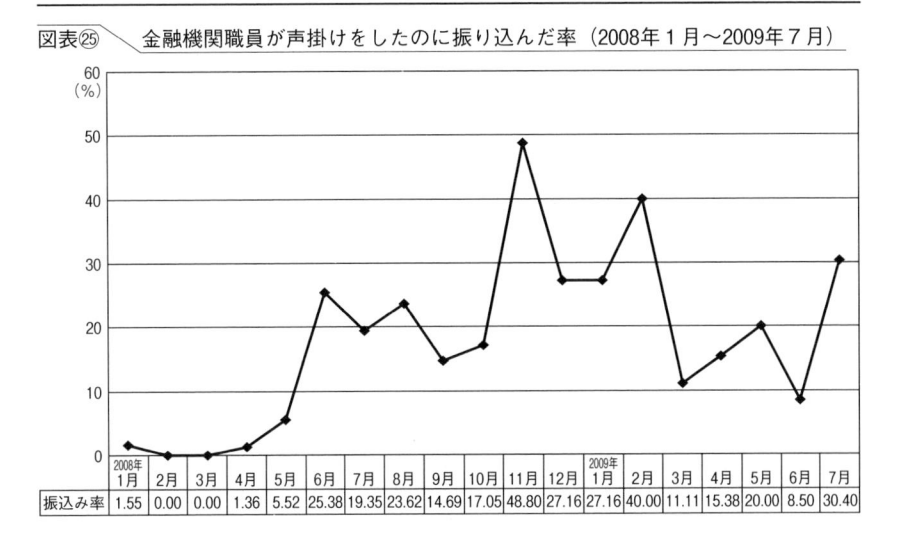

	2008年1月	2月	3月	4月	5月	6月	7月	8月	9月	10月	11月	12月	2009年1月	2月	3月	4月	5月	6月	7月
振込み率	1.55	0.00	0.00	1.36	5.52	25.38	19.35	23.62	14.69	17.05	48.80	27.16	27.16	40.00	11.11	15.38	20.00	8.50	30.40

7　金融機関職員による被害者に対する声掛け

　金融機関において被害者が振り込もうとした際に、金融機関職員が注意喚起したにもかかわらず、振り込んだ率を示したものが図表㉕である。
　2009年3月以降減少傾向にあったものが、7月に増加している。このグラフから、何らかの理由で被害者の思いこみが強固になっていることがうかがわれる。

8　水際阻止と既遂との関係

　オレオレ詐欺の認知件数と水際阻止件数の関係を示したグラフが図表㉖である。
　図表㉒・㉓を併せて見ると、金融機関における声掛けは、これまでどおり積極的に行われているものの、被害者がそれ以上に虚言を使うなどして振り込みを行っているため、それ以上踏み込んでいない（踏み込めない）のではないかということがうかがわれる。

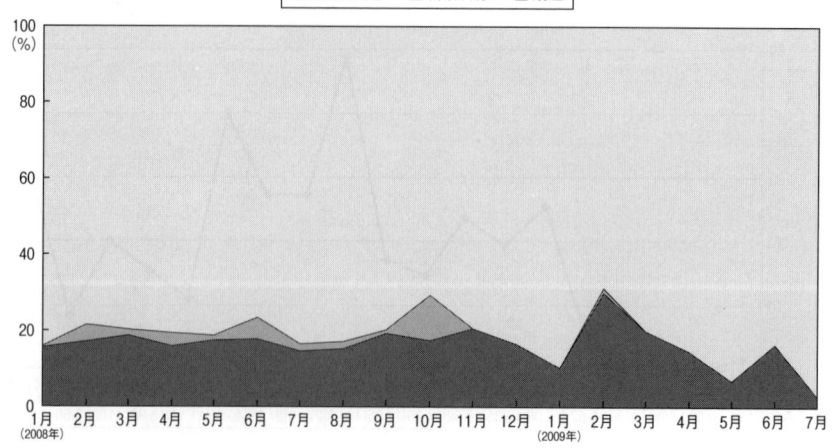

図表㉖　オレオレ詐欺水際阻止率パレート図（2008年1月～2009年7月）

■金融機関分　■警察官分　□既遂

第5　関係機関との連携

① 基本的な考え方

　第4の④で述べたとおり、検挙人員と認知件数が反比例の関係にあること、つまり、犯人を捕まえれば認知件数が減ることは統計的に証明された。しかし、犯人は、被害者が苦労して稼いだお金を濡れ手に泡で騙し取り、1,000万円以上の外車をキャッシュで買ったり、100万円を風俗店などで遊んで1日で使ってしまうと豪語している。つまり、犯人を捕まえたところで、被害は回復されないということである。また、犯人を捕まえるには、捜査員が何カ月も休みなしで働かなければならない。そして、犯人が有罪となって刑務所に入っても、いつかは出所する。捜査員の給料や刑務所での食費、医療費は全部国民の税金で、だれも得をしない。こういうことを考えれば、犯罪が起きないように、犯罪に遭わないようにすることが、いかに大事なことなのか理解

いただけると思う。それも、自分だけが被害に遭わなければよいのではない。国民全員のことまで考えるのは専門家に任せるとして、少なくとも自分の住む地域レベルで、犯罪を起こさせないということを考える必要がある。

② 広報啓発活動

広報啓発活動については、高年齢者世帯に対する個別の対策の重要性を指摘した。

わが国警察には、昔から「巡回連絡」という制度があり、交番の制服警察官が個々のお宅を訪問しているが、どこのお宅にどのような高年齢者の方が住んでおられるのかを、すべて把握しているわけではない。おそらく、基礎的自治体の担当者や民生委員の方が詳しいと思われる。また、最近は、110番等の取り扱いも多く、「巡回連絡」の時間も確保することが難しくなっているのが現状である。

第3の④で述べたように、いまだ振り込め詐欺被害に遭う方は、何らかの理由で警察の情報が届いていないか、よく理解できていないと思われるので、基礎的自治体の中で住民と身近に接する機会のある職員や民生委員はもちろん、地域の皆さんと連携して高年齢者一人ひとりに、「携帯電話をなくした。」「お金を貸してほしい。」「還付金がある。」「あなたの口座が犯罪に使われた。」等の電話があったら「詐欺だ。」と、はっきり教えてあげる必要がある。

③ 金融機関における水際阻止

金融機関における水際阻止によって、相当な被害が食い止められていることを指摘した。ただし、2009年2月以降、都内においては警察官による水際阻止事例はない。認知件数自体も減少し、他にも取り組まなければならないことがたくさんあること

は理解できるが、このまま座視するわけにはいかない。また、第4の⑦で述べたとおり、金融機関職員が利用者に対して積極的に声掛けを行っている割に、被害者が振り込んでいることも事実である。金融機関職員も警察官同様、他にやることがたくさんあることは理解できる。

　そこで、警視庁では、すべての警察署において管内の金融機関やコンビニエンスストアとの間でホットラインを整備しているので、「おかしいと思ったら必ず警察官に連絡する。」ことを、職員に徹底するよう要請する必要があると思われる。

第6章 防犯カメラによる「安心の目」構築
〜警視庁、杉並区、市川市等の取り組みの紹介〜

牧瀬 稔

第1 身近になりつつある防犯カメラ

1 防犯カメラとは何か

　筆者の住む近所にも、防犯カメラらしき物体があった（今はなくなっている）。その防犯カメラらしき物体は、筆者の近所付近の映像を24時間撮影し、インターネットを通じて配信していた（一般には「ライブカメラ」[※1]というらしい）。実際に筆者も、インターネットを通じて、このカメラから流れる光景を見たこともあった。

　ここ数年で、「防犯カメラが一気に身近になってきた」と感じるのは筆者だけではないと思われる。本節の題を「身近になりつつある防犯カメラ」とした。この表記について、筆者の心のどこかに少しだけ違和感があるが、事実だから仕方がない。実は、筆者の知らない場所に、防犯カメラは多数設置されているかもしれない。

　本章は、様々な主体の防犯カメラの取り組みについて言及している。そこでまず、本章における防犯カメラの定義を明確にしておきたい。防犯カメラとは「ある一定区域を監視するカメラのことであり、犯罪者が最も嫌がる監視の目の代わりをするカメラのこと」を指す。警察や商店会、地方自治体が主体となって設置する防犯カメラは、不特定多数が出入りする公共空間に設置し、撮影した映像を常時モニ

※1　ライブカメラとは、リアルタイムの映像をインターネットにより配信しているサイトのことである。

ター画面に映し出し録画するものである。

❷ 本章の目的

　本章では、防犯カメラの実際を取り上げる。警察庁によると、現在、警察が設置し運営している防犯カメラは、新宿区歌舞伎町などの繁華街を中心に全国で363台ある。そして、警察ではなく、商店会や地方自治体が路上や広場など公共空間撮影用に設置している防犯カメラは約１万2,000台あると推計している。今日、数多くの防犯カメラが整備されている。

　本章では、防犯カメラを設置している事例として、警視庁や地域の各商店会の取り組みを紹介する。また地方自治体では、杉並区や市川市、世田谷区、三鷹市、富士河口湖町などにおいて、防犯カメラの設置・運用の基準を定めた「防犯カメラ設置・利用条例」を制定している。これらの条例は、公共の場所に防犯カメラを設置する場合は、地方自治体に届け出ることを義務づけ、画像の外部提供も禁じる内容となっている。本章では、杉並区と市川市の取り組みを簡単に紹介する。

　特に筆者は、これからは地方自治体が主体的に防犯カメラを設置し、住民の安全・安心を再生し、創造していく傾向が強まっていくと考えている。その理由は、序章にも書かれているとおり、地方自治体の基本的な責務は「住民の福祉の増進を図ること」（地方自治法第１条の２）にあるからである。地方自治体が住民の福祉の増進を図るためには、大前提として住民の安全と安心を確保し、その再生と創造が求められる。この安全と安心を構築していく一手段として、防犯カメラは大きな効果を発揮する。

　今日では、防犯カメラを検討する切り口は多々ある。その様々な切り口から、本章は警視庁や地域の各商店会、杉並区や市川市などの防犯カメラに関す

る取り組みを概観し、今後、防犯カメラの設置を検討している主体へのヒントとしたい。

第2 防犯カメラの取り組みと現状

1 警視庁の防犯カメラの取り組み〜防犯カメラの目を使って犯罪を取り締まる

　警視庁は、繁華街等の防犯対策の一環として、「街頭防犯カメラシステム」[※2]を導入している[※3]。この防犯カメラは、犯罪が発生する傾向が強い繁華街などにおける犯罪予防と被害の未然防止を図ることを目的としている。

　警視庁が防犯カメラを繁華街に設置したのは2002年2月である。当時の刑法犯認知件数は戦後最多最悪の285万3,739件であり、犯罪の発生が拡大する傾向を示していた。本来ならば、警察官を増員することで対応することが妥当な選択と思われるが、警察官の増員は認められなかった。そこで代替的な一つの手段として、防犯カメラの設置という結論に至った。つまり、警察官という人の目がだめならば、防犯カメラという機械の目を駆使して、犯罪が起きてしまう死角の減少を目指すこととなった。

　この警視庁の防犯カメラは、現時点においては全国最大規模で運営されており、東京都内の繁華街と呼ばれる地域、人の密集する地域、駐車違反多発地域に設置され、悪質業者、暴力団員、駐車違反者、素行不良者、逃亡犯などの検挙に大きな成果を上げていると指摘される。

　2002年2月に、はじめて新宿区歌舞伎町地区に防犯カメラが設置された。そして、同年3月には歌舞伎町で交通事故を装い、治療費などの名目で現金をだまし取ろうとしたとして、暴力団組員を逮捕する事件があった。この事件の逮捕の決め手となった

※2　防犯カメラの言い方は様々ある。例えば、警視庁は「街頭防犯カメラシステム」と称しているし、商店会の多くは「街頭カメラ」と表現している。本章では「防犯カメラ」に統一して進めている。

※3　詳細は警視庁のホームページ「街頭防犯カメラシステム」を参考していただきたい。
http://www.keishicho.metro.tokyo.jp/seian/gaitoukamera/gaitoukamera.htm

図表①　ドーム型カメラと固定型カメラの特徴

ドーム型カメラ	
	ドーム型カメラは、目立たずに設置したり、監視カメラの設置を意識づけさせない、さりげない監視に適している。この形態だと、監視されているという違和感が少なくなり、周りの雰囲気を損ねないことが可能となる。

固定型カメラ	
	固定型カメラは、カメラを意識させるデザインとなっている。特にカメラとしての威圧感があるため、目立つ場所に設置すると防犯効果が高まるとされる。これは主に犯罪を起こさせない「予防効果」に重きをおいている。

のは、防犯カメラに写る暴力団組員の一部始終の様子である。そのほかにも、防犯カメラが犯行時の映像を撮影することにより、検挙に貢献した事例は少なくない。

2002年に歌舞伎町に設置された防犯カメラを契機として、現在では、渋谷区宇田川町地区、豊島区池袋地区、台東区上野2丁目地区、港区六本木地区に150台の防犯カメラが設置されている。その内訳は、ドーム型カメラが131台、固定型カメラが18台、高感度カメラが1台となっている（図表①）。

警視庁は防犯カメラを設置するに当たり、「東京都公安委員会規程」や「街頭防犯カメラシステム運用要綱」を規定し、厳格な運用を行っている。具体的には、運用責任者の管理の下、国民の権利を不当に侵害しないよう慎重を期している。また防犯カメ

ラの設置区域であることを標示板により明示している。さらに毎月、映像データの活用状況を東京都公安委員会に報告している。そして、録画については1週間保存され、保存期限が過ぎたハードディスク等は自動的に上書きされ画像データは消去されている。

　ここまで、警視庁が実施する防犯カメラの概要を記した。しかし、この警視庁の取り組みは、ある意味で、特殊と指摘することができる。警視庁の取り組みは、必ずしも一般化できるわけではない（もちろん、その取り組みのある部分については一般化できる要素もある）。その理由は2つある。

　まず「カネ」（費用）の問題がある。警視庁によると、防犯カメラを設置した初期コストは約8億数千万円かかったそうである。そして年間の維持コストが約2億4,000万円かかっている。これだけの費用を拠出できる団体（警察本部や地方自治体など）は多くないと考えられる。

　次に「ヒト」（労働力）の面においても警視庁は抜きんでている。警視庁は、現在、24時間体制で防犯カメラに対応している。そして防犯カメラを確認する警察官は多数に上っている。多くのヒトを配置できるのは、約4万2,000人を擁する警視庁くらいと考えられる。このように「カネ」と「ヒト」という視点だけから捉えると、警視庁の取り組みは特殊である。しかしながら、防犯カメラを設置することにより、犯罪が起こり得る「死角をなくそう」とした視点は、参考になる考えである。

❷ 地域の商店街の防犯カメラの取り組み　～消費者の安全・安心を確保する地道な手法

　ひったくりや放火、ごみの不法投棄が絶えない商店街には、消費者は買い物に行かないだろう。読者

も、そのような危険な商店街には買い物に行きたくない。

今日、商店街は疲労困憊しつつあるが、その状況を脱して活性化させるためには、まず安全と安心の確保に努めなくてはいけない。しかしながら、現在の商店街の中には、ひったくりや放火をはじめ、自動販売機荒らし、落書き、放火、器物破壊など様々な負の出来事が起きている場合も少なくない。そこで、防犯カメラを設置して、それらの負の出来事を起こす者の把握に取り組んでいる（把握し、その後、犯罪者は警察が検挙する）。

例えば2005年に、多摩市（東京都）の京王線聖蹟桜ヶ丘駅の東口にある中央商店会は、同市ではじめて東京都と多摩市の補助金を使って４台の防犯カメラを屋外に設置した。設置の背景にあったのは、中央商店会では夜間の飲食店関係者による強引な客引きが目立つようになり、子どもや女性の通行の安全・安心が懸念されるようになったからである。なお、防犯カメラの下には告知用の防犯プレートがあり、撮影した映像は一定期間保存され、運用規定に基づき厳しく管理されている。

また、2007年には鶴ヶ峰商店街協同組合（横浜市）は、安全で安心して買い物ができる街づくりを目指し、防犯カメラの運用を開始している。神奈川県と横浜市から助成金を受け、防犯カメラを商店街内に24台、鶴ヶ峰パーキング内に４台の計28台を設置した。横浜市旭区内で唯一防犯カメラがある商店街として、ひったくりや車上荒らしなどの犯罪抑止を進めている。

図表②は警視庁が発表した「わが国における主な街頭防犯カメラシステムの概要」の抜粋である。多くの商店街が様々な理由から防犯カメラを設置している様子が理解できる。

基本的に防犯カメラを設置する商店会は、独自に

図表②　わが国における主な街頭防犯カメラシステムの概要

設置場所（規模）	運営主体	設置の趣旨
上野中町商店街 　東西約500m 　南北約200m	商店街振興組合	・犯罪抑止
横浜市元町商店街 　南北約600m	商店街協同組合	・震災時の誘導 ・犯罪抑止 ・モニタリング
中野ブロードウエイ 　南北約224m	商店街振興会	・犯罪抑止 　（殺人事件発生）
中野一番街 　東西約50m	商店街振興会	・犯罪抑止
池袋曙町会商店街 　東西約50m、南北約50m	商店街組合	・風俗環境浄化 ・犯罪抑止 　（殺人事件発生）
吉祥寺近鉄裏ピンク街 　（吉祥寺1丁目） 　南北約200m	武蔵野市	・風俗環境浄化
愛媛県 松山市大街道商店街	商店街振興会	・非行少年対策
栃木県 宇都宮市オリオン通り商店街	商店街振興組合	・暴走族対策 ・犯罪抑止
長野県 松本駅前公園通り 　東西約300m	松本市	・非行少年対策
大阪市西成区あいりん地区 　（0.62k㎡）	大阪府警察	・街頭防犯

出所：警視庁

設置や運用の基準を設けている。例えば、権堂商店街（長野市）は「長野市権堂商店街区域防犯カメラの設置及び管理運用基準」を規定している。

　同基準は、「この基準は長野市権堂商店街協同組合が設置する、防犯カメラの設置及び管理運用等の適正化を図るために必要な事項を定めることにより、商店街を訪れるお客様が安心・安全な環境の中で買い物等ができ、また権堂町民も安心・安全に生活できるよう、犯罪の抑止効果をめざすとともに、

個人のプライバシーその他市民の権利を保護すること」（第1条）を目的としている。そして同基準により、厳格に防犯カメラは運用されている。

③ 杉並区の防犯カメラの取り組み〜全国初の「防犯カメラの設置及び利用に関する条例」

2004年、杉並区は「杉並区防犯カメラの設置及び利用に関する条例」（以下、「杉並区条例」とする）を制定した[※4]。同条例は「防犯カメラの設置及び利用に関し、基本原則及び必要な事項を定めることにより、防犯カメラの有用性に配慮しつつ、区民等の権利利益を保護すること」（第1条）を目的としている。杉並区条例は、公共空間に設置されている防犯カメラの利用方法などについて明文化した全国初の条例である。

杉並区条例の制定背景は、次のとおりである。当時、犯罪被害が拡大し、「体感治安」[※5]が悪化していく過程の中で、検挙の拡大や犯罪被害の抑止などを目的に、防犯カメラが設置される傾向が強まっていた。しかしながら、当時は、防犯カメラの設置や運用についてルールが明確でない場合が多く、防犯カメラは設置者の自由裁量に委ねられており、ルールなしの状況であった。そこで、防犯カメラによる検挙の拡大と犯罪抑止の効果と、カメラに撮影される住民のプライバシー保護のバランスを保つためには、設置や運用のルールを定めることが不可欠と判断し、条例化に踏み切った。

この杉並区条例では、様々な規定がある。例えば、町内会や商店街などが、道路や公園など公共エリアに防犯カメラを設置する場合、杉並区への届け出を義務づけた。また、第8条には苦情の申立てが規定されている。そこでは、「区民等は、防犯カメラの設置等について、区長に対し、苦情を申し立て

※4　杉並区条例における防犯カメラの定義は、「犯罪の予防を目的として特定の場所に継続的に設置されるカメラ装置（犯罪の予防を従たる目的として設置されるものを含む。）で、画像表示装置及び録画装置を備えるもの」である（第2条）。

※5　体感治安とは、「住民が感覚的に感じとる治安悪化の状況であり、住民の日常生活の中で、どの程度の不安を感じているかを示すもの」と捉えることができる。

ることができる」とある。さらに、防犯カメラで撮影した映像に手を加えたり、外部に流出させたりすることを禁止している。同条例には罰則はないものの、杉並区は条例違反者への勧告や氏名の公表などができるとしている（第9条）。

　杉並区条例に基づき、防犯カメラの届出状況報告によると、2008年12月31日現在では、284施設において防犯カメラが設置されている。内訳は杉並区が254施設、民間業者が30施設となっている。一方で、防犯カメラに関して、苦情の処理状況、報告の徴収、勧告の状況はない。この杉並区条例が見本となり、少なくない地方自治体が「防犯カメラ設置・利用条例」を制定しつつある。

❹ 市川市の防犯カメラの取り組み〜市全域をカバーするネットワーク防犯カメラシステム

　市川市も2005年に制定された「市川市防犯カメラの適正な設置及び利用に関する条例」（以下、「市川市条例」とする）がある。市川市条例は、公共の場所に向けられた防犯カメラの有用性に配慮しつつ、住民等の権利利益（プライバシー）を保護することを目的としている。そして、防犯カメラの適正な設置や利用について、防犯カメラの設置者が遵守すべき義務等を定めている[※6]。

　かつては、防犯カメラの設置に関して嫌悪感を抱く人が多かったようである。しかしながら、昨今は意識が変わりつつある。例えば、警察庁科学警察研究所と市川市が2007年11月に合同で実施した住民アンケート調査によれば、防犯カメラの設置を希望する住民は76％に達している。そして、防犯カメラの効果として、落書きやごみの不法投棄の減少などを挙げる意見が64％あった。もちろん、一方ではプライバシー侵害の不安を訴える人も32％い

※6　市川市条例における防犯カメラとは、「犯罪の予防を目的として特定の場所に継続的に（おおむね1か月以上）設置されるカメラ装置であって、画像表示装置及び録画装置を備えるもの（設置の主目的は犯罪の予防ではないが、設置されていることによって犯罪の予防の効果を有するものも含む）」と定義されている（第2条）。

た。

市川市では、同アンケート調査を受けて、希望する町内会に1台ずつ防犯カメラを住宅街に設置する作業を進めている。また、ネットワーク防犯カメラシステムも運用を開始しつつある。同システムは、自治会単位で1カ所ずつ設置した防犯カメラを、市川市で一元管理できるものである。2008年度は50台、2009年度と2010年度にも各50台を設置する。住宅街を含む市全域を150台でカバーするシステムの構築は、全国初の試みとなる。今までの犯罪を未然に防ぐという観点に加え、防犯カメラ設置の場所は、繁華街から住宅街や公園など、日常の生活空間にまで広がりをみせている。

現在、設置されつつある防犯カメラは、レンズが向く方向が一目で分かるようプライバシーにも配慮されている。また、画像は24時間録画であるが、保存は7日間と厳守されている。

防犯カメラの効果を高めるためには、複数台の防犯カメラで同じ場所を監視することができるシステムを導入することが重要といわれている。また、それぞれの防犯カメラがネットワークでつながり、一元化することも犯罪を減少させていく重要な要素と指摘されている。これらの点について、現在、市川市は社会実験している最中ということができる。

第3 防犯カメラは効果があるのか

1 検挙効果

ここでは、一般的に指摘されている防犯カメラの効果について端的に触れておきたい。防犯カメラの効果は、「検挙効果」と「防犯効果」の側面から検討することができる。この効果を混合して把握すると、「防犯カメラは効果なし」という結論となって

しまうことにつながる。防犯カメラのもつ効果を2つに明確に分けて検証しなくてはいけない。

「検挙効果」は、比較的目に見える形で現れる。例えば、2003年7月に起きた長崎男児誘拐殺人事件[※7]は、商店街の防犯カメラで少年が検挙された。また2006年の川崎市のマンションで小学3年生の男児が投げ落とされ殺害された事件(川崎マンション男児投げ落とし事件)は、マンションの防犯カメラの映像が、犯罪検挙に効果があったことが明らかになっている。

また、九州最大の歓楽街である中洲(福岡市)では、2008年4月に防犯カメラ15台を設置した。防犯カメラを設置した後の一つの効果として、1月から4月の刑法犯認知件数が前年同期比で41%減少し、交通違反検挙件数は28%も増加したことが明らかになっている。その他、防犯カメラによる検挙効果は多く指摘されている。

2 防犯効果

この「防犯効果」は、様々な議論がある。例えば、研究者の視点として、前田雅英・首都大学東京教授は、2000年と2002年の犯罪統計を比較することにより、防犯カメラの有効性を検証している。特に警視庁管内(新宿、池袋東口、六本木、渋谷)の詳細な地区別の比較を実施している。その結果、凶悪犯、侵入窃盗犯においては顕著な効果があり、非侵入窃盗犯においても、侵入窃盗ほどではないが効果があると指摘している[※8]。一方で、防犯カメラのもつ防犯効果について否定する研究者もいる。

防犯カメラの防犯効果について尋ねられると、筆者の回答は「たぶん防犯カメラは防犯効果も認められる」であり、そこには「たぶん」という言葉が入ってしまう。その理由は、明確に防犯効果があると証明するためには、犯罪をしようとする者が、防

[※7] 長崎男児誘拐殺人事件の概要は、大型家電量販店に家族で買い物に来ていて、一人でゲームコーナーで遊んでいた4歳(当時)の男児に対して、加害者の中学1年(当時)の少年が、長崎市万才町の築町パーキングビル屋上で男児を全裸にし、暴行を加え、屋上から突き落として殺害した事件である。同事件の検挙の決め手となったのは、商店街に設置された防犯カメラに写った映像である。

[※8] 前田雅英(2003)「犯罪統計から見た新宿の防犯カメラの有効性」『ジュリスト9月1日号(No.1251)』有斐閣

なお、海外では防犯カメラの検挙効果に加え防犯効果も評価する調査がある。ただし、ここで「海外では

犯カメラを見て、犯罪を断念する事実を明らかにしなくてはいけないからである。しかし、このことを証明することは難しい。そこで、「たぶん防犯カメラは防犯効果も認められる」という曖昧な表現しかできない。

しかしながら、「検挙に勝る防犯はなし」という格言が示すように、防犯カメラのもつ検挙効果を最大限に発揮することにより、防犯効果も誘発することは可能と考えている。また、検挙（効果）と防犯（効果）は表裏一体の関係にあるため、防犯カメラによる検挙効果を促進することが、同時に防犯効果も高めていくことにつながると考えられる。

> 防犯カメラの防犯効果が上がっているから、日本でも同様なことがいえる」と考えるのは早急である。文化や背景が異なる中で、その評価をそのまま日本に移転することは難しい。また、海外と日本では様々な前提条件が異なっているため、そのことを考慮しないで海外の成功事例を日本に当てはめるのは無意味とも思っている。

第4 防犯カメラは必要ないのか

以前と比較して、防犯カメラに対するアレルギーは少なくなってきた。しかし、今でも防犯カメラに対して強烈に嫌悪感を抱く人もいる。嫌悪感を抱く人の気持ちも分からないでもないが、筆者は防犯カメラについて肯定的である。本章を終えるにあたり、極論も含みつつ、筆者の防犯カメラに関する考えを明記しておきたい。

まず、防犯カメラの否定的な考えに、「プライバシーの侵害」を訴える場合がある。筆者に言わせれば、「公共空間で、人に見られたくないプライバシー的な行為はするな」となってしまう。また筆者は「生きていてこそ、プライバシーという考えも成立する」と思っている。そして「死んでしまったらプライバシーはない」と考えている。

防犯カメラの設置により、犯罪被害が減少する可能性が少しでもあるのならば（実際に防犯カメラを設置することにより、犯罪被害が減少した報告は多々ある）、それは「生きる可能性が高まる」ことを意味する。すなわち「プライバシーが大切」なの

か。あるいは「生きることが優先」なのか。このどちらの優先順位が高いかといえば、当然ながら「生きられる」ことである。

　防犯カメラを設置することで、防犯カメラが監視しつづけ、犯罪被害が少しでも減少する可能性があるならば、それは生きる可能性の拡大を意味することであり、防犯カメラを設置する意義は大きいと考える。繰り返すが、生きてこそのプライバシーである。この優先順位を間違えてはいけない。

　また、「監視社会にするのか」という批判的な意見もある。誤解を覚悟で指摘するならば、筆者は、現在の日本は監視されなくては安全・安心が確保されない社会であると思っている。現在の地域社会は防犯カメラで監視しなければ、犯罪被害から守ることはできない時代に入っている。確かに防犯カメラは「監視」しているが、カメラの向こう側にいる警察官や防犯カメラの関係者の大多数は、温かい心を持って誠実に「見守り」続けているのである。そのことを忘れてはいけない。

　確かに防犯カメラを設置することにより、一部の人にとって何かしらの被害が起きる可能性もある。それは精神的被害であったり、物質的な損失であるかもしれない。しかし、防犯カメラの設置が社会全体の利益につながっていくのならば、設置すべきと筆者は考える。すなわちベンサムのいう「最大多数の最大幸福」であり、効用最大化という考えである。

　もちろん、被害を受ける一部の人を無視してはいけない。その一部の人たちを救っていく安全網は、きちんと用意しておかなくてはいけない[※9]。以上の理由から、筆者の結論は、「防犯カメラは必要」であり、これからは地方自治体も住民の福祉を増進させるために、積極的に取り組んでいくことが望ましいと考えている。

※9　防犯カメラを批判する人は、批判に終始する傾向が強い。批判的な立場の人は、防犯カメラに代わる具体的な代替案を提示する必要がある。批判するだけならば簡単である。筆者は犯罪被害にあい、涙している方が多々いることを知っている。防犯カメラを設置することで、犯罪被害が少しでもなくなる可能性があるならば、積極的に設置していくべきと考えている。なお監視社会にするのもしないのも、筆者をはじめ一人ひとりにかかっている。

第7章

金城　雄一

青色防犯灯を活用した安心安全なまちづくりに向けて
～2007年度鹿児島市との共同研究から得られた示唆を中心に～

第1 英国発、奈良県から全国に急速に広がる青色防犯灯。安心で安全なまちづくりへの思いに潜む危うさ

1 青色防犯灯の導入背景と課題

2004年、英国グラスゴーで景観対策としての青色街灯の設置が、副次的に犯罪減少につながったという報道をきっかけに、2005年6月に奈良市秋篠台住宅で青色防犯灯が設置されてから、2007年3月末時点で37都府県の地域で設置が確認されている（警察庁調べ）[※1]。

※1　2009年8月末時点では、インターネット上ですべての都道府県で青色防犯灯の設置が確認できる。

青色防犯灯は、なぜこれほど急速に全国に広がったのか。一言でいえば、青色防犯灯の犯罪抑止効果に対する期待であり、自治会町内会、行政、警察当局など、安心で安全なまちづくりに関わる人たちの切なる願いによるものであろう。その背景には、マスコミ報道によるアナウンス効果に加え、2004年に民間の防犯パトロール車に青色回転灯が装備できるようになり、青色が安心安全のシンボルカラーとして地域住民に認知され、犯罪抑止に効果があるならと、防犯活動に熱心な地域ほど積極的に導入されたのではないか。

他方、青色防犯灯は安全性（照度不足）や経済性、犯罪抑止効果の有効性などへの疑問や懸念も指

摘されている。

　青色防犯灯を導入する際には、青色照明の得失や効果など曖昧なまま設置するのではなく、白色照明との機能・経済面での違いや、青色照明を導入する意義や効果的な活用について、正しい理解と適切な運用が求められる。

　本章では、2007年度に実施した鹿児島市[※2]と、筆者の所属する財団法人地方自治研究機構[※3]との共同研究[※4]から得られた課題や示唆を中心に、青色防犯灯を導入する際の留意点や設置効果を高めるための検討事項を考えてみたい。

❷ 青色防犯灯をめぐる基本事項の整理

○犯罪抑止効果に対する期待と誤解

　はじめに、青色防犯灯を導入する前に、客観的な事実として理解する必要のある事項を整理しよう。

　まず、青色防犯灯による犯罪抑止効果だが、巷間で喧伝されている代表的なものに次の3点がある。第1は、「青色という色彩がもたらす鎮静作用」だが、これは壁紙やカーテンなどの物体色に対する心理作用であり、青色照明という光色に対するものではない。また、そもそも犯罪は常に興奮状態で行われるかなど、照明学や犯罪心理学などの専門領域からの知見ではない。第2に、「青色光下では薄暗い空間でも明るく感じる（プルキンエ現象）ことによる視認性、監視性の向上」だが、暗がり（月・星明かり程度の低照度域）では青色光で明るく感じる現象がみられるが、色の識別は白色に勝るものはないこと[※5]。第3に、「他の地域と何かが違うという環境改善効果」だが、青色防犯灯が全国に伝播し、その環境が常態化した場合には効果が失われてしまうなど、効果とされているものも個々にみるとかなり乱暴な（あるいは誤った）評価であるにもかかわらず、それらを総じて「青色防犯灯は犯罪抑止効果が

※2　鹿児島市は南九州随一の商業地域を有する中核都市でありながら、犯罪発生件数が1996年から2002年にかけて全国的に急増する中で一貫して減少傾向にあり、県平均よりもさらに低い犯罪発生率を維持し続けている全国有数の生活安全都市である。その背景要因には諸説あるが、江戸時代から連綿と伝えられる先輩は後輩を慈しみ、後輩は先輩を敬愛する伝統（郷中教育）や、地域と小学校を結ぶ独自の公民館制度（校区公民館制度）、地域ぐるみの青少年健全育成（あいご会）などは、地域の絆を育み、地域の課題解決に向けて住民の主体的な活動を生み出す、鹿児島固有の市民生活の安全基盤といえる。

※3　地方行財政に関する調査研究機関として地方6団体の支援を受けて、1996年4月に設立された総務省認可の公益法人（http://www.rilg.or.jp）。

※4　本研究では、学識経験者、地元有識者、行政関係者等で構成する調査研究委員会（委員長：石附弘　警察政策学会理事、元長崎県警本部長）を設置し、青色防犯灯を導入している自治体の実態調査及びモデル地区における社会実験等を通じて、青色防犯灯の犯罪抑止効果や経済性、地域住民の評価・受容性等を検証し、青色防犯灯を導入することの得失や必要条件、留

ある」という単純化されたメッセージだけが、独り歩きしてしまっている感は否めない。

○防犯灯の設置、維持管理の中心的な担い手（責任主体）は地域

　青色防犯灯を導入している自治体へのアンケート調査（以下、「自治体アンケート」という）※6では、半数以上の自治体が防犯灯の設置基準を定めておらず、7割弱が管内の防犯灯の設置状況をすべて把握することはできないとしており、設置・維持管理は8割以上が自治会町内会などの地域団体が行っているなど、防犯灯の選定から設置・維持管理は地域に委ねられている実態が明らかになった。つまり、青色防犯灯の設置の意思決定とともに、その責任は設置・維持管理主体である地域にあるということである。

　また、青色防犯灯の設置は、自治体（35％）や警察（31％）、自治会町内会や商店街などの地域（17％）など、多様な主体の主導によって進められている。このことは、設置主導者から青色防犯灯の得失や効果的な活用に対する十分な情報提供や指導がないままに、「犯罪抑止効果があるなら」という思いの強さで、設置されてしまう危うさをはらんでいる。

○明るさや経済性では白色灯が優位

　最後に、白色ランプと青色ランプでは、明るさや経済性などの性能面でどれくらいの違いがあるのだろうか。照明メーカーのカタログでみると、防犯灯で一般的に使用されている20W白色ランプとの比較では、明るさは約3分の1、ランプの寿命も30～50％短くなり、明るさや経済性では青色灯よりも白色灯が優位である。もともと青色ランプは演出用として開発されたものであり、この基本的な性能やコストパフォーマンスの違いは設置を検討する際の基本事項として理解する必要がある（図表①参

意事項を明らかにし、望ましい夜間照明環境のあり方を提言した。報告書は、鹿児島市のホームページで公開されているので参照されたい。
http://www.city.kagoshima.lg.jp/_1010/shimin/1kurashi/1-1anshinanzen/1-1-3bohan/_29850.html

※5　井上容子（2000）「青色防犯灯の犯罪防止効果に関する実証研究」財団法人社会安全研究財団

※6　インターネット、新聞・雑誌記事等で青色防犯灯の設置が確認された地方自治体（58団体）の地域防犯・防犯灯管理担当者を対象に、2007年8月28日～9月21日に郵送法で実施。52団体から回答を得た。

第7章●青色防犯灯を活用した安心安全なまちづくりに向けて

図表①　青色ランプと白色ランプの性能・経済性比較 (注1)

(単位：%)

ランプの種類	明るさ（光束）	初期費用(注2)	年間費用(注3)
20W青色1灯	33	106	120
20W青色2灯	67	149	175
36W青色1灯	68	254	161

(注1) 図表内の数値は20W白色1灯用を100とした場合の指数。
　　　照明メーカーのカタログから算出。
(注2) 初期費用＝器具代（グローブとランプ価格）
(注3) 年間費用＝電気料金（九州電力電灯料金）＋年間ランプ交換費
　　　　　　　（年間使用時間4,380h÷ランプ寿命×ランプ価格）

照）。

　ただし、後述する鹿児島市での社会実験では、実際の照度、住民の印象評価ともにカタログによる性能比較だけでは読み取れない、興味深い知見が得られた。

第2　鹿児島市における社会実験から得られた課題と示唆

1　社会実験の概要

　鹿児島市内の特徴的な夜間照明環境を有する2つの地域（住宅地：西田地区※7、商業地：天文館地区※8）をモデル地区として、青色防犯灯（一部に新しい白色ランプ）を設置し、道路面の照度測定や空間の明るさ感評価※9、防犯カメラの画像評価及び住民、タクシー乗務員による視認性、印象、受容性などを把握することを目的として社会実験を行った。

2　社会実験結果のあらまし

○住宅街では白色灯と青色灯のいずれも防犯照明の推奨照度に満たず

※7　西田地区（西田1～3丁目）は、JR鹿児島中央駅北側周辺の文教市街地。地区内の西田本通りは江戸時代、鶴丸城から九州街道へ至る島津家参勤交代の道筋にあり、城下の玄関口としての役割があり、街道町としての性格も持っていたという。
＜実験環境＞
西田2丁目：20W×1灯用の防犯灯（42基）を青色ランプに変更。
西田公園周辺の街路灯（9基）は青色ランプ20W×2灯用に変更。
西田3丁目：20W×1灯用

住宅街の西田地区の東西エリアに新規の青色・白色ランプを設置した道路面の照度[10]は、20W白色1灯は1.7 lx、同青色1灯は1.2 lx、青色2灯（40W）では1.8 lxであり、青色灯はカタログでみるほど極端な明るさの減少はみられなかった。しかし、ここで問題となったのは、いずれの場合も警察庁[11]及び鹿児島県[12]が定めている防犯照明の推奨照度3.0 lxに満たない明るさであったことである。

住民による空間の明るさ感評価は、20Wの青色照明では白色照明と比べて明るさ感が落ち、不安感が高まった。青色2灯用で3.0 lx以上のエリアでは差異はみられなかった。

繁華街の天文館地区では、青色照明による平均照度が約10～60 lxあり、防犯照明の照度基準を十分満たしていた。周囲の店舗などの明かりがある場合や、ある一定の明るさが確保できる場合には、青色照明にしたことで路面照度は半減したものの、明るさ感や安心感に差異はみられなかった。

○住宅街の住民とタクシー乗務員は、「明るさ」「見え方」ともに青色灯に高評価

モデル地区の住民アンケート調査[13]では、比較的外部の照明の影響を受けにくく、低照度であった住宅街の西田地区では、青色照明の方が「明るい」という回答が、「暗い」よりも約10ポイント高く、「歩行者の姿」「服装の色」「走行している車」「信号の色」「道路標識」などへの視認性（見え方）についても、すべての項目で青色照明の方が「よく見える」が「見えにくい」を上回った（図表②参照）。

他方、商店街の天文館地区では、すべての通りで青色照明の方が「暗い」という評価であり、視認性では評価が僅差であったが大きな違いはみられなかった。

また、新しい20Wの青色灯と白色灯を設置して

の防犯灯（60基）を新しい白色ランプに変更。

[8] 天文館地区（東千石町）は、鹿児島市の中央に位置する交通や商業の中心地であり、南九州最大の繁華街。天文館の名前の由来は、ヨーロッパ文明を進んで取り入れた島津重豪公が、天文観測や暦の作成などを行う「明時館（天文館）」を建てた場所にちなんだものである。
<実験環境>
テンパーク通り：水銀灯250W投光器（16基）を青色ランプに変更。
セピア通り～ザビエル公園：36W防犯灯青色ランプ（8基）を新規に設置。
天神ぴらもーる：水銀灯250W天井直付灯（16基）を青色ランプに変更。

[9] 従来から照明を検討・評価する指標は路面照度と鉛直面照度であったが、街路面だけでなく、照明された空間全体に対して人が感じる実際の明るさを測定するFeu理論による評価を、松下電工（株）の協力を得て実施した。

[10] 2007年8月20日20時55分～21日0時5分測定実施。評価者：須谷修治（財団法人都市防災研究所客員研究員）、田辺吉徳（社団法人照明学会専門会員）。

[11] 警察庁（2000）「安全・安心まちづくり推進要綱」

図表② 青色照明の「明るさ」と「見え方」(SA)

天文館地区 n=81 (%)

【明るさ】すべての通りで「暗い」が多い

	明るい (28.4)	暗い (38.3)
全体		
テンパーク	29.0	45.8
ぴらもーる	30.3	33.4
ザビエル公園	26.1	39.1

【見え方】評価はばらつきさまざま

	よく見える	見えにくい
歩行者の姿	32.1	19.7
服装の色	17.3	32.1
走行車	22.2	19.8
信号の色	30.9	22.2
道路標識	19.8	33.3

西田地区 n=399 (%)

【明るさ】「明るい」が約10ポイント高い

明るい (37.1)		暗い (28.8)	無回答
11.8 25.3	27.3	7.5 21.3	6.8

【見え方】全項目「よく見える」が高い

	よく見える	見えにくい
歩行者の姿	35.8	19.3
服装の色	25.3	23.3
走行車	24.6	17.8
信号の色	30.3	13.0
道路標識	27.9	20.8

タクシー乗務員 n=63 (%)

【明るさ】6割が「明るい」と回答

明るい (60.3)		暗い (12.6)	無回答
28.6	31.7	25.4	6.3 6.3

【見え方】「よく見える」が高い回答率

	よく見える	見えにくい
歩行者の姿	60.3	20.6
服装の色	47.6	19.1
走行車	53.9	14.3
信号の色	50.8	8.0
道路標識	46.1	14.3

※12　鹿児島県（2007）「鹿児島県犯罪のない安全で安心なまちづくり防犯指針」

※13　自治会・通り会による調査票の配布回収により、2007年8月8日～31日に実施。西田地区では、西田1～3丁目に居住する15歳以上の男女399人、天文館地区では、東千石町内に居住・従業する15歳以上の男女81人から回答を得た。

※14　鹿児島市タクシー協会による調査票の配布回収により、2007年8月28日～9月21日に実施。63人のタクシー乗務員から回答を得た。

いる西田地区を夜間に走行経験のあるタクシー乗務員にも同様の調査※14を実施したところ、青色灯の方が明るさ、視認性ともに高い評価であった。

○6～7割は青色防犯灯の今後の設置に肯定的。
　ただし、効果があるならの条件つき

　両地区ともに2人に1人は、青色照明環境下で安心して通行ができると回答。他方、西田地区では2割弱が不安感を示した。タクシー乗務員の青色照明エリアを走行した印象は、5割強が「白色照明より見通しがよくなった（55.6％）」とし、「白色照明と変わらない（34.9％）」と合わせると、9割が青色照明下でも違和感がないが、1割弱が危険や不安を感じている（図表③参照）。

　青色照明の印象は、住宅街の西田地区では、「冷たい、さみしい感じ（35.3％）」と「静かで気持ちが落ち着く感じ（35.1％）」が拮抗し、「街並みの景観が美しくなった感じ（27.3％）」が続く。商店街の天文館地区では、「冷たい、さみしい感じ（29.6％）」「薄暗くて、こわい感じ（24.7％）」など、否定的な印象が上位を占めた。

　青色防犯灯の設置については、回答者ベースでみると、6～7割が肯定的だが、その層の8～9割は「メリットやデメリットをよく理解し、効果があるなら設置したい」と条件つきの賛成であった（図表④参照）。

○設置場所や照明環境、住民の受容性や期待に応じた活用の検討が必要

　第1で確認したように、明るさは白色ランプの圧倒的な優位性が示されていたにもかかわらず、このような多様な評価結果となったのはなぜか。測定は可能な限り住宅や店舗など外部の明かりの影響を受けない場所で実施したが、それでも実際の夜間照明環境は、漆黒の闇の中に防犯照明だけが存在するのではなく、門灯・玄関灯、ネオンや看板などの生

図表③ 青色照明の印象評価

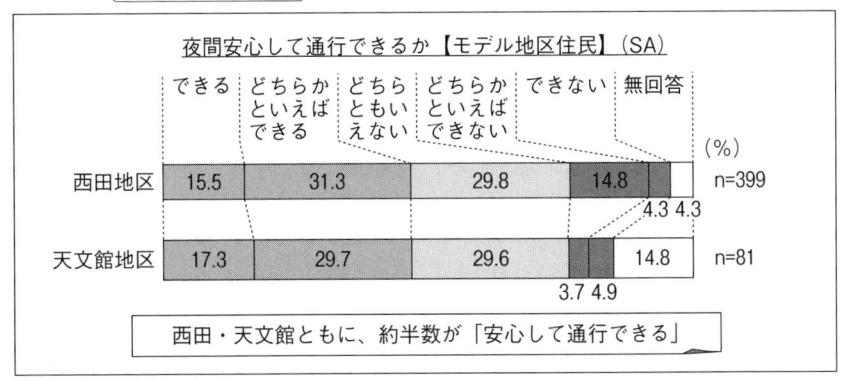

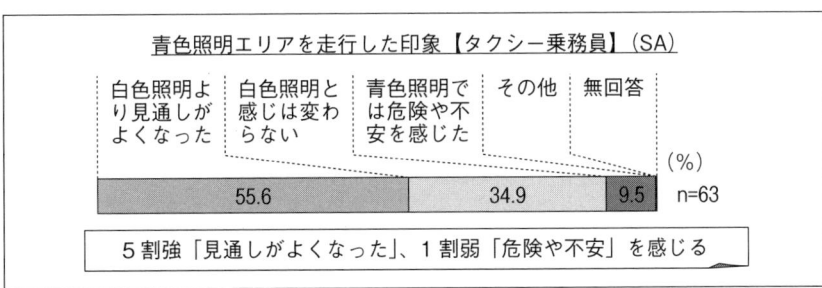

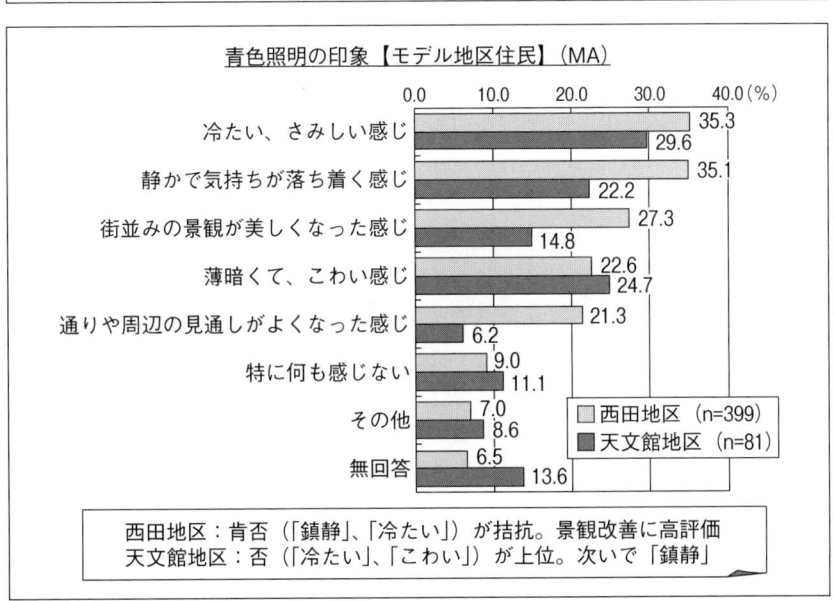

夜間安心して通行できるか【モデル地区住民】(SA)

凡例:できる／どちらかといえばできる／どちらともいえない／どちらかといえばできない／できない／無回答

地区	できる	どちらかといえばできる	どちらともいえない	どちらかといえばできない	できない	無回答	n
西田地区	15.5	31.3	29.8	14.8	4.3	4.3	n=399
天文館地区	17.3	29.7	29.6	14.8	3.7	4.9	n=81

西田・天文館ともに、約半数が「安心して通行できる」

青色照明エリアを走行した印象【タクシー乗務員】(SA)

白色照明より見通しがよくなった	白色照明と感じは変わらない	青色照明では危険や不安を感じた	その他	無回答	n
55.6	34.9	9.5			n=63

5割強「見通しがよくなった」、1割弱「危険や不安」を感じる

青色照明の印象【モデル地区住民】(MA)

項目	西田地区(n=399)	天文館地区(n=81)
冷たい、さみしい感じ	35.3	29.6
静かで気持ちが落ち着く感じ	35.1	22.2
街並みの景観が美しくなった感じ	27.3	14.8
薄暗くて、こわい感じ	22.6	24.7
通りや周辺の見通しがよくなった感じ	21.3	6.2
特に何も感じない	9.0	11.1
その他	7.0	8.6
無回答	6.5	13.6

西田地区：肯否(「鎮静」、「冷たい」)が拮抗。景観改善に高評価
天文館地区：否(「冷たい」、「こわい」)が上位。次いで「鎮静」

図表④ 青色防犯灯の設置意向（MA）

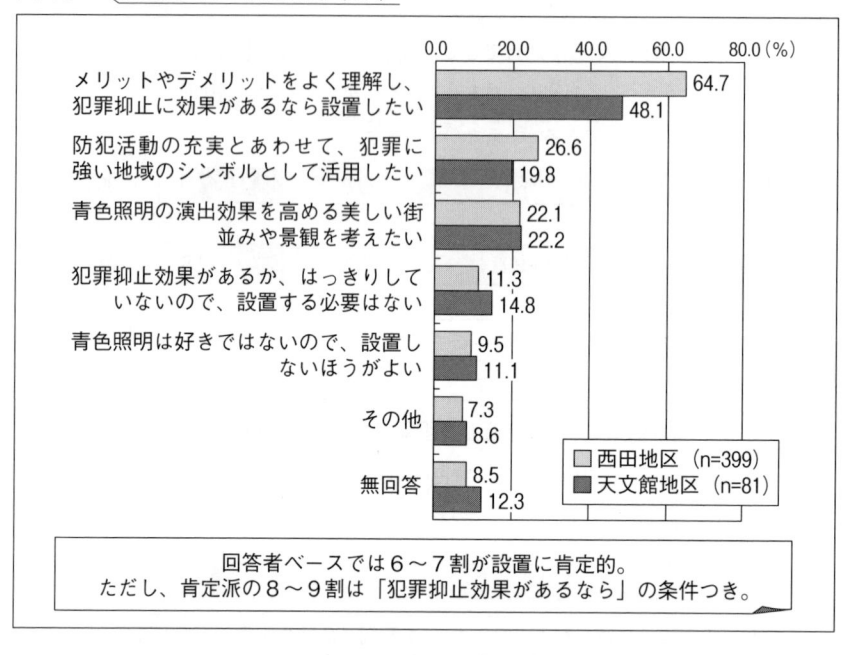

項目	西田地区 (n=399)	天文館地区 (n=81)
メリットやデメリットをよく理解し、犯罪抑止に効果があるなら設置したい	64.7	48.1
防犯活動の充実とあわせて、犯罪に強い地域のシンボルとして活用したい	26.6	19.8
青色照明の演出効果を高める美しい街並みや景観を考えたい	22.1	22.2
犯罪抑止効果があるか、はっきりしていないので、設置する必要はない	11.3	14.8
青色照明は好きではないので、設置しないほうがよい	9.5	11.1
その他	7.3	8.6
無回答	8.5	12.3

回答者ベースでは6～7割が設置に肯定的。
ただし、肯定派の8～9割は「犯罪抑止効果があるなら」の条件つき。

活・商業照明の影響を受けており、ランプ単体の性能として表示される数値よりも明るい環境だったのではないか。明るさや見え方の各設問では「どちらともいえない」という回答が最も多いことからも、住民にとっては、ランプの色や明るさの差異が気にならない程度の照明環境が実現されていたと考えられる。青色防犯灯が総じて高い評価だったのは、カタログデータや照度数値では測れない、青色照明の雰囲気や質感に対する評価者の嗜好性であったり、青色防犯灯への期待や関心の表れではないか。設置場所の照明環境や住民の受容性に応じた活用の検討の必要性を示唆している。

第❸ 青色防犯灯を活用した安心で安全なまちづくりに向けて

① 安心で安全な明るさを確保する

　社会実験の照度測定結果では、現状の照明環境では青色ランプ（1.2 lx）はもとより、新しい白色ランプ（1.7 lx）でも防犯照明の推奨照度（3.0 lx）を達成していなかった。測定した住宅街のモデル地区は平均的な照明環境（防犯灯の設置間隔約30m、20W白色蛍光ランプ）であり、全国的に同様の課題が想定される。

　まず、安全な明るさの確保と経済性を最優先する場合、基本となる防犯灯は、既存の白色蛍光ランプFL20Wと同じ電気料金で、明るさが2倍の性能を持ち、おおむね推奨照度を確保できる32W白色蛍光ランプFHP（インバータ式）を推奨する。

② 一戸一灯運動との併用により、空間の明るさ確保と領域性を強化する

　空間評価では色による評価の違いはみられず、門灯や玄関灯など周囲の明るさによって、明るさ感や安心感が向上することが確認された。地域で各家庭が協力して門灯・玄関灯を点灯する「一戸一灯運動」を併せて実施することにより、夜間空間の明るさが向上するとともに、「防犯意識が高く、地域の目が行き届いている地域」としてのアピール（領域性の強化）につながる。

　一戸一灯にかかる費用だが、沖縄県警では1カ月の電気料金を110円と試算[15]し、「110円（缶ジュース1本分の費用）で110番（事件・事故）を減らそう！」と、一戸一灯運動の推進を呼びかけている。

※15　玄関灯20Wを毎日約10時間×30日間点灯した場合を想定。電気料金は沖縄電力の算出基準（10kW～120kW）を適用し、基本料金、燃料調整費は含まず。

③ 住民・地域の防犯意識の高揚、防犯活動の活性化の契機とする

　自治体アンケートでは、4割の自治体（52団体中22団体）が青色防犯灯の設置効果を認めており、その意識と行動から多くの示唆を得ることができた。

　効果があったという自治体は、青色防犯灯の設置動機に地域住民の意識向上や防犯活動の活性化を上位に掲げ、設置前後に住民説明会を開催するなど、地域とのコミュニケーションを緊密にしつつ、警察・地域とのパトロール体制を強化していた。また、効果がなかったという自治体は、設置と併せて実施した活動は「特に何もしていない」という回答が突出していた。青色防犯灯を安心で安全なまちづくりにどのように位置づけ、活かすかの戦略の違いである（図表⑤参照）。

　鹿児島市でも青色防犯灯の設置によって、「防犯意識が高まり防犯活動への参加が増えた（篠崎委員：西田地区）」「地域住民が防犯活動に関心を持ったことが最大の効果（武田委員：真砂本町）」など、地域の防犯意識の高揚や活動が活性化されたことが確認された。

　青色防犯灯の設置を契機に、地域、行政、警察が連携をさらに強化し、地域の犯罪動向や防犯活動の実施状況、青色防犯灯の役割や機能、得失を地域で共有することで、地域の防犯意識の向上や防犯活動の活性化が期待できる。

④ 総合的な防犯対策の一環として位置づけ、活動を実践することにより、はじめて犯罪抑止効果が生まれる

　わが国で青色防犯灯の設置の先駆けとなった奈良県警では、青色灯を設置する際の基本的な考え方の

第7章 ● 青色防犯灯を活用した安心安全なまちづくりに向けて

図表⑤ 青色防犯灯を設置して効果があったと回答した自治体の特徴

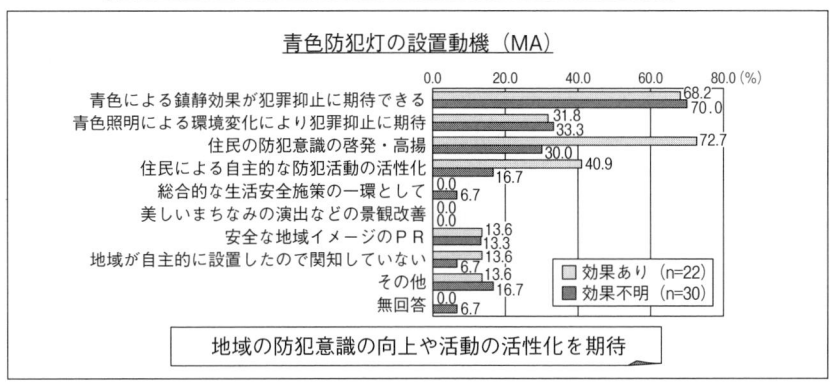

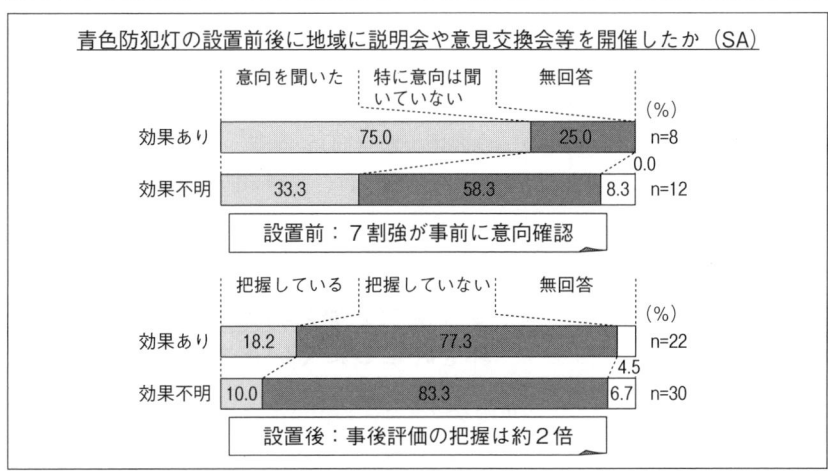

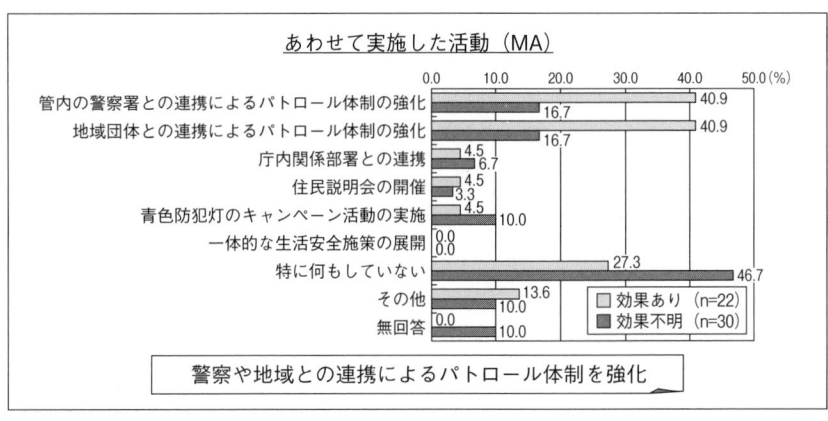

青色防犯灯の設置動機（MA）

項目	効果あり (n=22)	効果不明 (n=30)
青色による鎮静効果が犯罪抑止に期待できる	68.2	70.0
青色照明による環境変化により犯罪抑止に期待	31.8	33.3
住民の防犯意識の啓発・高揚	72.7	30.0
住民による自主的な防犯活動の活性化	40.9	16.7
総合的な生活安全施策の一環として	0.0	6.7
美しいまちなみの演出などの景観改善	0.0	0.0
安全な地域イメージのPR	13.6	13.3
地域が自主的に設置したので関知していない	0.0	6.7
その他	13.6	16.7
無回答	0.0	6.7

地域の防犯意識の向上や活動の活性化を期待

青色防犯灯の設置前後に地域に説明会や意見交換会等を開催したか（SA）

設置前：

	意向を聞いた	特に意向は聞いていない	無回答	
効果あり	75.0	25.0	0.0	n=8
効果不明	33.3	58.3	8.3	n=12

設置前：7割強が事前に意向確認

設置後：

	把握している	把握していない	無回答	
効果あり	18.2	77.3	4.5	n=22
効果不明	10.0	83.3	6.7	n=30

設置後：事後評価の把握は約2倍

あわせて実施した活動（MA）

項目	効果あり (n=22)	効果不明 (n=30)
管内の警察署との連携によるパトロール体制の強化	40.9	16.7
地域団体との連携によるパトロール体制の強化	40.9	16.7
庁内関係部署との連携	4.5	6.7
住民説明会の開催	4.5	3.3
青色防犯灯のキャンペーン活動の実施	4.5	10.0
一体的な生活安全施策の展開	0.0	0.0
特に何もしていない	27.3	46.7
その他	13.6	10.0
無回答	0.0	10.0

警察や地域との連携によるパトロール体制を強化

※16 日本市民安全学会(2007)「大阪府・堺市安全なまちづくりシンポジウム資料集」

一つに、「現状の（防犯）対策にプラスした複合的な対策と認識して設置すること」とし、防犯啓発活動、自主防犯パトロール活動、防犯啓発看板や防犯カメラの設置など、総合的な防犯施策を実施している地域に犯罪減少の傾向がある[※16]と示唆している。

他の取り組み事例でも、青色を安心安全のシンボルカラーとして活用（青森県警、富士宮市）や、防犯ボランティアと協力（島根県警）するものなど、いずれも青色防犯灯の設置を契機に、既存の防犯対策を強化している。

「設置エリアをどう防犯対策上位置づけ、そのエリアの巡回・パトロールをどう重点的に行うか（自治体アンケート）」「（青色防犯灯設置は）防犯活動の一つの選択肢（同）」など、総合的な防犯対策の一環として位置づけ、既存の防犯対策との相乗効果を創出することが、青色防犯灯による犯罪抑止効果といえるのではないか。

❺ マスメディアとの連携・活用により犯罪を起こしにくいまちをPRする

英国グラスゴーの青色街灯のテレビ報道をきっかけに、奈良県そして全国に広がった青色防犯灯は、その経緯や話題性、視覚効果の高さからも、マスメディアとの関係が非常に強い。自治体アンケートでは、青色防犯灯を設置するきっかけの第1位が「新聞・テレビなどのマスメディアでの報道」であり、設置効果の第3位が「新聞・テレビで取り上げられたことにより、地域の防犯に対する機運が高まった」ということからも、マスコミの影響力の強さがうかがわれる。

「現在のところ、防犯に対して工夫を施している地域であることをPRすることによる効果が最大のもの（自治体アンケート）」「防犯に力を入れている

町としてのアピール効果は大きい（同）」、鹿児島市で初めて地域独自の判断で青色防犯灯を設置した真砂本町では、「設置効果は『注目度抜群』ということ。青色防犯灯の設置により、地域住民が防犯に関心を持った（武田委員）」と内外へのPR効果への示唆があった。

6 安心で安全な明るさを確保した上で演出照明として活用する

　社会実験の商店街のモデル地区となった天文館地区は、南九州随一の繁華街として著名だが、従来から演出照明として青色LEDの柱があったテンパーク通りでは、青色灯の設置により青色光の存在感がさらに高まり、「ブルーライトストリート」と呼ばれ、若者を中心に好評だという。実験期間中、天文館のクリスマスツリーのイルミネーションは、青色灯との演出効果を狙った幻想的な空間が展開された。

　「効果があるのかといった疑問からスタートしたが、徐々に意識が変わってきた。青色防犯灯は夜の雰囲気を変えていく素晴らしい発想（天文館地区：髙田委員）」という言葉に代表されるように、一定の明るさの確保を前提に、青色防犯灯は演出照明としての活用や効果が期待できる。

第4 共同研究後の鹿児島市の取り組み

1 安全な明るさの確保と経済性を重視、地域の防犯ネットワーク強化を支援

　最後に、共同研究後の鹿児島市の取り組みについて紹介したい。青色ランプの明るさや経済性の課題、青色防犯灯の設置に合わせた地域の一体的な防犯活動の重要性などの情報提供を町内会等へ行うと

ともに、十分な照度を確保できる防犯灯の設置を推進している。2008年度から明るさの確保と効率化（ランプ寿命の長期化）のため、防犯灯の設置補助基準を改正し、白色蛍光ランプ（FHP32W、45W）などインバータ式の防犯灯の設置を進め、2009年3月末までの1年間に新設、取り替えられた防犯灯（1,623灯）の4割弱がインバータ式防犯灯であった。また、安心安全なまちづくりを推進するため、小学校区単位で地域団体相互の連携や情報共有を図る「地域安全ネットワーク会議」の設置の促進、運営の補助を行っている。

　青色照明の得失や犯罪抑止効果の検証が曖昧なまま、青色防犯灯が急速に全国に拡大する中で、本テーマへの問題意識・課題提起はもとより、市民参加のもとで地域に密着した実証的な研究体制を構築し、調査結果を受けての正鵠を射た迅速な対応には、全国的にも低い犯罪発生率を維持し続ける生活安全都市、鹿児島市を支える知恵と力の源流をみる思いであり、改めて敬意を表したい。

　社会実験で青色防犯灯を設置してから約2年が経過したモデル地区の状況だが、天文館の一つの通りが暗いという意見が多かったため白色ランプに戻したが、その他の地区は今も青色照明が鹿児島の街を照らしている。社会実験の前に、同市で初めて自主的に青色防犯灯を設置した真砂本町社会福祉町内会は青色回転灯を装備したパトロールカーの台数を増やし、上記ネットワーク会議も早々に設置するなど、地域の主体的な防犯活動をさらに充実しているという。

❷ むすびにかえて

　本調査研究が、このような機会に報告させていただけるような成果となったのは、調査研究委員会委員長の石附弘氏（元長崎県警本部長、警察政策学会

理事)、委員の須谷修治氏((財)都市防災研究所客員研究員)の尽力によるところが大きい。両氏の生活安全、照明領域の専門性と豊富な実務経験に裏打ちされた知見により、本調査研究の対応領域が広がり、成果の奥行きを深めることができた。

特に、石附委員長の「犯罪現象は犯罪誘発の機会や条件などの諸要素、コミュニティの安全活力の有無、場の力学(犯罪活力と安全活力のせめぎあい)等の関係において発生する」「防犯灯という『灯台』(物理的施設)とこれを維持管理し安全・安心なまちづくりをしようという地域コミュニティの『灯台守』(人の目と絆)があって、初めてコミュニティの安全活力が発揮される」という2つのコンセプトは、本調査研究の骨格となっている。

そして、照度測定や新しい空間評価の提案など調査協力いただいたパナソニック電工(株)、よりよい成果をめざし綿密な地元調整や煩雑な情報収集など、懇切に対応いただいた共同研究のパートナーである鹿児島市安心安全課担当及び鹿児島県警、鹿児島市西田地区、天文館地区の方々、当機構研修生・山越雄介氏(宇都宮市職員)など、お世話になった皆々様に、この場をお借りして改めてお礼を申し上げたい。

第8章 条例による政策実現の可能性
～広島市暴走族追放条例の制定過程を事例に～

鈴木　潔

第1 条例の制定過程とその問題

1 本章の概要

　広島市では2002年4月、市民生活の安全と安心が確保される地域社会の実現を図るため、広島市暴走族追放条例が施行された。同条例違反によって逮捕された被告人は、条例が違憲であることを主張したが、最高裁第三小法廷判決（2007年9月18日）では、条例が憲法に反しないことが判示された。本章では同条例の制定過程を分析し、条例を通じた政策実現に必要な条件について考察する。

2 基本的視点

　条例の制定過程に関する先行研究を整理すると、次の2つの基本的視点が得られる。
　第1に、条例制定のイニシアティブである。これに注目することで、条例制定の目的・意図や基本的な性格が明らかになる。条例制定のイニシアティブには、形式的なものと実質的なものがある[1]。形式的な分類とは、
　①議員提案（地方自治法第112条第1項）
　②首長提案（同法第149条）
　③住民提案（同法第74条）
の3種類である。実際の条例制定過程では、「②首長提案」が多数を占めているが、近年では、「①議

※1　礒崎初仁（2000）「条例の制定過程と政策法務」『都市問題（91巻7号）』、東京市政調査会、pp.47-48

員提案」による条例も注目されるようになっている[※2]。

次に、実質的な分類とは、
　①首長主導型
　②主管課（原課）主導型
　③総務部局主導型[※3]
　④議会（議員）主導型
　⑤住民（運動）主導型

である。ルーティン的な条例制定過程では、条例に関する事務を担当する「②主管課（原課）主導型」が観察されることが普通である。

第2の基本的な視点は、条例制定の手続きである[※4]。この手続きは自治体ごとに多様であるが[※5]、首長提案条例の標準的な制定手続きを示せば、

　①企画立案：主管課（原課）による方針決定、庁内における調整、条例案の作成
　②法令審査：法務担当課による条例案の審査、罰則を規定する場合には地方検察庁及び警察など関係機関との調整
　③起案決裁：首長による条例案の議案としての決裁
　④議会審議：議案担当課による議会提案、議会による審議・議決、文書担当課による公布

となる。条例制定の手続きに注目することで、①から④までの各段階において、主管課、法務担当課、首長、議会などが、政策形成に与える影響力の強弱を検討することができる。

③ 条例制定過程の問題

条例制定過程に関する先行研究では、これら2つの基本的視点から3つの問題が指摘されてきた。

第1に、国による統制が強いため、条例を通じた

[※2] 牧瀬稔（2008）『議員が提案する政策条例のポイント』東京法令出版を参照。

[※3] 総務部局主導型は、行政手続条例、情報公開条例、個人情報保護条例など、全庁的に影響する条例の制定過程において観察されることが多い。

[※4] 条例案作成手続きの分析については、佐藤竺編著（1978）『条例研究叢書2　条例の制定過程』学陽書房のほか、礒崎初仁（2000）の「前掲論文」などを参照。

[※5] 自治体ごとの条例・規則・要綱などの制定過程の多様性については、金井利之（2004）「政策法務の組織管理の実態〜大阪府庁における法務管理から〜」『自治体学研究（第89号）』神奈川県自治総合研究センター、金井利之（2004）「自治体における法務管理の観察報告」地方分権推進本部『地方分権時代の条例に関する調査研究』報告書』、金井利之・鈴木潔・原清（2007）「大阪市における法務管理」『自治研究』第一法規、金井利之監修「分権時代の自治体における法務管理」『自治体法務NAVI』（2005年から連載中）を参照。

独自の政策や住民要求への適切な対応が困難になっていることである。その理由として、条例制定過程研究のパイオニアである佐藤竺は、①自治体の意思決定が稟議制に基づくため、中央省庁の行政指導を受ける主管課の意向が反映され易いこと、②自治体が国の示す「モデル条例」を鵜呑みにして立案する場合が少なくないこと、③各省の自治体に対する行政指導が強いこと、④法務担当課が法令との形式的合致を重視した例規審査を行いがちであることを指摘した[※6]。このような問題意識は、その後、自治体における政策形成機能の充実を目指す「政策法務」や「自治体法務」として継承・展開されている。また、第1次地方分権改革に伴う機関委任事務制度の廃止によって、条例制定権の制約は緩和されてきている。

※6 佐藤竺（1973）「条例の制定過程」『公法研究（第35号）』有斐閣、pp.194-198

第2に、条例制定過程が行政主導（さらに言えば、自治体官僚制主導）であり、議会や住民による民主的統制が十分に機能していないことである。新藤宗幸は「地方議会の政策形成能力、行政統制力は、きわめて弱体であり、条例の制定は、著しく行政主導型となっている」ことを批判した[※7]。行政主導の問題は、条例が「閉ざされた役所の空間で少数の専門的職員によって担われる官治型の法制執務」によって立案されるため、地域の多様な意見の反映が困難になることである[※8]。この問題については、条例制定過程に関する情報公開、住民参加、パブリックコメント、自治基本条例の制定、議員による条例の提案などが試みられている。

※7 新藤宗幸（1978）「自治体の立法機能」佐藤竺編著『前掲書』、p.208

※8 礒崎初仁（2000）「前掲論文」、p.64

第3に、自治体職員の立法能力が、国の事務官と比較して不足していることである。その理由としては、自治体は国よりも法的知識を有する職員が極端に少ないため、法令審査において、法務担当課職員と主管課職員の間に実質的な法的議論が成立していないこと[※9]、長い機関委任事務制度の歴史によ

※9 小林明夫（2007）「立

り、自治体職員に問題解決のための政策目標の立案及び政策実現のための法制度の検討のノウハウが蓄積されていないことが指摘されている※10。

法検討過程の研究（一）—自治立法学への試論」『自治研究（83巻8号）』第一法規

※10 神崎一郎（2009）「『政策法務』試論（一）—自治体と国のパララックス」『自治研究（85巻2号）』第一法規

第2 広島市暴走族追放条例の制定過程

1 条例の概要

「第1 条例の制定過程とその問題」の②及び③で示した2つの基本的視点と3つの問題を念頭に置きながら、以下では、広島市暴走族追放条例の制定過程を具体的に検討する※11。

広島市は2002年4月1日、暴走族による週末の公園等での公衆に不安又は恐怖を覚えさせるような集い、集会等を罰則をもって規制するため、広島市暴走族追放条例を施行した。同条例の第16条第1項には「何人も、次に掲げる行為をしてはならない」ことが定められ、その第1号に「公共の場所において、当該場所の所有者又は管理者の承諾又は許可を得ないで、公衆に不安又は恐怖を覚えさせるような集又は集会を行うこと」を掲げている。第17条では、「前条第1項第1号の行為が、本市の管理する公共の場所において、特異な服装をし、顔面の全部若しくは一部を覆い隠し、円陣を組み、又は旗を立てる等威勢を示すことにより行われたときは、市長は、当該行為者に対し、当該行為の中止又は当該場所からの退去を命ずることができる」とされ、第19条では、この市長の命令に違反した者は、6月以下の懲役又は10万円以下の罰金に処す

※11 以下の条例制定過程に関する記述は、鈴木潔・金井利之（2009）「分権時代の自治体における法務管理 広島市」『自治体法務NAVI』28号の内容を修正したものである。なお、本章の内容は広島市の見解について報告したものではない。また、本章に残り得る誤りは、すべて筆者の責任である。

ることが規定されている。

　政策法務の観点に立てば、同条例は、道交法等の既存の法令では解決できない問題に対して、自主立法を制定する試みであり、市街地の公園等でのたむろ、集会という広島市の暴走族特有の行為に罰則の標的を絞った「広島モデル」（「中国新聞」2002年2月20日）ということができる[※12]。他方において、同条例の内容には疑義も表明されていた。例えば、広島弁護士会は条例が制定される前の2002年3月15日付の会長声明で、「何人も、次に掲げる行為をしてはならないとして、広範囲な禁止行為を規定しているため、表現の自由の1つである、集会の自由を不当に規制するものであり、憲法第21条に違反するおそれがあること」、「禁止される『い集、集会』は、『公衆に不要又は恐怖を覚えさせるような』と限定されてはいるが、その範囲が不明確であるため、本条例の範囲を超えて、暴走族や暴走族と関係ない場合にまで及ぶおそれがあること」等を指摘し、「慎重な審議がなされることを求める」としていた。

② 条例制定の背景・経緯

　条例が制定されることとなった直接の契機は、1999年11月の「えびす講」で暴走族と警官隊が衝突し、道路交通法違反（禁止行為）などで約80名の逮捕者を出した事件にあるとされる。広島市における暴走族の特徴としては、①暴走行為だけでなく、都心部の公園等で行われる「集会」が大きな社会問題となっており、週末等において公園等を占拠していたこと、②暴走族と暴力団につながりがあり、「面倒見」と呼ばれる暴力団員の指示により「集会」が開催されたり、暴走族が面倒見に上納金を納めたり、暴走族から暴力団員になっていく者もいたりしたことである。

※12　広島市暴走族追放条例は、財団法人自治総合センター「広島市の事例」『条例を活用した地域政策の実現』2004年3月、pp.134-158に、自治体が条例を活用した先進的事例の一つとして取り上げられている。

地元住民から暴走族の集会に対する取り締まりの要望を受けて、県警は2001年10月に「暴走族特別取締本部」を設置し、暴走行為の現行犯逮捕に踏み切った。また、ほぼ同時期に地元住民が音頭を取って、「広島市都心部環境浄化対策協議会」が結成され、2002年1月ごろから地元町内会や商店会による「声かけ運動」が開始された。このように官民による暴走族対策が進む中で、市による条例制定の機運が高まったようである。市の条例に求められたものは、①暴走族の集会を規制してほしい、②規制は罰則つきにしてほしい、③「面倒見」も処罰できるようにしてほしい、というものであった。

条例は次のスケジュールで制定・施行された。
2002年2月初め　3月議会（2002年第1回定例会）へ条例を提案することを方針決定
2002年3月1日　「広島市暴走族追放条例」を市議会へ提案
2002年3月27日　同条例を可決（一部修正案も提出されたが、原案どおりとなる）
2002年4月1日　同条例施行（罰則規定のみ5月1日施行）

自治体が罰則つきの条例を新規に制定するときには、半年から1年程度の検討期間を設けることが普通と思われるが、暴走族追放条例の場合には、5月の連休に開催される「フラワーフェスティバル」に間に合わせたいという考えがあったようである。このことについては、「今回の条例案は学識者などの意見を聞く場も持たず、急いだ感がある」（「中国新聞」2002年3月10日）という意見もある。

ところで、条例制定の背景の一つには、県警から市への要請があった。暴走族の集会に対する市民の苦情が絶えなかったことを受けて、「県警が市に条例制定を強く働きかけ、昨年秋から協議」したと報じられている（「読売新聞」2002年2月27日）。「昨

年秋」とは2001年秋のことであるから、警察庁出身の竹花豊氏が広島県警察本部長に着任した2001年9月と一致する。報道によれば、竹花氏は「広島県警察本部長として、暴走族の取り締まりや少年の社会復帰、資金源をあぶりだす暴力団対策を先頭に立って進めた」と評されており、「広島で大きな成果を挙げた暴走族、暴力団対策」に手腕を発揮したことなどから、治安対策を就任2期目の最重要課題に掲げる石原慎太郎東京都知事によって、2003年6月に「治安担当」副知事として抜てきされたという（「中国新聞」2003年12月17日）。

竹花氏はインタビューで、「暴走族、暴力団対策を通じて感じたのは、治安の問題は警察だけでなく、県や市町村、県民が手を取り合って取り組むことができれば非常に大きな成果が得られるという事実」（「中国新聞」2003年12月17日）と述べていることから、条例制定の背景の一つには、当時の竹花県警本部長の尽力もあったものと推測される。

③ 規制対象についての法的検討

条例を制定するに当たっては、様々な法的検討課題があったが[13]、ここでは規制対象についての議論を説明する。問題となったのは、「暴走族」だけを規制の対象とできるかどうかである。「集会の自由」との関係から、暴走族以外の者に規制が及ばないようにしたいという考えがあった。他方において、「法の下の平等」との関係からは、合理的な理由なく特定の者に限って刑罰を科すことは、法の下の平等に反することとなる。暴走族の線引きには客観的な基準と合理的な理由が必要であった。しかし、「暴走族」を定義することは困難であった。例えば、暴走行為をせず「集会」に参加するだけの「暴走族」もいた。暴走族風の「集会」をした者が「暴走族」ということになってしまい、定義を定め

※13 その他の法的検討課題については、鈴木潔(2009)「前掲論文」を参照。

る意味がなくなってしまうと考えられた。結局、規制の対象を「暴走族」ではなく「何人」とし、規制の内容で暴走族の特徴的な形態を記述することで、暴走族以外の者には規制が及ばないように工夫したという。なお、2002年第1回2月定例会における市民局長の答弁によれば、「この表現につきましては、罰則の規定に基づき、被疑者の検挙を行う広島県警、犯罪を立証し起訴する立場である広島地方検察庁とも協議したもの」であるから、県警及び検察の意見を取り入れたものとなっている。

第3 広島市暴走族追放条例の執行過程と裁判過程

1 条例の執行過程

　市と県警はビラの配布や見回り等による条例の周知を優先し、条例の施行から8カ月近く退去・中止命令の発令を控えてきた。集会を行っていた暴走族も市の説得に応じ、退去・解散する場合がほとんどであった（「中国新聞」2002年11月26日）。しかし、条例が実際に適用されることはないと判断した一人の面倒見の男が、少年らに集会の強行を指示し、2002年11月23日午後10時半ごろから、広島市中区の西新天地公共広場「アリスガーデン」（写真①）でグループ名などの刺しゅう入り特攻服を着込んだ暴走族約60名が集まり、大声を上げて自己紹介を始めた。アリスガーデン付近に待機していた広島市経済局経済振興課（公共広場の管理の所管課）等の職員26名は県警の捜査員91名とともに、条例の趣旨を説明し、メガホンで集会を止めるように通告した。しかし、少年たちが聞き入れなかったため、市は10時40分、集会の中止を求める横断幕を掲げ、中止命令を出した。警察官は「面倒見」の男

写真① アリスガーデン

出所：筆者撮影

及び少年2人を現行犯逮捕した（「中国新聞」2002年11月24日）。

　広島県警暴走族・少年対策課によれば、県内の暴走族が2002年の1年間に行った集団暴走が、回数で前年の約7割減、参加した少年らの人数で約8割減と大幅に減少したという（「読売新聞」2003年2月14日）。市の実務関係者の実感としても、条例の適用がある場所での公然とした「集会」は影を潜め、土曜の夜の公園は正常に機能するようになったようである。また、市内の祭礼・行事でも以前ほど暴走族を見かけることはなくなってきているという。とはいえ、暴走族が壊滅したわけではなく、場所を移動しながらもたむろするという状況は続いている。これらの状況を総合的に判断すれば、条例には当初の目的を果たす上で、一定の効果があったということができそうである。

❷ 条例の裁判過程

　広島地裁判決（2004年7月16日）及び広島高裁判決（2005年7月28日）は、いずれも同条例は合憲であるとして、被告に有罪判決を下した。最高裁判決（2007年9月18日）は、同条例の「規定の仕

方が適切ではなく、本条例がその文言どおりに適用されることになると、規制の対象が広範囲に及び、憲法第21条第1項及び第31条との関係で問題がある」としながらも、限定解釈をすれば憲法に違反しないことを判示した。なお、この判決には2名の裁判官による補足意見及び2名の裁判官による反対意見がある。

第4 広島市の事例から学ぶべきこと

1 住民主導型か、それとも外部機関主導型か

　最初に、条例制定のイニシアティブについて検討する。暴走族追放条例は、住民の要望と、これを受けた県警による市への要請が制定の契機であった。したがって、「住民主導型」としての側面も有してはいるが、直接的には県警から市への要請も重要であり、その点を強調すれば「外部機関主導型」ということもできる。「外部機関主導型」にもメリットとデメリットがある。メリットは、①条例を立案する際に警察からの有用な情報提供を受けられること、②条例違反者を逮捕する際に、警察の全面的協力を得られることによって条例の実効性が確保されることである。デメリットは、条例の内容に関して警察との合意が得られない事項については、市が妥協せざるを得ない可能性があることである。

2 地方検察庁及び警察との合意

　次に、条例制定の手続きである。企画立案段階における特徴は、条例制定の方針が異例ともいえる速さで決定されたことである。これは、県警の要請と協力を受けて、全庁的な検討が進められたためであろう。通常のルーティン的な手続きではなかったと

いえる。

　法令審査段階では、後に裁判で争点となった規制対象の表現等をめぐって、庁内関係部署及び地方検察庁など関係機関との調整が行われた。広島市が制定する条例ではあるとはいえ、その規定内容は関係機関の合意を得たものであったことに留意する必要がある。

　議会審議段階では、ある議員から規制対象の表現について一部修正案が提出されたが、原案どおりとなった。その際、規制対象の表現について地方検察庁及び県警の合意を得ていたことが、執行部による正当化の理由とされたことは興味深い。

　これらの手続きを踏まえると、暴走族追放条例の制定過程においては、行政（市長をはじめとする執行部）は必ずしも条例制定のフリーハンドを握っているわけではなかった。罰則つき条例の場合には、警察及び検察の合意を得ることが事実上の要件となっていることから、その意味において条例制定に関する首長の政治的リーダーシップには一定の限界がある。

❸ OJTによる立法管理能力の開発

　最後に、①国による条例制定の統制、②行政主導の条例制定、③自治体における立法能力の不足という３つの問題に照らして、暴走族追放条例はどのように評価できるであろうか。

　一見すると、国は条例制定に直接的には関与していないため、①の国による統制はないように思われる。しかし、当時の竹花県警本部長が警察庁からの出向者であったことに留意しなければならない。報道を見る限り、警察官僚である竹花氏の指導力が条例制定に与えた影響は小さくないであろう。とはいえ、広島市が一方的に国の統制に服しているわけでは全くなく、市が警察の持つ暴走族対策のノウハウ

を利用したとみることも可能である。

次に、②の行政主導については、地元の町内会の要望に沿って条例を制定していることから、住民主導的な要素がみられる。また、議員による一部修正案も提出されるなど、条例の内容をめぐって厳しい審議もあった。ただし、早期の制定・適用を優先させた結果、学識者や弁護士会の意見を聴取する機会が、必ずしも十分に保障されなかったようにも思われる。その意味では改善すべき余地はあるといえる。

③の自治体における立法能力の不足については、最高裁判決における「裁判所の自治体立法観に色濃く出ている……（判決の：引用者注）多数意見にも、補足意見にも、反対意見にも、自治体の立法技術に対する懐疑的な見方が表れている」という見解がある[※14]。例えば、多数意見は「規定の仕方が適切でない」と指摘しているし、堀籠幸男裁判官の補足意見は「一般に条例については、法律と比較し、文言上の不明確性が見られることは稀ではない」と述べている。藤田宙靖裁判官の反対意見は「多数意見のような解釈は……本条例の粗雑な規定の仕方が、単純に立法技術が稚拙であることに由来するとの認識に立った場合に、初めて首肯されるもの」という。

神崎一郎によれば、自治体における通常の立法作業は「堅く」行われており「立法技術の稚拙さ」は発生しない。しかし、自治体が新たな政策を実現するために、法律との抵触関係を含むような条例を作るようなケースにおいては、立法事実の収集・整理・法的理論武装においてノウハウの蓄積が少ないために、結果として「冒険」的な立法作業を行う場合がある[※15]。

つまり、自治体職員に欠けているのは、いわゆる法制執務の能力というよりも、現場レベルの立法事

※14 神崎一郎（2009）「『政策法務』試論（二）―自治体と国のパララックス」『自治研究（85巻3号）』第一法規、pp.90-91

※15 神崎一郎（2009）「前掲論文」pp.96-97

実と新たな制度設計を結びつける「立法管理能力」であろう。このような意味での立法管理能力は、省庁では法案準備室（いわゆるタコ部屋）などにおける事務官のOJTを通じて獲得されているといわれる[16]。各自治体においても、法務担当課や規制行政担当課など、立法管理能力を高めることができる職場への人事ローテーションを通じて、職員の能力開発を実施していくことが重要ではなかろうか。しかし、これを実効性あるものとするためには、10年単位のローテーションを組むことが必要であり、任命権者である首長の理解が不可欠との実務家の指摘もある[17]。訴訟に耐え得る条例を制定するためには、長期的な視野に立った人材開発戦略が求められているといえよう。

　ところで、前述のとおり広島市暴走族追放条例の規定については、全庁的な検討がなされたのみならず、地検及び警察との協議もクリアされている。その条例の「立法技術が稚拙」と言うのであれば、裁判官は国の機関である地方検察庁の法的能力にも同様の評価を下しているのであろうか。裁判官と自治体の「法解釈の相違」に過ぎないことを、自治体における「立法技術の稚拙さ」にすり替えているようにも思われる。ここに、裁判官のある種の中央集権的な思考様式が投影されていると見ることもできよう。

※16　田丸大（2000）『法案作成と省庁官僚制』信山社出版を参照。

※17　大塚康男（2002）「わがまちの法務体制―第1回市川市」『判例地方自治（219号）』ぎょうせい、p.7

第9章 子どもにとって最善の利益を目指した政策開発

〜奈良県の犯罪被害の防止、三重県の虐待防止等の事例から〜

牧瀬　稔

第1 子どもの福祉の増進を目指して

1 注目を集めつつある「子ども」

子ども[※1]は「地域の宝」といわれる。また「子はかすがい」との格言もある。これらの言葉は、子どもは地域にとって大事な存在であり、地域を構成する様々な主体者を結びつけていく存在ということを意味している。

今日、「子ども」が様々な意味で注目を集めつつある。図表①は主要4紙における「子ども」という言葉の登場回数をみたものである。図表①から理解されることは、「子ども」に関する記事が急激に増加していることである。近年では、登場回数が減少傾向にあるが、それでも2008年の1年間で、52,255回も「子ども」という言葉が掲載されている。すなわち1日当たり、約140回の登場であり、1紙当たり1日およそ35回も「子ども」という言葉が登場している計算になる。

図表①のように、「子ども」が重要視されつつある社会的潮流の拡大に従い、地方自治体が自治体政策を進めるための一つの重要な柱として、「子ども」に焦点を合わせつつある。例えば、少子化対策であったり、子どもの健全育成や安全・安心の確保など、地方自治体が様々な視点から、「子ども」を

※1　子どもの定義は、その言葉を使用する者にとって異なる。本章では、原則として「18歳未満」とする。今日、多くの地方自治体が子どもの定義を18歳未満とする理由は、日本が批准している「児童の権利に関する条約」（通称「子どもの権利条約」）の中で、子どもの定義が18歳未満となっているからである。ちなみに日本国憲法には、「日本国が締結した条約及び確立された国際法規はこれを誠実に遵守することを必要とする」（第98条第2項）と規定していることから、条約が公布されると国内法に転換される。すなわち「児童の権利に関する条約」は、わが国の法源として認め得るため、多くの地方自治体が子どもの定義を18歳未満にしていると考えられる。

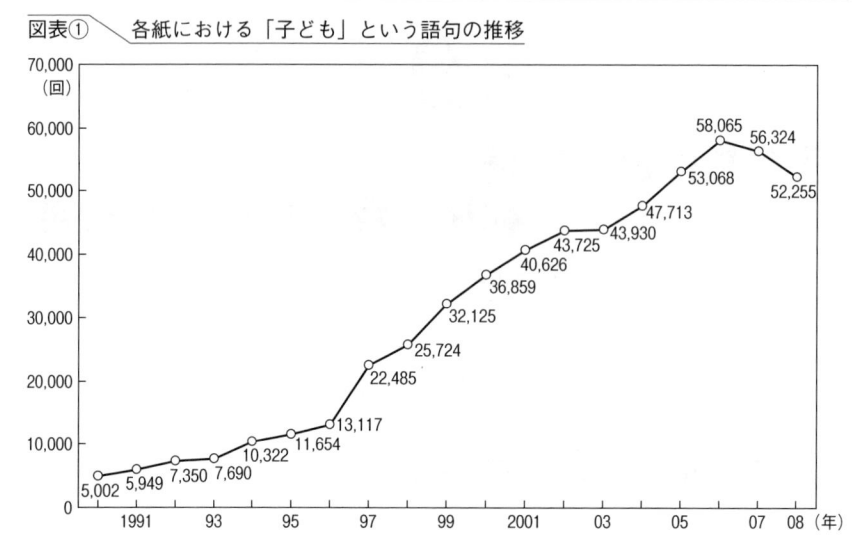

図表① 各紙における「子ども」という語句の推移

年	回数
1991	5,002
92	5,949
93	7,350
94	7,690
95	10,322
96	11,654
97	13,117
98	22,485
99	25,724
2000	32,125
2001	36,859
02	40,626
03	43,725
04	43,930
05	47,713
06	58,065
07	56,324
08	52,255

注：朝日新聞・産経新聞・毎日新聞・読売新聞の合計である。

対象とした政策を開発する傾向が強くなってきた。特に、昨今では先進的な地方自治体は、「子ども」に特化した特徴的な政策を開発し、住民から注目を集めつつある（その結果、住民から居住選択地として選ばれつつある）。

2 本章の構成と目的

本書の趣旨は「安全・安心」である。そこで本章でも、子どもの安全・安心の確保の方策について言及する。この「子どもの安全・安心の確保」を実現するために、安全・安心だけに限定しない様々な子ども政策[※2]が実施されている。特に「子どもの安全・安心の確保」の背景にある様々な子ども政策は無視することはできない。なぜならば、それらは相互に関係を持って有機的につながっているからである。そこで次の第2では、地方自治体が取り組む子ども政策を概略的に紹介する。

その後、第3で子どもの安全・安心の事例につい

※2 本章における子ども政策とは、「子どもを対象とした様々な施策や事業のこと」を指す。

て、特徴的な条例を施行している三重県と奈良県を中心に紹介する。ここでは、地方自治体が子どもの安全・安心の構築という視点から、政策を検討していく際の基礎的視点として活用することができるだろう。

そして第4において、本章で取り上げた事例から、地方自治体がとるべき（子どもの安全・安心の確保を含めた）子ども政策の方向性を示すことにしたい。

以上の構成から、本章は成立している。本章の目的は、地方自治体が子ども政策を実施していくための一つの視点を提供することである。

第2 地方自治体における「子ども条例」※3の現況

1 「子ども条例」の拡大

今日、「子ども条例」を制定する地方自治体が増加しつつある。都道府県に限定して、子ども条例の推移を概観したのが図表②である。2007年の時点で、13道府県が制定している。また府県の中には、今後、子ども条例の制定を検討している地方自治体も少なくない。

図表②から理解できるように、最近では都道府県レベルで子ども条例の制定が活発化している。一方で、市区町村レベルでは、既に多くの子ども条例がある。例えば、2000年には川崎市（神奈川県）が「川崎市子どもの権利条例」を制定した。同条例は、わが国における総合的な子ども条例の先駆けとなった。

その後、奈井江町（北海道）が2002年に「奈井江町子どもの権利に関する条例」を制定し、小杉町（富山県、現射水市）や多治見市（岐阜県）など多

※3 本章でいう子ども条例とは、「子どもに関する条例」を意味している。詳細は、本文中の図表③に記しているように、実に多岐にわたっている。

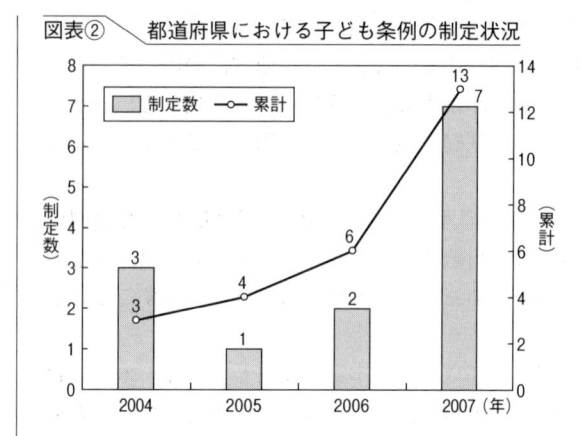

図表② 都道府県における子ども条例の制定状況

くの市区町村が子ども条例を制定している。

子ども条例の中で、子どもの安全・安心の確保に特化した条例は、2004年の三重県の「子どもを虐待から守る条例」や、2005年に奈良県で制定された「子どもを犯罪の被害から守る条例」がある。また、市区町村では、2006年に長浜市（滋賀県）で制定された「長浜市子どもを犯罪の被害から守る条例」がある。

なお、既に制定されている生活安全条例[※4]の中には、「子ども」を前面に出してはいないが、一つの規定として子どもの安全・安心の確保を明記している場合が多い。例えば、「埼玉県防犯のまちづくり推進条例」の基本理念（第2条）には、「子どもを犯罪被害から守ること」が明記されている。

また、多くの地方自治体の生活安全条例の中には、「学校等、家庭及び地域と連携して、子どもが犯罪に遭わないための教育及び犯罪を起こさないための教育の充実が図られるよう努めるものとする」などの規定を設定し、子どもの安全・安心を構築しようと努力している。

※4　生活安全条例の意味を簡単に指摘すると、広義的には、地方自治体が地域住民の生活の安全に寄与することを目的に制定された条例となる。一方で狭義的には、地方自治体が地域住民の生活の安全の中でも、「犯罪被害の防止」に寄与することを目的に制定された条例である。昨今では、犯罪被害の防止に重きを置いた生活安全条例が増加しつつある。なお、生活安全条例の現状については、次の文献を参照されたい。
成田頼明（2006）『これで実践！地域安全力の創造―

❷ 「子ども条例」が制定される背景

今日、相次いで地方自治体が子ども条例を制定する理由は、3点ほど考えられる。

第1に、わが国において子どもに関する法律が整えられてきたことが挙げられる。例えば、1989年に国連で採択され、わが国は5年後の1994年に批准した「児童の権利に関する条約」がある。また2001年には「子どもの読書活動の推進に関する法律」[※5]が制定された。そして、2003年には「少子化社会対策基本法」[※6]も制定されている。さらに、2006年には「就学前の子どもに関する教育、保育等の総合的な提供の推進に関する法律」[※7]が制定された。このように、国は相次いで「子ども」を対象とした法律を制定している。この潮流を受けて、地方自治体も自らの地域性や特徴にあった子ども条例を制定しつつある。

第2に、子どもを取り巻く問題が複雑化しているからである。近年、少子化や核家族化の進行などにより、身近に子育てを支える人が少なくなった。その結果、子育てをとりまく環境は厳しくなりつつある。さらに、一層の少子化の進展により、子ども同士のコミュニケーションが希薄になり、子どもの健やかな成長が危惧されている。また、子どもへの虐待やいじめ、不登校、子どもが犯罪被害者になってしまうなど、子どもに関わる問題は大変に深刻な状況にある。そのため図表①でみたように、各紙が「子ども」を多く報道するようになっている。

第3に、子どもを対象とした政策を実施することは、地方自治体が都市間競争を進める上で優位に働くからである。例えば、地方自治体が実施する住民アンケート調査では、居住地選択の理由として、「子育て支援の充実」や「子どもの安全・安心の確保」が上位に挙げられている。

生活安全条例と先進事例の実際』第一法規
牧瀬稔（2009）『条例で学ぶ政策づくり入門』東京法令出版

※5　子どもの読書活動の推進に関する法律は、「子どもの読書活動の推進に関し、基本理念を定め、並びに国及び地方公共団体の責務等を明らかにするとともに、子どもの読書活動の推進に関する必要な事項を定めることにより、子どもの読書活動の推進に関する施策を総合的かつ計画的に推進し、もって子どもの健やかな成長に資すること」が目的となっている（第1条）。

※6　少子化社会対策基本法は、「我が国において急速に少子化が進展しており、その状況が21世紀の国民生活に深刻かつ多大な影響を及ぼすものであることにかんがみ、このような事態に対し、長期的な視点に立って的確に対処するため、少子化社会において講ぜられる施策の基本理念を明らかにするとともに、国及び地方公共団体の責務、少子化に対処するために講ずべき施策の基本となる事項その他の事項を定めることにより、少子化に対処するため

そのほかにも、様々な理由が考えられると思われる。しかし本節では、紙幅の都合上、以上の3つの理由により、地方自治体が意識的に子ども政策に取り組むことになったと捉えている。

❸ 「子ども条例」の類型

今日、子ども条例（子どもを対象とした条例）は、様々な形態がある。既存の子ども条例から、分野別に形態をまとめてみた（図表③）。それは大きく、①個別的な課題に対応した条例、②原則的な条例、③総合的な条例、の3類型に分けられる。

まず、個別的な課題に対応した条例は、川西市（兵庫県）の「川西市子どもの人権オンブズパーソン条例」がある。同条例は、子どもの権利救済を目的にしており、特定の政策分野を対象としている。同条例は、オンブズパーソンを子ども固有の制度として、条例で設置した点に意義がある。同条例の目的は、「児童の権利に関する条約」の積極的な普及と子どもの人権の確保を掲げ、オンブズパーソンを「子どもの利益の擁護者」「代弁者」「公的良心の喚起者」と位置づけている。そして、その職務として子どもの権利救済、権利侵害の防止、子どもの権利擁護のために必要な制度改善の提言などを挙げている。

なお、条例による設置ではないが、神奈川県は「子ども人権相談室事業」の一環として「子ども人権審査委員会」※8を設け、相談・救済に取り組んでいる。

その他、個別的な課題に対応した子ども条例は、「意見表明・参加」「幼保一元化」「安全・安心」「健全育成」「子育て環境の整備」「福祉（障害児童）」などがある。特に昨今では、少子化対策の一環として、子育て環境の整備に特化した条例が増えつつある。

の施策を総合的に推進し、もって国民が豊かで安心して暮らすことのできる社会の実現に寄与すること」が目的となっている（第1条）。

※7　就学前の子どもに関する教育、保育等の総合的な提供の推進に関する法律は、「我が国における急速な少子化の進行並びに家庭及び地域を取り巻く環境の変化に伴い、小学校就学前の子どもの教育及び保育に対する需要が多様なものとなっていることにかんがみ、地域における創意工夫を生かしつつ、幼稚園及び保育所等における小学校就学前の子どもに対する教育及び保育並びに保護者に対する子育て支援の総合的な提供を推進するための措置を講じ、もって地域において子どもが健やかに育成される環境の整備に資すること」が目的となっている（第1条）。

※8　かながわ子ども人権相談室事業の中核的な役割として、援助困難な事例に対する意見具申や事業実施に当たる企画や助言などを行っている。委員の任期は2年で、医師・弁護士・学識経験者などの8名で構成されている。委員のうち3名は児童福祉審議会権利擁

図表③　「子ども条例」の類型

類型	傾向（志向）		条例名	都道府県
個別的な課題に対応した条例	権利救済		川西市子どもの人権オンブズパーソン条例	兵庫県
			埼玉県子どもの権利擁護委員会条例	埼玉県
	意見表明・参加		中野区教育行政における区民参加に関する条例	東京都
			鶴ヶ島市教育審議会設置条例	埼玉県
	幼保一元化		千代田区立こども園条例	東京都
	安全・安心		子どもを虐待から守る条例	三重県
			子どもを犯罪の被害から守る条例	奈良県
			京都府自転車の安全な利用の促進に関する条例	京都府
			小野市いじめ等防止条例	兵庫県
	健全育成		鶴田町朝ごはん条例	青森県
			高千穂町家族読書条例	大分県
			井原市子誉め条例	岡山県
	子育て環境の整備		中央区の教育環境に関する基本条例	東京都
			北海道子どもの未来づくりのための少子化対策推進条例	北海道
			神奈川県子ども・子育て支援推進条例	神奈川県
	福祉（障害児童）		八千代市心身障害児童福祉手当支給条例	千葉県
原則的な条例	子どもの権利		川崎市子どもの権利に関する条例	神奈川県
			奈井江町子どもの権利に関する条例	北海道
	子ども施策の推進		世田谷区子ども条例	東京都
総合的な条例	総合		いしかわ子ども総合条例	石川県

　次に、原則的な条例がある。一般的に原則という意味は、「多くの場合に共通に適用される基本的なきまり・法則」である。ここに類型される条例は、具体的な制度を定めてはいないが、子どもの権利保障の原則を定めた条例である。すなわち、基本条例

護部会の委員を兼務し、児童福祉審議会と密接に連動しながら、子どもの権利擁護に取り組んでいる。

の形態を採用する。基本条例とは、「ある課題を解決するために開発する（した）政策の基本的な方向性を規定する条例」という意味である。

　また、ここに類型される条例は、「青少年健全育成法」を根拠としているのではなく、「児童の権利に関する条約」の趣旨や目的を背景にした「子ども条例」になっている場合が多い。例えば、「川崎市子どもの権利に関する条例」は、子どもの権利を総合的に保障しようとする条例である。同条例は、子どもの権利についての理念、家庭・学校・施設・地域など、子どもの生活の場での関係づくり、子どもの参加や救済のしくみ、子ども施策の推進や検証のあり方などを規定している。また、子どもの権利保障を総合的にとらえ、理念、制度・しくみ、施策などが相互に補完し合うような内容になっている。

　また、「世田谷区子ども条例」は、世田谷区の子ども施策の推進を担保づけた条例である。同条例は基本となる政策を示し、その推進計画と評価、推進体制のあり方を定めている。同条例の基本政策として、子ども居場所づくり、子どもの参加、虐待の禁止・いじめへの対応などが規定されている。なお、同条例は全体的に権利よりも責任が強調されているきらいがある。

　最後に、総合的な条例がある。これは、「個別的な課題に対応した条例」と「原則的な条例」を内包したものである。例えば、「いしかわ子ども総合条例」は、実に規定（条文）が99条もあり、子どもに関する政策のほぼすべてを網羅している。

　次の第3では、個別的な課題に対応した条例の中でも、子どもの「安全・安心の確保」に特化した条例の概要を説明する。

第3 子どもの安全・安心の確保に特化した条例

　子どもの安全・安心の確保を目指した取り組みは活発化している。例えば、東京都は青少年・治安対策本部、教育庁、警視庁などで構成する「子どもの安全に関する緊急連絡会議」を設置し、子どもを犯罪被害者にさせないための具体的な対策をまとめ、実行してきた。また、京都市は「京都市子ども安全会議」を継続的に開催している。さらに、台東区は「台東区子どもの安全緊急宣言」を、市原市（千葉県）は「かけがえのない子どもたちを守る緊急宣言」を表明し、子どもの安全・安心を構築しようと努力している。

　子どもの安全・安心の確保を実現しようとする動きは、全国的に広まっている。ここでは「条例」に特化して、特徴的な取り組みを紹介する。

1 子どもを犯罪の被害から守る条例（奈良県）

　2005年に奈良県は、「子どもを犯罪の被害から守る条例」（以下、「奈良県条例」という）を制定した[9]。同条例の目的は、「子どもの生命又は身体に危害を及ぼす犯罪の被害を未然に防止するため、県、県民及び事業者の責務を明らかにするとともに、必要な施策及び規制する行為を定め、もって子どもの安全を確保すること」となっている（第1条）。同条例は、奈良県が全力で子どもを犯罪被害から守っていく意思表示となっている。図表④は奈良県条例の概要である。

　同条例の制定の直接の契機となった事件は、「奈良県小1女児誘拐事件」とされる。同事件は、2004年11月17日に奈良市内で帰宅途中の小学1年生の女子児童が誘拐・殺害されるという悲惨な事件

※9　同条例における子どもは、「13歳未満の者」となっている（第2条）。

図表④ 子どもを犯罪の被害から守る条例の概要

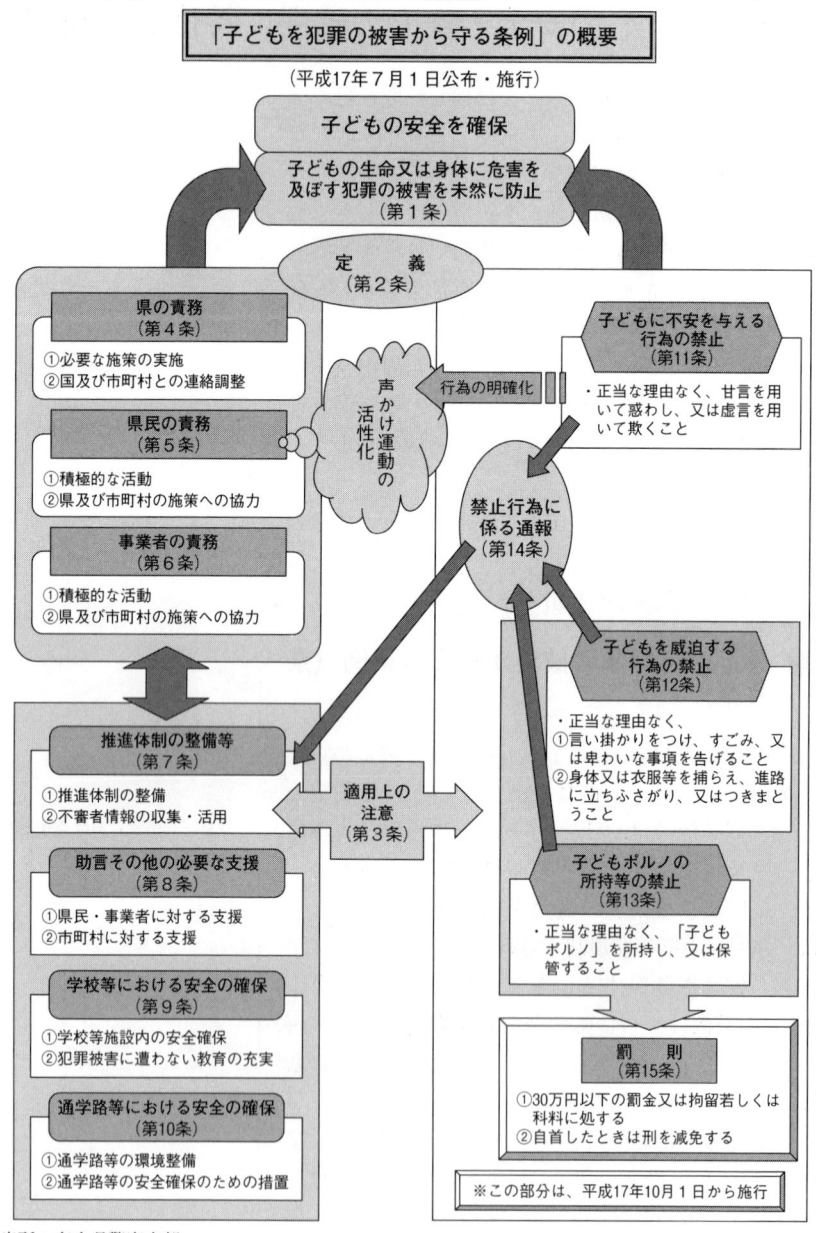

「子どもを犯罪の被害から守る条例」の概要

(平成17年7月1日公布・施行)

子どもの安全を確保
子どもの生命又は身体に危害を及ぼす犯罪の被害を未然に防止
(第1条)

定　義
(第2条)

声かけ運動の活性化

行為の明確化

県の責務
(第4条)
①必要な施策の実施
②国及び市町村との連絡調整

県民の責務
(第5条)
①積極的な活動
②県及び市町村の施策への協力

事業者の責務
(第6条)
①積極的な活動
②県及び市町村の施策への協力

推進体制の整備等
(第7条)
①推進体制の整備
②不審者情報の収集・活用

助言その他の必要な支援
(第8条)
①県民・事業者に対する支援
②市町村に対する支援

学校等における安全の確保
(第9条)
①学校等施設内の安全確保
②犯罪被害に遭わない教育の充実

通学路等における安全の確保
(第10条)
①通学路等の環境整備
②通学路等の安全確保のための措置

子どもに不安を与える行為の禁止
(第11条)
・正当な理由なく、甘言を用いて惑わし、又は虚言を用いて欺くこと

禁止行為に係る通報
(第14条)

適用上の注意
(第3条)

子どもを威迫する行為の禁止
(第12条)
・正当な理由なく、
①言い掛かりをつけ、すごみ、又は卑わいな事項を告げること
②身体又は衣服等を捕らえ、進路に立ちふさがり、又はつきまとうこと

子どもポルノの所持等の禁止
(第13条)
・正当な理由なく、「子どもポルノ」を所持し、又は保管すること

罰　則
(第15条)
①30万円以下の罰金又は拘留若しくは科料に処する
②自首したときは刑を減免する

※この部分は、平成17年10月1日から施行

出所：奈良県警察本部

である。同事件を受けて、同年12月の奈良県議会において、子どもの安全・安心の確保の実現を目指した条例の制定の可否について質疑があった。これを契機に、子どもの犯罪被害防止を目的とした条例制定に向けた気運が高まり、奈良県条例が実現した。

奈良県条例は、奈良県と県民や事業者の責務を明確にし、子どもにとって安全・安心を実現するため必要な施策を実施することを謳っている。そして、子どもに対する犯罪を助長する行為を規制している点が特徴とされる。

同条例を受けて、長浜市（滋賀県）が同様の条例を制定した。なお、既に言及したが、奈良県のように「子どもの安全・安心の確保」を前面に出した地方自治体は少なく、例えば、「調布市子ども条例」のように、一つの規定として「市は、子どもが犯罪の被害に遭うことを防止するための対策を講ずるよう努めるものとする」（第7条）と明記する場合が多い[10]。

❷ 子どもを虐待から守る条例（三重県）

三重県の「子どもを虐待から守る条例」（以下、「三重県条例」という）も紹介しておきたい[11]。三重県条例の目的は、「子どもを虐待から守ることについて、基本的な考え方、県の責務、地域社会の役割、指針の策定、通告に係る対応等を定めることにより、県民全体で子どもを虐待から守り、もって次代の社会を担う子どもの心身の健全な発達に寄与すること」である（第1条）。条例名にあるとおり、虐待防止が目的となっている[12]。

同条例は、議員提案政策条例[13]である。そこで、提案趣旨から三重県条例の制定背景を探ると、「県民全体で子どもを虐待から守り、次代の社会を担う子どもの心身の健全な発達に寄与するため、子

※10 参考までに、同条例の効果について言及すると、刑法犯認知件数について言えば、人口1,000人当たり窃盗犯認知件数は、着実に減少しつつある。

※11 国は2000年に、「児童虐待の防止等に関する法律」を制定している。同法律は、「児童虐待が児童の人権を著しく侵害し、その心身の成長及び人格の形成に重大な影響を与えるとともに、我が国における将来の世代の育成にも懸念を及ぼすことにかんがみ、児童に対する虐待の禁止、児童虐待の予防及び早期発見その他の児童虐待の防止に関する国及び地方公共団体の

責務、児童虐待を受けた児童の保護及び自立の支援のための措置等を定めることにより、児童虐待の防止等に関する施策を促進し、もって児童の権利利益の擁護に資すること」が目的となっている（第1条）。

※12 児童虐待について、三重県のホームページには「親または親に代わる養育者が、子どもの心身を傷つけ、健やかな成長・発達を損なうような行為をすることをいう」と定義している。そして、次の4タイプに分類されるとしている。
①身体的虐待　児童の身体に外傷が生じる恐れのある暴力を加える。
②性的虐待　わいせつな行為をする、または児童にわいせつな行為をさせる。
③養育怠慢ないし否定　保護者としての監護を著しく

どもを虐待から守ることについて、基本的な考え方、県の責務、地域社会の役割、指針の策定、通告に係る対応等を定める必要がある」となっている。

　三重県では、同条例に基づき、「子育て支援指針」「早期発見対応指針」「保護支援指針」を策定している点が特徴である。また、三重県条例の規定に基づき、県民の中から三重県条例の趣旨に賛同してくれる者を対象に「子どもを虐待から守る家」として指定し、虐待防止に向けて地域での連携協力を進めている。このように、三重県条例を制定しただけではなく、同条例を法的根拠として、児童虐待を防止するための施策や事業を積極的に実施している点が特徴である。その結果、三重県は児童虐待が日本全体と比較して、減少傾向にある[14]（図表⑤）。

　三重県条例は国からの自立（自律）を促した。地方自治体の中には、国の「児童虐待の防止等に関する法律」だけに頼るのではなく、地域の特色にあわせた児童虐待を防止するための施策や事業を実施しようと、独自条例を制定する傾向が強まっている。例えば、2008年には和歌山県が「和歌山県子ど

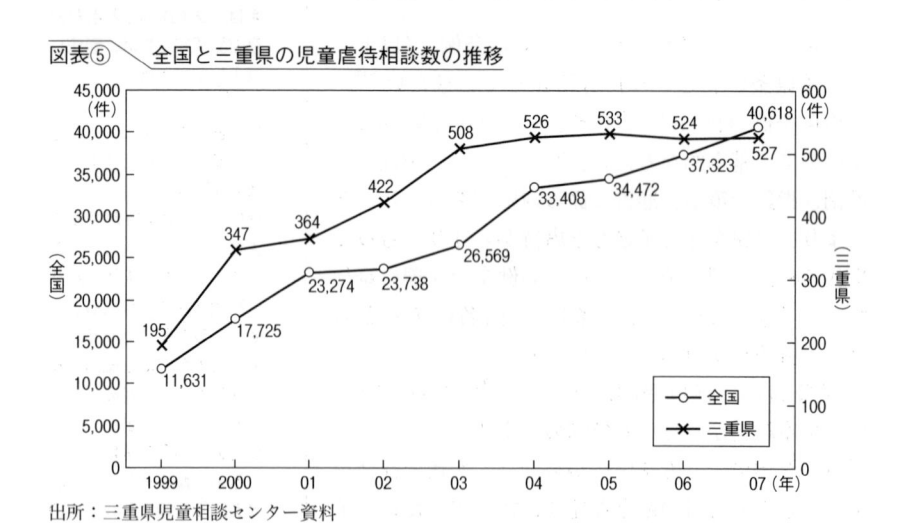

図表⑤　全国と三重県の児童虐待相談数の推移

年	全国（件）	三重県（件）
1999	11,631	195
2000	17,725	347
01	23,274	364
02	23,738	422
03	26,569	508
04	33,408	526
05	34,472	533
06	37,323	524
07	40,618	527

出所：三重県児童相談センター資料

もを虐待から守る条例」を制定している。同条例の制定背景は、児童虐待に対し、早期発見と早期対応を実施するためであり、児童虐待の仕組みを構築し、実行するための根拠という意味がある。そして何よりも、社会全体による児童虐待防止への取り組みを積極的に進めるため、和歌山県の意思表示としての意味もある。

また、市区町村レベルでは、2005年に東大阪市（大阪府）の「東大阪市虐待条例」や志免町（福岡県）の「志免町児童虐待の防止等に関する条例」と、三重県条例を先駆的事例として同様の条例を制定する傾向が強まっている。

怠る（ネグレクト）。
④心理的虐待　児童に心の傷を負わせるような言動を行う。

※13　議員提案政策条例により、三重県条例のような革新的な政策条例が制定される傾向が強まっている。議員提案政策条例については、次の文献を参照されたい。
牧瀬稔（2008）『議員が提案する政策条例のポイント』東京法令出版

※14　もちろん、児童虐待の件数が減少すれば、すべて「よい」というわけではない。それは、児童虐待が表面に現れないということも意味するかもしれないからである。図表⑤は、あくまでも「傾向の提示」という意味で示している。

第❹　子どもたちの最善の利益を求めて

子どもは、犯罪の被害者にもなれば加害者にもなる。子どもを被害者にも加害者にもさせないことが重要である。どちらになっても不幸なだけである。そしてその不幸は、当事者である子どもだけではなく、周りの関係者すべてを不幸にしてしまう。本章では、前者の「子どもを犯罪被害者にさせない」という視点から、地方自治体の子ども政策の現状を紹介してきた。

子どもを犯罪加害者にさせない取り組みも多々ある。その一つの政策として、文部科学省は「自立支援教室」を実施している。同事業は、暴力行為や繁華街に出入りするなどの問題行動を起こす子どもの

立ち直りの支援を目的としている。例えば、石狩市は問題行動を起こす子どもへの適切な支援に向けて、市内の中学校5校の中から2校をモデル校に指定し、自立支援教室を設置している。具体的な活動は、校長、教頭、指導員が連携し、問題行動などを起こす子ども一人ひとりに応じたサポートプログラムを作成し、学習指導や登下校時刻の遵守など基本的生活習慣の確立に加え、体験活動などを取り入れ、教室への復帰を目指した取り組みを行っている。

　また、多くの地方自治体は、子どもに犯罪を起こさせない環境づくりを進めるため、子どもを孤立させないように、家庭と地域と学校の三位一体の連携を進めている。子どもを犯罪の被害者にも加害者にもさせないため、「子どもの最善の利益とは何か」という視点から、政策を開発していくことが大切である。

　筆者は、子どもの最善の利益を実現していくため、子ども政策を実施するにあたり、「条例」という形で法的根拠を確保することを奨励したい。条例のメリットは多々ある。その中で、条例を制定することにより、予算の確保や継続的な施策や事業の実施が担保されることがある。

　奈良県も三重県も条例を制定したことにより、今後、子どもを犯罪被害や虐待から守るための施策や事業が継続的に実施されることが約束された。この点を評価したい。

　また、図表③にあるように、京都府は「京都府自転車の安全な利用の促進に関する条例」を制定し、小野市（兵庫県）は「小野市いじめ等防止条例」を制定している。これらは施策や事業レベルであり、条例化する必要はないという意見もあるだろう。しかしながら、筆者は、この施策や事業レベルでさえも条例を制定し、地方自治体の意思として子どもの

安全・安心を確保していくという心意気を評価したい。
　これから、子ども政策を実施する際は、地方自治体は条例で法的根拠を明確にし、かつ、子ども政策の根本的な方向性（筆者に言わせれば「子どもたちの最善の利益」になる）を明確にした上で、施策や事業の取り組みを実施していく必要があると考える。

第3部
地域目線で創りだす防犯・防災

第10章
感度創造のコミュニティ形成に向けた防災・減災・防犯マップづくり
〜中野区鷺宮におけるまちづくり活動を例に〜

安田　道孝

第1 日常生活の中で危険予測・危険回避力を高める

　災害や犯罪はいつ起こるか分からない。常日ごろから、可能な限りの備えや予防策、被害拡大防止策を施しておくことは、言うまでもなく重要である。しかし、私たちが日々の暮らしの中で、絶えず緊張を持続しつつ災害や犯罪への備えや予防、減災対策の取り組みを行うことは並大抵のことではない。

　むしろ、子育てや高齢者の問題を考え合う諸活動や、まちの魅力・活力づくり、あるいは子どもの教育を通じてなど、地域コミュニティの様々な取り組みの中に、安全実現に向けた「仕掛け」をあらかじめ埋め込んでおき、結果として、知らず知らずのうちに防災・減災・防犯等の知識や実践力（地域力）、さらに危険予測力及び回避力を育んでいく、そうした持続可能な社会的仕組みを用意しておくことも重要ではないだろうか。

　本章では、東京都中野区鷺宮における住民まちづくり活動や防災・減災マップづくりに焦点を当てて、持続可能な防災・減災・防犯を創出するまちづくりのあり方について、考えてみることとしたい。

第❷ 居住環境の質を向上させる延長上の防災・減災・防犯まちづくり

❶ 安全・安心な地域づくりの指標

　私たちが安全・安心に過ごせるまちの環境とは、どのような空間であろうか。1961年にWHO（世界保健機関）が健康住居環境の基本条件として示した、安全性（safety）、保健性（health）、利便性（efficiency）、快適性（amenity）の指針が参考となる。近年では、これに持続可能性（sustainability）を加えて説明される[※1]。

　ちなみに、第八期住宅建設五箇年計画の中では、地域の実情に合った安全性の指針として、①地震等の住宅倒壊・大規模な火災に対する安全性、②津波、洪水、がけ崩れ等自然災害に対する安全性、③高齢者や障害者等の安全移動も含む日常生活の安全性、④犯罪発生の防止や犯罪の発生による住環境の阻害の防止、⑤騒音、振動、大気汚染、悪臭等の公害の防止が示されている。

　「安心」して暮らせる地域空間の創出は、「安全性」の確保のみでは足らず、人間の心理的な諸要素も含む、絶え間ない生活環境の質の向上を目指していくものである。上記指針でいえば、保健性、利便性、快適性を、いかに工夫し持続的に高めていくかであり、地域特性にあった豊かな地域環境づくりであると言い換えることができよう。

❷ 安全・安心の地域づくりはだれが担うのか

　災害対策や犯罪抑止に対する地域の安全性の実現は、私たちが生活を送る上で最低限の基本事項である。国や自治体等は、時には人々の意思や行動を制

※1　2001年第八期住宅建設五箇年計画「別紙５住宅市街地の改善等の指針」http://www.mlit.go.jp/jutakukentiku/house/torikumi/gokei/8kihonbun.doc（2009年５月閲覧）

限してでも、安全性の確保に取り組む権限・責務を有する。したがって、それは第一に行政の責務である。そのために、多くの法律・条例等の諸制度が整備され、社会の安全性の確保が図られてきた。

また、高度経済成長期以降、社会の都市化が急速に進むにつれ、ライフラインや都市基盤等の物的施設の整備が発展し、年々安全・便利になり、私たちの暮らしは行政や公共機関に大きく依存するライフスタイルへと変じてきた。

一方で、こうした「制度化」「施設化」された都市型社会は、「一人ひとりが豊かになったと同時に、一人ひとりが無力になった。そして何より『くらす力』が弱くなった」と指摘される[※2]。高度に科学や技術が進み、普段の暮らしの中で危険と距離がおかれる今日の社会では、自分たちの身の周りの環境変化への適応力、危険察知力、回避力が弱まってしまっていることが課題であり、安全・安心の地域づくりに向けて、環境変化への感性や注意力・回復力を高め、生活者自身が、その担い手である自覚を改めて捉え返す視点が重要である。

３ ヴァルネラビリティ（社会的脆弱性）への地域的認知・改善に向けて

災害社会学の分野では「社会、経済、文化構造の中に潜むヴァルネラビリティ（社会的脆弱性）」[※3]が、社会の相対的に弱い部分に被害や被災として顕在化し、拡大していくと説明される（防犯も妥当すると考える）。これは、上記の「くらす力」が弱くなったこととも密接に関わる。

こうした社会的脆弱性への対応は、行政や公共機関だけに依存することだけでは不十分で、地域コミュニティが、いかに自分たち自身の身近な問題として捉えているかという地域力の問題としてみることもできよう。

※2　嘉田由紀子・遊磨正秀（2000）『水辺遊びの生態学　琵琶湖地域の三世代の語りから』農文協、p.8・188

※3　浦野正樹（2007）「脆弱性概念から回復力概念へ─災害社会学における展開」浦野正樹・大矢根淳・吉川忠寛編『復興コミュニティ論入門Ⅰ』弘文堂、p.30

地域の人々が協力し合い、可能な限りの専門知や生活知とともに、人的・物的資源等を動員してその問題を身近な問題として扱い、予防・改善・回避・回復に向けた取り組みを行うことが必要である。その際、どれだけリアルに具体のイメージや想像力を持ち、危険や災害を把握かつ予見し、地域の様々な主体間連携で、想像力と実践力を活かし、状況に応じた的確な解決・回避行動が図れるかが課題である。様々な情報、知識、技術、実践可能性、協力・連携体制等の資源を有機的に連携させ、地域特性を踏まえ、その時々に求められる地域課題を、人々の生活に密着させ効果的に解決できるようにしなければならない。

第❸ （生活）感度を育む地域まちづくりの実践
―中野区鷺宮のまちづくりの取り組み

① 50年後のまちを考える取り組みから

「鷺宮のまちづくりを考える委員会」[※4]は、東京都中野区鷺宮地区で、自分たちのまちを安全・安心に、そして暮らしやすいまちにしようと、自主的に活動している十数名からなるグループである。メンバーは、鷺宮に愛着をもつ町会・自治会の人たち（多くは地域防災会と重なる）、福祉活動に関わる人やまちづくりに関心を持つ人などである。毎月1回会合を開く。

会のはじまりは、中野区が支援する鷺宮地区の住区協議会[※5]の活動からである。当初、都市計画道路の優先整備路線化をめぐって内部で激しく対立していたが、会の代表者（大野三知雄氏）の機転で、議論の前提としてまちの課題や良いところを互いに把握し、50年後の鷺宮を考える活動へと変えていった。メンバーは50年前からの自分たちのまち

※4　現在は「鷺宮地域の安全・安心・美しい街並み研究会」と名称を変更。

※5　中野区が1970年代半ばから約30年間にわたり、人口約2万人程度の地区（地域センター）ごとに、地域自治を推進するためコミュニティ支援していた住民組織。
http://www.city.tokyo-

の変遷を知る者も多く、毎月の会の開催前にテーマを決め、3～5程度のまちの課題や良いところを出し合い、ワークショップやまち歩きを行う活動を続けた。その結果、都市計画道路の問題を議論する以前に、自分たちが知らないまちの姿や課題が見え、まちへの愛着や災害で怖かったことなど、思い出深い体験談と合わせて語り合う活動となり、毎回ワークショップは盛り上がり、メンバー自身の生活感の中で、地域の共通関心や興味が芽生えることとなった。

　最初の3年間は、自分たちの活動をシナリオとしてまとめることとし、毎年、一般住民への公開報告

nakano.lg.jp/023/99/jitijourei/0202-01shiryou.pdf（2009年8月閲覧）
和田健次郎「東京都中野区地域センター及び住区協議会構想に関する考察」
http://www.i.hosei.ac.jp/~muto/Dialogue/D113wada.pdf（2009年8月閲覧）

写真① 報告書の表紙

『50年後の鷺宮のまち』
みんなで考えよう
鷺宮のまちづくり
『まちづくりを考える委員会』
検討報告書
鷺宮住区協議会『まちづくりを考える委員会』

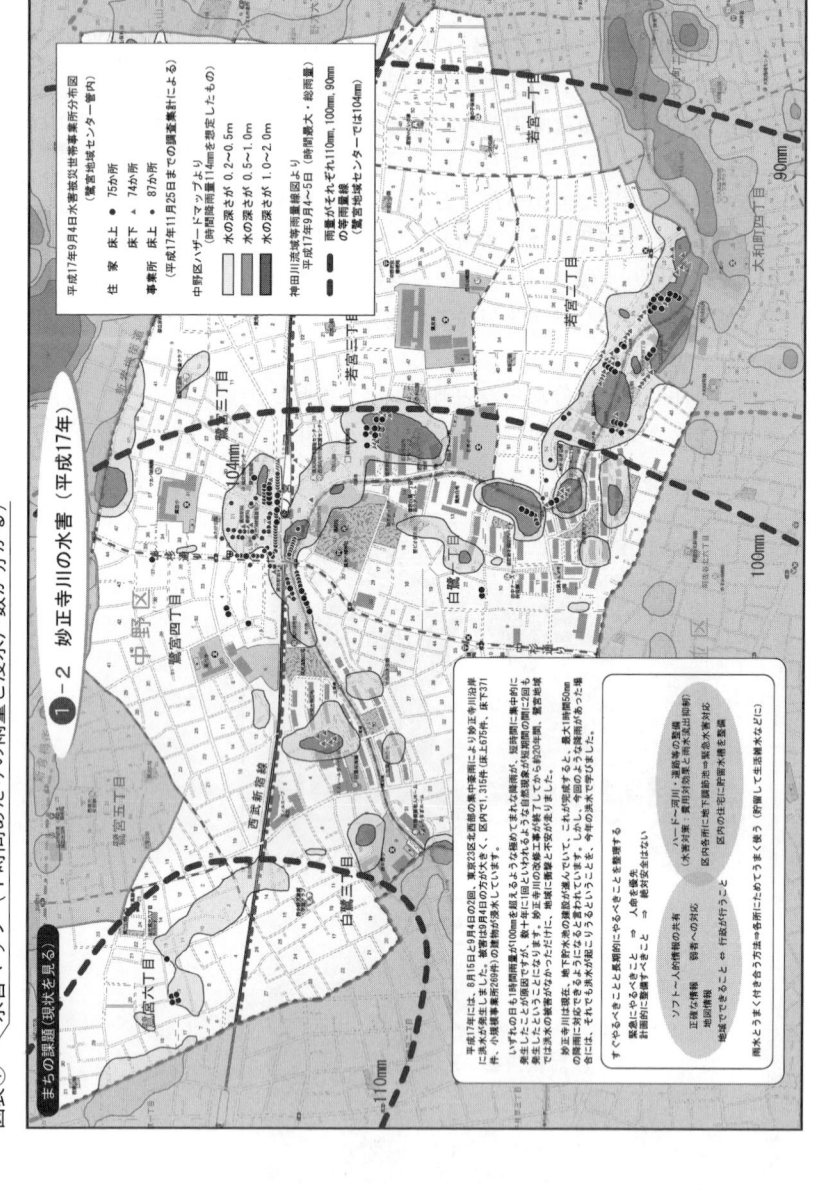

172 第3部●地域目線で創りだす防犯・防災

図表① 水害マップ（1時間あたりの雨量と浸水戸数が分かる）

1-2 妙正寺川の水害（平成17年）

まちの課題（現状を見る）

平成17年9月4日水害被災世帯事業所分布図（鷺宮地域センター管内）

住家	床上	75か所
	床下	74か所
事業所	床上	87か所

（平成17年11月25日までの調査集計による）

中野区ハザードマップより
（時間降雨量114mmを想定したもの）
水の深さが 0.2〜0.5m
水の深さが 0.5〜1.0m
水の深さが 1.0〜2.0m

神田川流域等雨量線図より
平成17年9月4〜5日（時間最大・総雨量）
雨量がそれぞれ110mm、100mm、90mm
の等雨量線
鷺宮地域センターでは104mm

平成17年には、8月15日と9月4日の2回、東京23区を西部の集中豪雨により妙正寺川に豪雨が発生しました。被害は9月4日の方が大きく、区内で1,316件（床上675件、床下371件、小規模事業所260件）の建物が浸水しています。
いずれの日も1時間降雨量が100mmを超えるような観測されない大雨降りが、短時間に集中的に発生したことが原因ですが、数十年に1回といわれるような50年確率の計画雨量の2倍も発生したということになります。妙正寺川の改修事業が終了してから約20年間、鷺宮地域では浸水の被害がなかっただけに、地域に衝撃と不安が広がりました。
妙正寺川は近年、地下貯水池の建設が進んでいて、これが完成すると、最大1時間降50mmの降雨に対応できるようになると言われています。しかし、今回のような被害があった場合、それでも洪水が起こりうるということは、今年の洪水で学びました。

すぐやるべきこと と 長期的にやるべきこと を整理する

緊急に対応できること ⇒ 人命を優先

計画的に整備すべきこと ⇒ 絶対安全はない

ソフト（人的情報）の共有

正確な情報 ⇔ 弱者への対応
地域情報

対応できること ⇔ 作成が付くこと

ハード－人河川・道路等の整備
（水害対策・費用対効果・緊急水害対応
区内各所に地下貯留池や雨水流出抑制
区内の住宅に貯留水透水溝を設置

熊本などうまく付き合う方法へ（各所にためようまく使う
（例えして生活雑水など））

90mm
100mm
104mm
110mm

会（会場参加者との座談会）を行い、「50年後の鷺宮のまちを物語形式」でまとめた（写真①）。また、活動を行う中で、地域は大きな水害（2005年9月4日）[※6]を経験し、活動報告として、浸水地域と浸水戸数、水害時の1時間当たりの雨量と区のハザードマップとを重ねた水害マップも作成した（図表①）。現在は、まちの安全・安心マップづくりを主とした活動を実践する[※7]。

2 住民の語りから育むまちづくりへの感性・感度

まちづくりの現場では、しばしば「地域みんなが望んでいること、だから○○してほしい」という要望がなされる。しかし、その言葉は「だれがまちに責任を負うのか」「どれだけ自分たち自身の問題としているのか」がみえてこない。「このまちを、私たちがなんとかしたい」という言葉がでてくるとき、地域のために自分たちはまず何ができるのか、小さな課題でもよいから、改善していこうという主体性と責任感が現れる[※8]。鷺宮のまちづくりを考える委員会の活動は、そうしたまちづくりの主体性（public behavior）や責任感を育む活動として示すことができる。

3 参加者の共感ある語りを引き出すワークショップ

この会の活動は、住民たちが自由に語り合う雰囲気の中で、ミニワークショップ手法をとるのが特徴である。しかも、毎回参加者にワークショップと意識させることなく、進行役（ファシリテーター）[※9]は聞き役として、参加者のまちへの思いや体験等を引き出す進行方法をとる[※10]。

参加者から、地域の人たちだからこそ有するまちへの鋭敏な視点、皆の共感を得る体験談、まちの歴

※6 http://www.city.tokyo-nakano.lg.jp/018/01/d00500009.html（2009年8月閲覧）

※7 この会は、2003年～2006年は、中野区都市計画担当が初動期のまちづくり活動支援を行った。2007年以降は、区の防災活動等の支援を受けつつ、地域住民による自主的なまちづくり活動を実践している。

※8 西村幸夫（2008）『風景論ノート　景観法　街並み再生』鹿島出版会、pp.71-73

※9 ここでは専門知識と技術を有するファシリテーターの役割が重要となる。鷺宮地域の場合、継続的に地域まちづくりの支援を行っている工学院大学の野澤康研究室や、防災まちづくりに詳しい都市プランナー吉川仁氏の応援によるところが大きい。

※10 日本建築学会意味のデザイン小委員会編著（2003）『対話による建築・まち育て　参加と意味のデザイン』学芸出版社の示唆によるところが大きい。

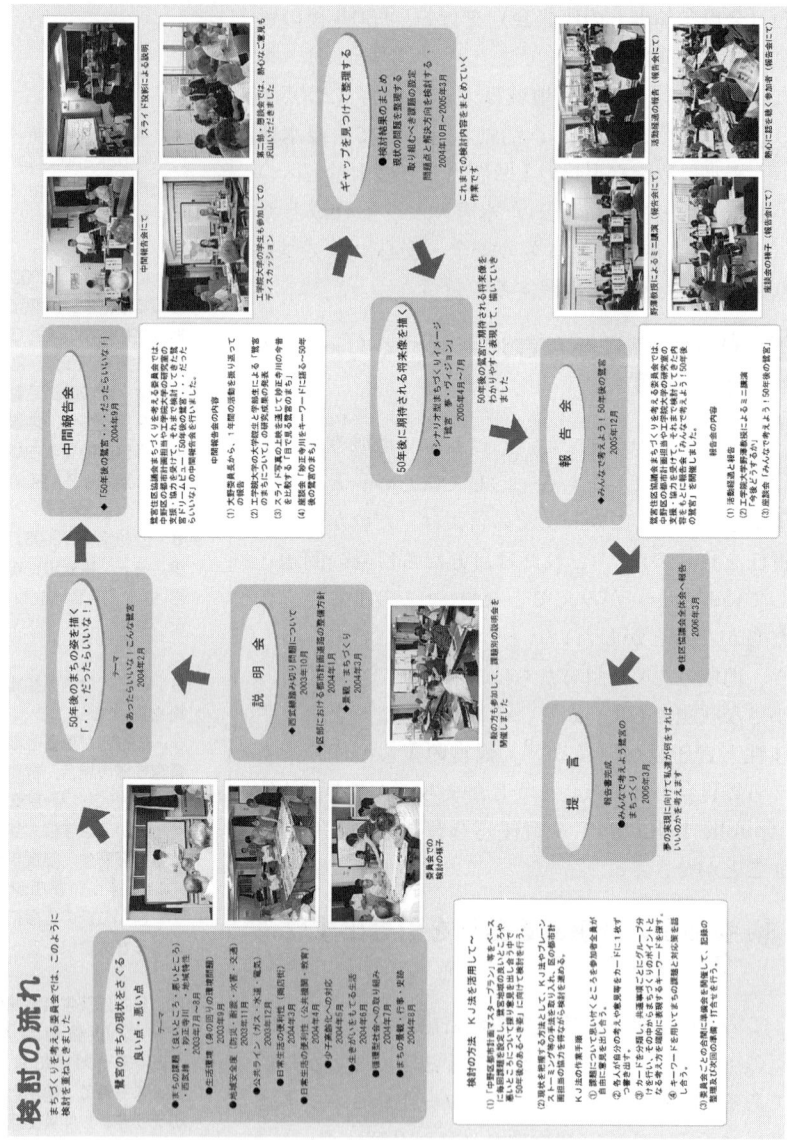

174　第3部●地域目線で創りだす防犯・防災

図表② 会の活動

検討の流れ

まちづくりを考える委員会では、このように検討を重ねてきました

50年後のまちの姿をさぐる 良い点・悪い点
テーマ
・まちの課題(良いところ・悪いところ)
・買い物・食事、訪正寺川・地域特性
2003年7月〜9月
・生活環境(身の回りの川・河川環境)
2003年9月
・地域資源(音・食べ物・水系・交通)
2003年10月〜12月
・日常生活移動(バス・車・電車)
2004年1月
・日常生活における買い物(商店・商業)
2004年3月
・歴史・文化への対応
2004年5月
・安全の対策
2004年6月
・福祉と健康-家族のつながり
2004年7月
・まちの景観・行事・安心
2004年8月

↓

50年後のまちの姿を描く
テーマ
・あったらいいな！こんな器官
2004年7月

↓

説明会
・区画整備計画・震災について
・道路における住民の意見の交換方法
2004年3月

↓

中間報告会
・「50年後の器官・・・だったらいいな！」
2004年9月

中間報告会の内容
(1)大野地区議員さんから、1年間の活動を振り返って「器官」についての発表
(2)工学院大学の大学院生と学部生による器官ドリームビュー、それをヒントに使う50年後の器官についての発表
(3)街の意見(区民の意見の発表)
(4)模擬広場「地区を対象としたマターを選ぶ50年後の器官の影のもの」

↓

50年後に期待される将来像を描く
2005年4月〜7月

↓

ギャップを見つけて整理する
向け討議案のまとめ
現状の問題を整理する
取り組むべき課題の改定
問題会と解決方法を検討する
2004年10月〜2006年3月
これまでの検討内容をまとめていて作業から

↓

報告会
・みんなで考えよう！50年後の器官
2005年12月

報告会の内容
(1)活動報告と稲積
(2)工学院大学野澤教授による三講演
「今後とうする？」
(3)提言「みんなで考えよう！50年後の器官」を発表し意見交換

↓

住民協議会全体会へ報告
2006年3月

↓

提言
告書完成
・みんなで考えよう次世代のまちづくり
2006年3月

夢の実現に向けて地域住民が何かをすればいいのか考え方を示します

検討の方法　KJ法を活用して

(1) 「中野住都地区基本マスタープラン」等をベースに各自が自分の考えをカードに書き、その考えについて意見交換をしながら、話のおよび内容に討議で検討を重ねる。「50年後のあるべき姿」に向けて検討を進める。

(2) 意見参加者を大体とし、KJ法のブレーンストーミング等の手法を取り入れ、区の他各自団体の協力が得られる体制を進める。

KJ法の作業手順
①議題について思いつくことを参加者全員が自由に発表し合う
②名人が自分の考えを発表するにつれてブレーンストーミングを行い、出された言葉としてカード化する、他の参加者もそれに触発されて連想された意見をカードで出す。
③キーワードを用いてまとめの課題を探して、記述の整理及び次回の検討・作業を行う

史的変化、気候・植物など身の周りの環境感覚や、近所でタヌキを見かけたことなど、興味深い話題などを引き出すことも忘れない。なぜなら、そうしたことがきっかけとなって、生活者視点としての身近なことへの関心度を高め、活気あるまちの語りをもたらすからである。

ファシリテーターはさりげなく、当日のテーマとそれら話題とを結びつけ、まちづくりの取り組みとして共通・共感事項を導き出して次回につなげる（図表②）。意見が対立した場合は、どこが食い違っているのか、共通点はどこにあるのか等を整理するところまでとする[※11]。

鷺宮の活動は、ベラー（Robert. N. Bellah）らが指摘する、地域社会の取り巻く環境への語りを繰り返す中で、地域のアイデンティティを強化し、共同実践への動機づけを高める「記憶の共同体」という考えに結びつく[※12]。それは同時に、身の周りへの感性や危険への予見性を高めること＝「環境の変動を感知し、それに対応し、また自己のあり方を創造していく」[※13]ことにもつながる。私は、これを「感度創造のコミュニティ」と呼ぶこととしたい。例えば、地方に旅行に行った家族が、旅先でその町の防災まちづくりのまち看板や仕掛けを、家族皆で意識して見ているか、いないかなど、防災まちづくりに関する感度・感性の違いが現れるように、様々な角度で、まちをみる「まなざし」を育む活動の実践として示すことができる。

※11　様々な価値観を持つ人たちの集まりであるので、この会では、あえて対立意見を一つにまとめることはしない。自分たちのまちの感性や愛着を高めていく会としている。

※12　Robert. N. Bellahほか，1985, *HABITS OF THE HERT Individualism Commitment in American Life* University of California Press, Berkeley ＝島薗進・中村圭志共訳（1991）『心の習慣　アメリカ個人主義のゆくえ』みすず書房、pp.186-189、阿部昌樹（2002）『ローカルな法秩序-法と交錯する共同性-』勁草書房、pp.158-161

※13　桑子敏雄（2001）『感性の哲学』NHK出版、p.3

第4 感度創造のコミュニティと、安全・安心の「仕掛け」

1 危険への予見性・回避力を育む感度創造のコミュニティ

　安全・安心のまちづくりに向けては、身の周りにある様々な知恵や情報、技術を獲得するだけでは足りない。自分たち自身の身体的問題として実感・予見し、かつ、危険に対する回避行動及び実践ができることが必要である。できればそうした取り組みが、地域の中で地域行事等で、遊び、ゲームのように習慣化されていることが望ましく、これによって、地域コミュニティが自然に危険察知や回避能力を獲得していく「仕掛け」の必要性である[14]。

　地域には、その地域特有の様々な資源が存する。それらを最大限に有効に活かし、良好な連携・協力関係を築き、生活密着の身体感覚として実践につなげる臨機応変な対応も時には必要である。そのためには、生活者自身が共通感覚として、まちへの感性を養っておく必要がある。地域内だけでなく、外部の資源を有効に利用することも、安全・安心のまちづくりにあっては重要である。例えば、専門家や技術者の知恵の集積、専門ボランティア、地域内外との様々なコミュニティとのネットワーク等である。それらを有効に動員できるか、コミュニティの成熟度と関わる。

　例えば、地震や自然災害の多くは地域的なことであり、必ず外部からの助けや支援を期待できる。どこよりもまず自分たちの地域を助けてくれる、地域外のコミュニティや応援団との強い連携を、日ごろからの交流の中で作っておくことも非常に大切なこととして示すことができる。

※14　浅野幸子（2007）「地域における自主防災活動の展開」浦野正樹・大矢根淳・吉川忠寛編『復興コミュニティ論入門』弘文堂

第10章●感度創造のコミュニティ形成に向けた防災・減災・防犯マップづくり | 177

居住環境を計画論から研究する早田宰は、各地域に存する様々な資源（人的・物的・地域特有の資源）をサッカーゲームに見立て、地区特性に合ったパス連携を経てゴール（解決）する「資源動員の戦略化マトリックス」を示すが、参考となる（図表③）[15]。

この図は、それぞれの地域の強みや特性を活かし、地域独自の資源を最大限有効に連携・活用し、危険への予見力や豊富な想像力・回避力を養い、安全・安心に向けた取り組みができる感性豊かなコ

※15 早田宰（2003）「持続可能なまちづくり-スマートコミュニティ形成の戦略-」玉川英則編『持続可能な「かたち」と「しくみ」』東京都立大学出版会、p.179

図表③ 資源動員の戦略化マトリックス（早田 宰）

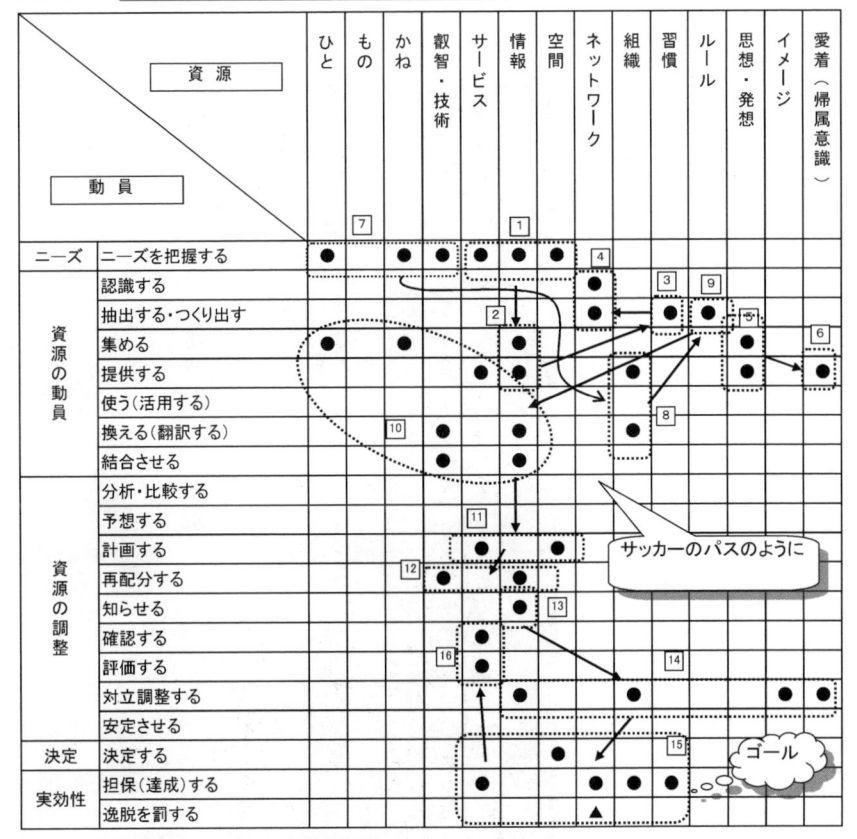

動員＼資源	ひと	もの	かね	叡智・技術	サービス	情報	空間	ネットワーク	組織	習慣	ルール	思想・発想	イメージ	愛着（帰属意識）
ニーズ／ニーズを把握する	●	●	●	●	●	● [7]	● [1]	● [4]						
資源の動員／認識する								●	●	[3] ●	[9] ●	🌀		
抽出する・つくり出す					[2]	●		●	●	●	●			[6] ●
集める	●		●			●						●		●
提供する					●	●			●			●		●
使う（活用する）											[8]			
換える（翻訳する）			[10] ●			●			●					
結合させる					●	●								
資源の調整／分析・比較する														
予想する						● [11]								
計画する					●	●	●				サッカーのパスのように			
再配分する			[12]			●								
知らせる						● [13]								
確認する						●								
評価する					[16] ●				[14]					
対立調整する								●			●		●	●
安定させる														
決定／決定する						●				[15]	ゴール			
実効性／担保（達成）する						●	●				●			
逸脱を罰する						▲								

出所：早田宰（2003：179）、一部筆者加筆

ミュニティを築いていくことを理解するのに役立つ。

② さぎ草を育てる活動と防災・減災マップづくり

現在、鷺宮の住民活動は、地域防災活動（防災・減災マップづくり）も併せて行っている（図表④）。防災まち歩きや、地域の人的・物的資源や危険箇所の把握、災害対応、減災に向けて何ができるか、防災に詳しい専門家の知恵を借りて実践中である[※16]。そこでの工夫は、まちに愛着を持ち、だれ

※16　様々な地域の防災・減災マップづくりの事例の紹介を受けたりしている。

写真②　さぎ草を育てる会

第10章 ● 感度創造のコミュニティ形成に向けた防災・減災・防犯マップづくり

図表④ 住民手づくりの地域防災マップ

鷺宮地域防災まちあるき【白鷺コース】

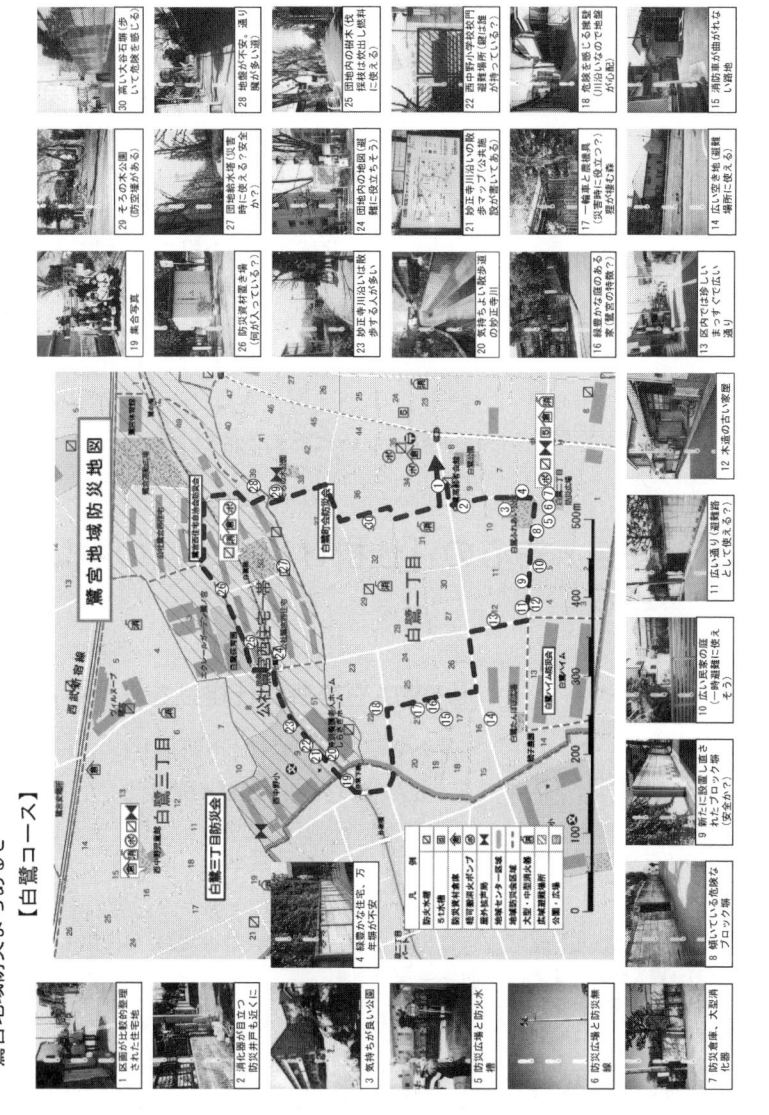

もが参加しやすい「自然な仕掛け」を用意することである。

それが「さぎ草を育てる活動」である（写真②）。「鷺が戻ってくるようなまちにしたい」と50年後のまちを描いた取り組みの延長である。防災まちづくりだけでは、人々の関心を引き寄せにくい。まちづくりの共感や賛同を得られやすい植物を育て合うことで、自分たちのまちへの関心を持たせ、魅力を高める活動につなげる、そうした活動の一環として防災・減災・防犯まちづくりの仕掛けを埋め込む[17]。これにより、普段、防災や安全まちづくりに関心のない人々も巻き込むきっかけづくりに役立っている。

※17 さぎ草を育てる会の集まりでも、防災・減災の学び合いを行う。

第5 安全・安心の「仕掛け」を生活の中に埋め込む

① 遊びや行事に仕掛けを埋め込む

安全・安心のまちづくりの取り組みは、例えば、子どもたちの教育・遊びや運動会[18]、女性や子育て、高齢者の視点、地域のまつり、まちの看板等のサインづくり、福祉や子育て便利マップ、商店街のイベント、国際交流など様々な活動の中に、ゲーム感覚でそのメニューを埋め込む「仕掛け」などが重要であろう[19]。

農村の伝承文化には、地域認知、自然認知、社会維持機能、施設維持、生態系の保全、絆の醸成、地域の個性や技術文化を伝承する様々な行事や仕掛けがあることが分析されている[20]。例えば、祭りや行事儀礼、歳時記、言い伝え、信仰、慣習、子どもたちの遊びなどである。そうした行事や仕掛けは、日常生活を送る中で、必要な知恵や知識、技術を自然に習得できるよう地域慣習の中に埋め込まれてい

※18 例えば、防災かるた会など親子で参加できる防災・防犯に関する運動会種目やゲームを考え、実践するなど。

※19 （財）日本防火協会編（2004）『婦人防火クラブリーダーマニュアル』東京法規出版は、こうした観点から女性の視点で、非常に分かりやすく解説する防災マニュアルである。

※20 山下裕作（2005）「農村水辺空間における歴史・文化環境の評価」独立行政法人農業工学研究所　むらづくりテクダス資料

ることが多い（とりわけ地域独自の自然災害等の危険認知など）。都市においても、このような仕掛けが望まれよう。

２ 地域・専門家・行政の協働による防災・減災・防犯の仕掛けづくり

近年、コミュニティによる地域防災力・防犯力を強化することが、しばしば求められる[21]。各地で定期的に行われる防災訓練や、防災・防犯まち歩きによる地域危険マップづくりは、訓練による知識や行為手順の体得、あるいは地域独自の危険を知る「まなざし」を育んでいく作業として重要である。

これらに加え、本章でさらに強調したいことは、人々が多く参加する様々な地域行事や営みの中に、防災・減災や防犯に関する「場」や「仕掛け」を埋め込み、地域の人々皆が、日々の生活の中で自然と防災力・防犯力を体得していく取り組みの必要性である。

そのためには、各専門家の知恵や力を積極的に借りることも重要であり、自治体等行政は、そうしたことを積極的に支援し、地域住民と新しい仕掛けを考え合い、積極的に企画・実践することが望まれる。

防災や防犯に関しては、今日、情報社会の進展で、私たちは常時、様々な知恵や技術を得られる[22]。それらを人々の日常生活と密着した「仕掛け」として、地域的広がりと具体的実践力をもって普及させていく手法が切に求められるといえよう。

※21　鍵屋一（2003）『地域防災力強化宣言－進化する自治体の震災対策－』ぎょうせい
小出治（2000）「防犯とまちづくり」児玉桂子・小出治編『安全・安心のまちづくり』ぎょうせい、p.342

※22　内閣府や警察庁HPでは地域の様々な防災・防犯まちづくり事例が紹介される。
「みんなで防災のページ」
http://www.bousai.go.jp/minna/（2009年８月閲覧）
「自主防犯ボランティア活動支援サイト」
http://www.npa.go.jp/safetylife/seianki55/katsudojirei/listofkatsudojirei.html（2009年８月閲覧）

第11章

佐々木 一如

防災・防犯へ向けた行政・住民組織の連携による新たな取り組み

～「地域安心安全ステーション（総務省消防庁）」・
「地域安全安心ステーション（警察庁）」～

第1 地域コミュニティの変質と安全・安心への住民意識の高まり

1 住民活動を取り巻く社会環境の変化

近年、様々なメディアにおいてコミュニティ活動の衰退が報じられ、多くの地域社会において、従来の住民組織による活動の低下や行き詰まりが課題となっている。

この問題の背景の一つには、人口減少や少子高齢化、大都市部への若者を中心とした人の移動など、人口構成の変動により、地域のコミュニティ活動の担い手が減少している状況がある。総務省統計局の資料によると、全人口に占める15歳以下の子どもの割合は、1975年以降連続して低下している一方で、65歳以上の高齢者の割合は増加し続けている[1]。地域の高齢化の問題は、地方のみならず都心部においても発生しており、東京都新宿区内の大規模都営住宅団地で、地区内の人口に占める65歳以上の住民の割合が50％を超えたことがメディアで話題となった[2]。

他方で、職住分離や女性の就労率の向上など、人々の生活スタイルの変化に従来型の住民活動組織が対応できていないという状況も存在している。自

※1 総務省統計局ホームページ：http://www.stat.go.jp/

※2 新宿区社会福祉協議会（2008）「戸山団地・くらしとコミュニティについての調査」新宿区社会福祉協議会

治会や町内会の会合の開催時間や頻度などが、会社勤めの住民の生活スタイルに合わなかったり、古くからの住民と新しい住民の間の合意形成がうまく行われず、地域の意見集約に問題を抱えたりする事例が、各地で発生している。さらに近年では、都市部における単身世帯数の増加が問題となっている。国勢調査によると、三大都市圏における単身世帯の割合は、1980年時点では22.8％だったものが、1990年には25.7％、2000年には29.7％と増加している[3]。国土交通省の調査によると、単身世帯では地域の人々とのつながりが希薄な傾向にあることが示されている[4]。

② 住民による防災・防犯活動における新たな動き

わが国における防災や防犯への取り組みにおいては、住民による活動が重要な役割を占めている。1961年に制定された災害対策基本法では、市町村に対し「区域内の…住民の隣保協同の精神に基づく自発的な防災組織の充実」を図ることを求めており、火災や洪水時の対応でも、消防団や水防団が重要な一翼を担ってきた。しかしながら、上述のように、防災・防犯活動を含む従来型の住民活動は、近年、運営上の様々な課題に直面している。

しかしながら一方で、地域の「安全」や「安心」に対する住民の関心の高まりを背景とする、学校区や商店街を単位とした新たな防犯ボランティア組織などが増加傾向にある[5]。1995年に発生した阪神・淡路大震災以降、地域社会の運営において、自分自身で問題に対処する「自助」、住民同士が助け合い問題に対処する「共助」、行政の支援により対処する「公助」という考え方が広く認知されるようになり、防災や防犯の活動でも「自助」や「共助」を主体とした各種運動が推進されてきている。特に

[3] ニューヨーク大学社会学部のエリック・クライネンベルグ教授によると、都市部における各年齢層における単身世帯の増加は世界的な傾向である。同教授は、この世界的な生活スタイルの変化の動向を行政組織が把握し、それに応じたコミュニティ振興政策を講じることが必要であるとの指摘を行っている（クライネンベルグ教授へのヒアリング調査、2008年9月、ニューヨーク大学にて）。

[4] 国土交通省の調査では、単身世帯の69.3％の人々が、地域の人々と「ほとんど、もしくは全く付き合っていない」と回答している（国土交通省『国土交通白書2006』ぎょうせい）。

[5] 警察庁（2000）「平成20年 警察白書」ぎょうせい

「共助」については、従来の「地縁」に基づく住民組織以外にも、政策や課題に対応した「志縁」に基づくボランティアや、NPO（非営利組織）による活動が盛んになっている。

❸ 「地域安心安全ステーション」・「地域安全安心ステーション」事業の創設

　このような状況下で、行政・住民組織の連携による防災・防犯へ向けた新たな取り組みとして、既存の住民組織の枠組みとは異なる住民活動組織の形成と、その運営を支援するための事業が、国レベルで実施されてきている。本章では、それら事業の中から、総務省消防庁による「地域安心安全ステーション整備モデル事業（平成16年（2004年）度～）」と、警察庁による「『地域安全安心ステーション』モデル事業（平成17年（2005年）度～）」を取り上げ、両事業の概説とともに、その課題と今後の可能性について考察を行いたい。

第❷ 総務省消防庁による「地域安心安全ステーション整備モデル事業」

❶ 事業推進の背景

　「地域安心安全ステーション整備モデル事業」は、総務省消防庁が運営主体となり、小中学校区単位などで自主防災組織などの住民組織が連携し、地域防災力の向上を目指すことを目的とした事業である（総務省消防庁地域安心安全ステーション・ウェブサイト：http://www.fdma.go.jp/anshin/index.html）。

　2004年5月の経済財政諮問会議において、麻生総務大臣（当時）が提出した「経済・地域活性化、安心・安全に向けた重点戦略」における「地域安心

安全アクションプラン」にて、「地域活性化の大前提として、身近な生活空間における安心・安全の確立が喫緊の課題であることから、自主防災組織やコミュニティの住民パワーを活かし、地域の安心・安全を構築するため、防災・防犯等に幅広く対応する地域拠点・ネットワークの創出に取り組む」との方針が示された。このプランの具体化として、地域安心安全ステーション整備事業のモデル事業が、2004年7月から実施されることとなった。

② 地域安心安全ステーションの役割と機能

「地域安心安全ステーション」は、自主防災組織間の連携を進め、各地域の防災・防犯機能を補完・強化するための活動拠点として整備が進められている制度である。自主防災組織は、近年その結成率が増加している一方で、その大半が町内会単位で構成されており、町内会同様に人材の不足や活動の停滞といった課題を抱えている[6]。そこで、学校地区単位など、より広域な単位における組織・人材の連携を進めることにより、防災活動などのより効率的・効果的な運営を目指している。

平常時、ステーションは活動の拠点として、幅広い人材の防災活動への取り込みや、自主防災組織の活性化、避難計画の策定、訓練の実施などの取り組みを行うことが想定されている。発災時には、ステーションの構成員を中心として、重点的な救護活動の実施や避難所運営への参画、被災状況等の情報発信が行われることが期待されている。

モデル事業実施団体の多くは、小中学区を実施地域の範囲とし、地区内の公民館やコミュニティセンターなどにステーションを設置している。各団体では、各町内会や自主防災組織の役員などが、防災コーディネーターとして活動運営の中心となり、防

※6 消防庁の調査によると、1995年の全国平均が43.8％であったもので、2005年には64.5％、2008年には71.7％に増加している。

災講座や救急救命訓練、避難所運営訓練の実施や自主防災組織などの住民組織の連合会運営、防災マップの作成などを行っている。

　モデル事業では、対象自治体への支援策として、ア）自主防災組織としての資機材整備、イ）消防職員による消火訓練・応急手当訓練の実施、ウ）警察官による安心安全パトロールのノウハウ提供、などのメニューを用意し、必要な資機材整備等の経費について1団体当たり250万円を上限に助成を行っている。2004年度には全国の15団体が同モデル事業の対象となり、以降、2008年度までに計412団体に対し支援が進められてきている。

第3 警察庁による「『地域安全安心ステーション』モデル事業」

1 事業推進の背景

　「『地域安全安心ステーション』モデル事業」は、警察庁が運営主体となり、住民による自主防犯活動を継続的・恒常的なものとするための拠点（ステーション）の確保と、活動の促進を目的として進められている事業である。（警察庁自主防犯ボランティア活動支援サイト：http://www.npa.go.jp/safetylife/seianki55/index.html）

　同庁が2004年6月に策定した「『犯罪に強い地域社会』再生プラン」において、自治体や消防と連携しながら地域住民の行う自主防犯活動を支援し、地域社会の治安回復を目指すための施策の全体像が取りまとめられ、「公的施設を活用するなどして自主防犯活動の拠点を設け、必要な装備資機材を配備し、防犯パトロールや犯罪情報・防犯情報の集約と発信を行うほか、自主防犯活動への参加を拡大するための取組みを推進する」ことが定められた[7]。

※7　平成16（2004）年度の

2004年から05年にかけて、全国各地で児童誘拐殺害事件が発生したことなどにより、保護者らによるボランティアの自主防犯活動が高まる中、2005年12月に犯罪対策閣僚会議が、「犯罪に強い社会の実現のための行動計画」において、治安回復のため3つの視点の一つとして「国民が自らの安全を確保するための活動の支援」が打ち出された。そして、「国民一人一人の防犯意識の向上を図るとともに、国民と行政機関が相携えて行動していくことが理想であり、そのための取組を情報の提供や防犯設備への理解の普及等を通じて国が支援していく必要がある」とされ、その具体化として同事業が2005年度より実施されることとなった。

警察白書においても、第1章にて地域社会との連帯を取り上げ、「防犯ボランティア団体を地域の安全のための連携の結節点として捉えており、これを媒介として地域住民と関係機関・団体が手を携えて一体となって行動することで、大きな力が生まれ、地域社会における治安の回復につながるものと考えている。また、良好な治安という誰もが望む財産を得るためのこうした取組みは、地域社会を結束させ、失われつつある連帯を再生させる一助にもなるであろう。」との考えが示されている。

❷ 地域安全安心ステーションの役割と機能

　「地域安全安心ステーション」は、地域の住民による自主的な防犯活動の拠点としての役割が期待されている制度である。警察庁は、同ステーションの機能として、①安全安心パトロールの出動拠点、②安全安心情報の集約・発信拠点、③安全安心のための自主的活動の参加拡大の拠点の3点を挙げている。モデル事業では、公民館、消防団拠点等を活用した施設整備、自主防犯活動用資材等の優先配備、地域住民による安全安心マップの作成※8、安全安心情報の電子掲示板の運営、防犯協議会の設置、各種講習会などに対し支援を行っている。モデル事業実施団体では、公民館や地区センターなどにステーションを設置し、住民による地域のパトロール活動や地域安全マップの作成、講習会や運営会議の開催などを行っている。2005年度以降2008年度までに、600地区が事業の指定を受けており、2007年度以降については、子どもの安全を確保するための活動に積極的に取り組んでいる地区がその対象と

※8　安全安心マップについては、以下の書籍を参照されたい。
　小宮信夫（2009）『三訂版　地域安全マップ作製マニュアル』東京法令出版

なっている。

第4 「国分寺市立第三中学校地区防災センター」における取り組み

　国分寺市立第三中学校地区防災センター（以下、「三中地区防災センター」という）は、東京都国分寺市の市立第三中学校の学校区内に居住する市民を対象とした防災活動の拠点であり、災害発生時には地域の災害対応・避難活動の拠点となることが想定されている。同センターは、総務省消防庁の地域安心安全ステーション整備モデル事業に指定され、組織体制の整備や各種活動を進めてきている。この地区では、防災の取り組みに積極的な住民組織が、以前から様々な取り組みを行ってきている一方で、地域の高齢化や住民活動の担い手の不足など、他の地域と同様の課題を抱えている[※9]。住民による防災活動の広域化に関する取り組みの一例として、同センターの活動状況について紹介を行う。

1　三中地区防災センター設立の背景

　国分寺市は、1974年から「防災都市づくり」構想を策定し、1978年以降は市民が災害への備えについて学べる「防災学校」（現在は「市民防災まちづくり学校」）を運営するなど、長年にわたり住民による自主的な防災活動を中心とした防災まちづくりを推進している自治体である。災害時の給水用施設として公園などに手押しポンプ井戸を設置し、日常から市民に利用してもらうことで、コミュニティの交流の場を提供しようとするユニークな事業「むかしの井戸」を実施していることでも有名である[※10]。

　同市では、2007年に地域防災計画の改訂を行い、市内各地域の小中学校などを、それまでの一時

※9　原稿の執筆にあたっては、国分寺市立第三中学校地区防災協力会会長の朝倉氏、及び副会長の小林氏へのヒアリング調査を実施した。また、朝倉氏からは、同協力会に関する資料の提供をいただいた。ご多忙のところ長時間に及んだ調査にご協力いただいた両氏に、この場を借りて感謝申し上げたい。なお、協力会の活動に関する考察は筆者の見解であり、ありうべき誤りはすべて筆者の責任に帰する。

※10　国分寺市ホームページ（防災まちづくりのページ）を参照されたい。
http://www.city.koku

避難場所・避難所から、避難場所・避難所としての役割とともに、医療救護所、物資配布場所、情報伝達場所としても機能する「地区防災センター」へと位置づけを変更し、2007年4月から運用を始めた。この制度の特徴の一つとしては、発災時の迅速な初動体制を確保するため、各センターの近隣に居住する5名の市職員を「地震災害初動要員」として配置していることがある。初動要員に任命された職員は、平時より防災運営協議会や防災訓練への積極的な参加が求められ、休日や夜間であっても震度5弱以上の地震が発生すると、初動要員は直ちに各センターへ参集し、校庭門扉の解錠や体育館の被害状況の調査、市災害対策本部との無線交信などを行うこととなっている[11]。

JR国立駅北部に位置する同市高木町、光町3丁目、西町2〜3丁目の住民を対象とする地区防災センターには、市立第三中学校が指定され、それに合わせて、同センター対象地区における広域的な防災活動や災害時の避難所運営について市と市民が協働で作業を行うため、自治会の連合組織である「三中地区防災協力会」が結成された。

bunji.tokyo.jp/anzen/index.html

※11 国分寺市（2007）「国分寺市地震災害初動要員設置規程」

写真①　地区防災センターが設置された国分寺市立第三中学校

出所：筆者撮影

❷ 防災センターの立ち上げに向けた準備と、設置後の活動状況

　前述のとおり、国分寺市では2005年から06年にかけて、市の地域防災計画の見直しを行い、それまで「一時避難場所・避難所」と指定されていた小・中学校などを、災害対応時に総合的な機能を持つ「地域防災センター」として位置づけ直すこととした。そして、同センターの設置に向けて、行政と地域住民の協力方法について議論を行うために、2006年11月、2007年2月及び4月に、国分寺市の西部に位置する自治会・町内会（4つの防災センターの対象地域）の代表や市役所職員、消防団員、地区内学校関係者が会し、地区防災準備会が開催された。毎回40名程度の参加者があり、市職員による制度の説明に基づき全体での話し合いが進められた。しかしながら、4つのセンターの対象地区関係者が参加していることから、なかなか具体的な対応策に関する議論が進まず、3回目の会議では各センターの対象地区ごとの話し合いの時間を設けることとした。

　2007年4月に地域防災センターが市内各地に設置されて以降は、センター単位で、対象自治会・町内会の役員や関係者による会議を開催することとなった。三中地区防災センターは、12の自治体・町内会地区が対象となり、地区内の世帯数は約2,190世帯、住民数は約6,500名となっている（2008年10月現在）。2007年5月から、センター運営に関する会議が、国分寺市役所のくらしの安全課職員及び初動要員に任命された市職員、中学校の教員、PTA代表、12の自治会・町内会の役員によって開催されている（当初は毎月開催していたが、現在は隔月で行われている）。

　会議では、災害時のセンター運営に関するマニュ

アルの整備についての話し合いが進められてきており、将来的には、避難訓練や図上訓練の実施が検討されている。

③ 新たな枠組みによる住民活動の成果と課題

　三中地区防災センターでは、センターの設置とその後の取り組みによって、行政職員や学校教員、住民組織の代表者が一堂に会する場が作り出され、避難所対象地域レベルでの防災上の課題が、関係者間で共有されることにつながっている。以前は交流が限られていた関係者間のコンタクトが定期的に行われることにより、お互いの顔と名前が認知され、スムーズな意思疎通が可能となった。また、発災時に避難所として使用される学校を、平常時から会議等に使用することにより、地域の住民が校舎のレイアウトや設備の配置を把握することが可能となり、住民との協働で効率的な避難所の設営・運用を行えることが期待されている。

　一方で、新たな制度の構築・運営において、課題も出てきている。その一つは、新たな取り組みを行うための人やお金などの「資源」の確保と、その配分の問題である。例えば、自治会役員の多くは、自主防災組織や消防団など、他の住民組織にも所属しており、それらの会議や催し物にも参加を求められる。新たな組織が設置されたことで、担当者が拘束される時間も増加した。また、協力会の運営における業務においては、構成団体間で規模や活動経験に差があり、防災活動の経験を有する一部の自治会の役員に作業が集中してしまう傾向も生じている。資金面では、12の自治会・町内会によって構成されている協力会は、それ自体としての財源がなく、文房具の購入や郵送費などの経費の捻出に苦慮した。人とお金以外にも、場所の問題もある。ステーショ

ンが中学校に設置されているため、会議や各種活動の実施には、学校行事などとの調整が必要となる。行政側も、職員や予算の効率的・効果的な運営は大きな課題であり、またそのためには、防災・防犯事業と都市計画、教育など政策間の調整、総合的な政策運用も重要である。これらの課題に関しては、住民・行政間の協力や柔軟な対応が求められている。

第5 行政・住民組織の新たな連携の可能性と今後の課題

　地域における新たな住民組織の形成は、従来の自治会・町内会などの活動や役割を補完し、より多くの住民をコミュニティ活動に取り込む可能性をもっている。コミュニティの質や量、そして住民の生活スタイルが変化をする中で、住民組織の形態にも多様性が求められている。住民組織の広域化と連携の促進を目指す「地域安心安全ステーション事業」は、従来の自治会・町内会組織の規模の小ささや人・施設などの活動資源の不足を補う制度として期待される。また、地域住民による防犯活動の恒常化を目指す「地域安全安心ステーション事業」は、地域における犯罪の抑止に関心を持つ住民を支援することにより、より多くの住民をコミュニティの活動に参加させるきっかけとなるであろう。

　これらの新たな枠組みを用いて、住民の防災・防犯への取り組みを進めていく上では、次の3つの点が鍵となるであろう。

1 人的資源の「有限性」の認識

　コミュニティ活動の要となる住民組織の役員やリーダーの多くは、複数の住民組織に所属し、会議や催し物への参加、書類の作成などに従事している。なかには、積極的に様々な活動に参加している

一部の人々に負担が集中してしまい、活動疲れを起こしてしまうケースがある。継続的な活動を行っていくためには、コミュニティのリーダーへの過度の負担が生じないよう配慮が必要となる。例えば、各自治体において地域における人的組織の活動状況を部署間で共有する、新たな組織や活動の開始時には機能が重複しているものの統合や見直しを行う、関連する会合を同じ日・場所で行うなどの対応が考えられるであろう[12]。また、行政組織の人的資源も有限である。防災・防犯の取り組みは、通常の業務時間外に会議や活動が行われることが多く、一部の担当者に過度な負担がかからぬよう、定期的に業務量の確認などを実施することが求められる。

❷ 知識・技術の蓄積・共有

ステーション事業では、新たな枠組みで活動が行われ、学校やPTA、商工会などの関係者も参加しているが、自治会も含め、多くの組織では、各種活動の担当者は1～2年で交替となる。活動で得られた知識や技術を属人的なものにとどめず、地域で蓄積、共有していけるかどうかが、長期的な成果の鍵を握る。そこで、地域住民を対象とした講習会や勉強会、広報誌やホームページでの活動内容の宣伝などの手段にて、広く住民に活動内容を知ってもらう取り組みが重要となる。

自治体組織内においても同様であり、担当者は数年で交替となることから、活動の成果を組織内で共有するための仕掛けが必要となるであろう。国分寺市の防災センターの運営において、各地域に居住する職員を担当者として指定し、会議にも参加させる取り組みは、行政組織の弱点を補う手段として参考になるであろう。

[12] 消防庁と警察庁が行っている2つの事業や、文部科学省が実施している「地域ぐるみの学校安全体制整備推進事業」には内容に共通性があり、自治体や各地域等において効果的・一体的な活用が図れるよう、手続の一元化、事業の共同化など、国レベル調整も求められるであろう。広島県では「主要事項に関する提案」として、平成18年度以降毎年、両庁による事業の整理・統合を提案している。平成21年度には、「地域における人的基盤には限界があることから、現在、警察庁と消防庁が個別に実施している事業を統合し、人的資源の総合的な活用を図る制度を構築すること」と、地域の人的資源の有限性について具体的に言及している。

③ 総合的な対策の展開

　防災や防犯の取り組みにおいては、関係組織が総合的に対策を講じることが重要になる。特に、自治体組織内において、防災・防犯担当部署と企画や都市計画、福祉の部門などが政策の調整を行い、効率的かつ効果的な政策運営を行うことが必要となる。政策の総合性を確保することにより、行政組織内で各地域における課題、知識や経験の蓄積などの情報が共有され、より効果的な対策を講じることが可能となるであろう。

　両ステーション事業は、社会状況や地域コミュニティが変化している時代における、住民活動のあり方の有効な選択肢の一つとなる可能性をもっている。今後、より多くの事例を調査分析し、各自治体が地域の実情に応じた運用を行っていくことが求められる。

第12章
防犯まちづくりにおける地域力の視点
～滋賀県の事例を参考として～

荻野 穣

第1 滋賀県における事例調査の位置づけ

　財団法人地方自治研究機構は、平成16年度に滋賀県と「地域防犯システムの構築に関する研究」を実施した。当時は、都市化の進行やコミュニティのつながりの希薄化等、社会環境の変化を背景として、全国的に犯罪の増加、多様化、凶悪化の傾向が強まっており、従来の警察に依存した防犯対策の限界が指摘されるとともに、住民が自らの地域を自衛することの必要性が求められ始め、地方自治体も地域防犯活動を行うボランティアの支援、防犯カメラの設置など、従来とは異なる治安対策の取り組みについて模索を始めていた。
　滋賀県においても、平成14年度には刑法犯認知件数が過去最悪を記録しており、平成15年の「『なくそう犯罪』滋賀安全なまちづくり条例」の施行をはじめ、社会環境の変化に対応した犯罪抑止対策の展開を始めており、その取り組みの一環として、県内市町に共通する地域防犯課題を抽出し、地域住民の参加・協力による防犯まちづくりの仕組みのあり方を検討すべく、地方自治研究機構と共同で研究を行ったものである。
　私は当時、相模原市の派遣研修生として地方自治研究機構に在籍しており、この調査に調査員として関わることができた。本章では、この調査報告を参考事例とし、また、市職員としての経験を踏まえ、

第2 「地域防犯システムの構築に関する研究」[※1] の概要

※1 本調査は、競艇の交付金による日本財団の助成金を受けて実施された事業であり、報告書については、(財)日本財団により「日本財団図書館」ホームページにて公開されている。
http://nippon.zaidan.info/seikabutsu/2004/00264/mokuji.htm

　滋賀県と地方自治研究機構の共同研究である「地域防犯システムの構築に関する研究」（以下、「報告書」という）は、地域特性を踏まえた滋賀県内の犯罪発生状況のマクロ分析を行うとともに、県内市町の協力により、地域特性・犯罪傾向の異なる3つの地域をモデル地区とし、防犯まちづくりの課題抽出や取り組み方策について、住民とともに検討を行っている。

① 犯罪発生のマクロ分析等

　犯罪発生のマクロ分析では検挙データによる分析のほか、侵入盗犯の取調官アンケートを行い、犯罪者の行動特性、犯罪被害に遭いやすい地域・対象について分析を行っている。また、防犯活動団体に滋賀県が当時実施した支援事業の成果について、21団体を対象としたアンケート調査を行っている。

② モデル地区における取り組み方策の検討

　県内3地域（図表③参照）をモデルとした調査では、ワークショップ形式による「『まちの安全を考える』住民懇談会」「不安感マップづくり」「地域防犯対策マップづくり」のほか、アンケート調査、不安感地点現地調査などの各種調査に基づき、地域自衛型の防犯体制構築に向けた課題の整理を行っている。

　報告書では、こうしたモデル地区における各種調査結果を踏まえ、地域自衛型の防犯体制構築に向けた課題や地域の取り組み・行政の支援のあり方について整理を行っている。

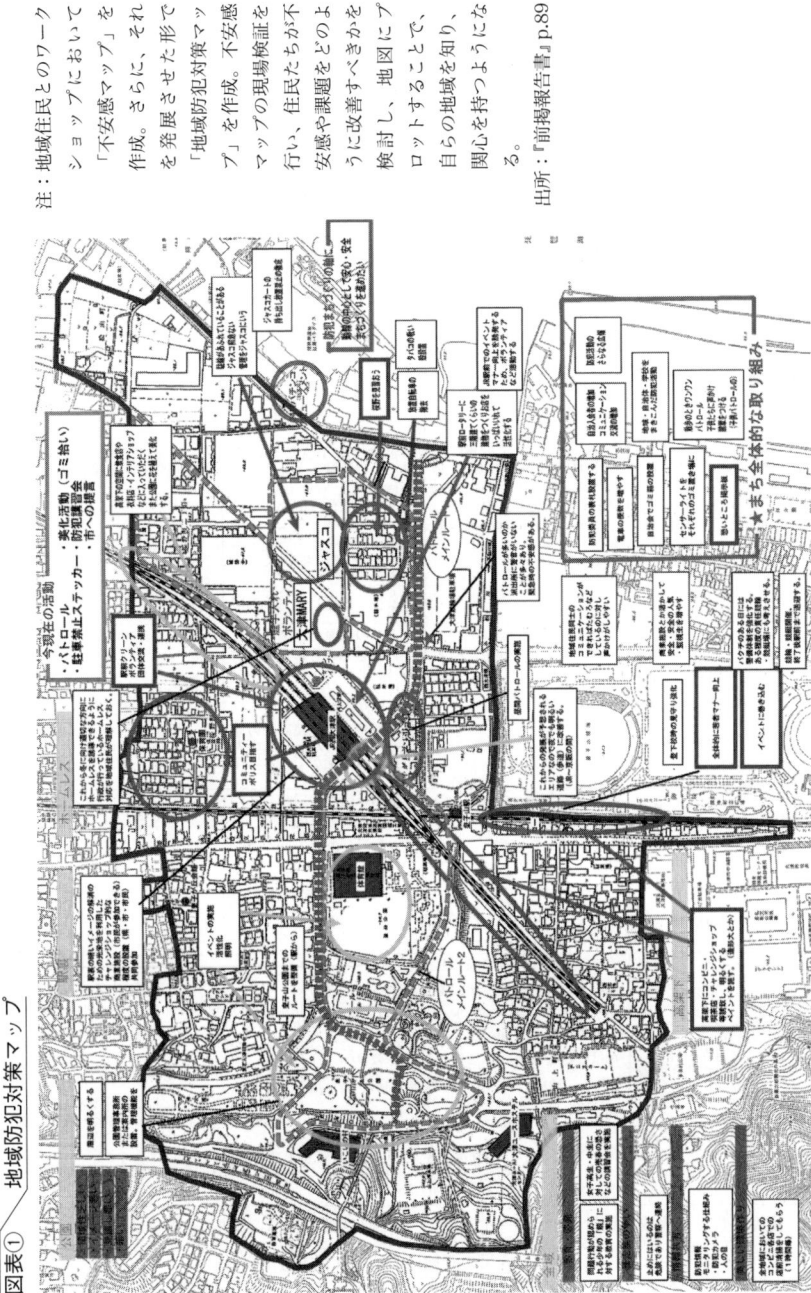

第12章 ● 防犯まちづくりにおける地域力の視点 | 197

図表① 地域防犯対策マップ

注：地域住民とのワークショップにおいて「不安感マップ」を作成。さらに、それを発展させた形で「地域防犯対策マップ」を作成。不安感マップの現場検証を行い、住民たちが不安感や課題をどのように改善すべきかを検討し、地図にプロットすることで、自らの地域を知り、関心を持つようになる。

出所：『前掲報告書』p.89

図表②　地域自衛型防犯体制の検討マトリクス

草津　地域防犯のキャッチフレーズ『一人ひとりができることからは

		私たち一人ひとり、地域でできること		
		個人・家庭で、隣近所と	各種地域団体と連携して	NPOと連携して
犯罪を未然に防ぐ取り組み	犯罪を誘発する要因を取り除いたり、被害に遭いやすい対象を強化する【犯罪対象の強化】	住宅にミラー・カメラをつけて死角をなくす 各門灯点灯、センサー点灯の設置 庭の木の剪定 夜10時までは各家庭外灯その他明かりをつける 防犯ベル持参（自主的に）	地域ぐるみで小・中・高校生の保護者を対象にした「犯罪防止勉強会」を行う 犯罪情報を掲示板で共有（防犯啓発）	トンネル内のアートペイント 防犯掲示板の運営
	犯罪を企てる者が、被害対象物・者に近づきにくくする【接近の制御】	フェンス、扉の施錠を厳重にする 門灯の整備 各戸灯点灯、センサー点灯の設置	防犯パトロールの実施・声かけ（夜中12時前後・終電後2時くらいまで）	
	多くの人の目により、見守りや見通しをよくする【監視性の確保】	ウォーキング・犬散歩時のパトロール意識（腕章交付・任命制など） 通勤ついでのパトロール 小学生通学時間帯の外出運動	自治会・PTA等がパトロール（腕章・名札） 地域全体にパトロール月間・安全強化月間などの看板・のぼり等をたててPR 防犯パトロールの実施・声かけ（夜中12時前後・終電後2時くらいまで） パトロール中表示自転車の活用	ガーディアンエンジェルスなどの立ち上げ支援と屯所づくり
	地域の住民同士の交流を深め、「わがまち」の一体感を高める【領域性の強化】	あいさつ運動 子供の通学の時間帯に植木の水やりや犬の散歩をするなどして、できるだけ人が外に出て見守る	若者との交流を企画する たむろしている若者との対話（パトロール注意ではなく） 落書き防止の絵 公民館起点で住民連携の場づくり（いろんな地域の人が集まって話ができる場作り）	
犯罪が起きた時の取り組み	初動対応	防犯ベルが鳴ったら近くの方がかけつける	発生防止措置の周知 防犯連絡網の整備 呼びかけ理解度を促す（防犯110番運動）	
	本格・復旧対応			
地域的な防犯取り組みの継続性、発展	（例） ○情報共有 ○人材育成 ○活動拠点・資金 ○市民活動団体間の連携強化 ○行政・警察などとの連携強化 ○組織・活動内容の拡充など	地域防犯の仕組みの高まり 清掃活動などの取り組みを地域全体に広げる 駅でのボランティアなど、一人でも気軽に参加できる仕組みづくり たばこポイ捨て・ゴミ捨てマナー教育 通報の情報により検挙を高める（携帯カメラなど利用） 町内要所にマップ設置 防犯情報がすぐに伝わるようなネットワークの整備、情報交換（町会で情報収集）	各防犯団体活動の成果の共有化 意識の共有化 防犯スピーカー・有線の復活	防犯NPOの立ち上げ 発生記録データの管理 防犯情報を流す メール一斉送信などで情報共有（NPO・行政・学校・地域・警察連携） 若者のための健全なたまり場作り

注：住民たちが「地域防犯対策マップ」に記載された取り組みについて、「犯罪を未然に防ぐ取り組みと」「市や県・警察と連携してできること」というカテゴリに分けながら検討し、取り組み項目：これらの調査やマップづくり等の成果の詳細については報告書参照。
出所：『前掲報告書』p.111

第12章●防犯まちづくりにおける地域力の視点　199

じめよう！ひとりでできるパトロール』

	公共と連携協力してできること、お願いしたいこと	
事業者と連携して	警察などと連携して	市や県と連携して
マナーの悪い学生を厳しく処分するシステムを学内でつくる 夜無人になってしまう工場の電気を点灯 西友駐車場の導入路変更 学生のモラル啓発活動、学校へ働きかけ	信号機の設置 防犯教育の依頼 通学時の車の通行制限	街灯の設置、防犯カメラの設置 公共駐車場の出入り口にブザー設置 野路小林道路拡張（溝蓋設置） ガードレールの設置 女性に対する「防犯ベル」の貸し出し＋防犯ベルの周知 通報装置の設置（コンビニ・暗がり）
生産工場の方、勤めの方も定期的にパトロールに参加してもらう Ferie駐車場の道路拡張 駐車待ち車両の整理	警察の取り締まり強化(路上駐車) 警察に法改正による取り締まりを強化してもらう（暴走行為） 交通マナー指導（横断防止・自転車駐禁） 全面駐車駐輪禁止時間帯を設定 放置自転車・バイクの撤去の徹底	玉中からバイパスまで自転車道設置 外灯設置
竹藪の伐採（町内ボランティアで格安で） 事業者従業員のパトロール参加 マンションに監視カメラ マンションの駐車場の入口のブザー	路上駐車取り締まり強化 若者への声かけ、パトロールの連携 消防分署が訓練かねて学校見回り すぐ駆けつけられるだけの十分な人数要員充足	公園整備、防犯カメラの設置 暗いところに街灯をつける 主要地下道、十字交差点に防犯カメラ
ゴミ回収日周知化	若者への声かけ	新しい住民のためのガイダンスや行事への招待 落書き防止壁画
コンビニエンスストアなど24時間人がいるところに110番の家をお願い 事業者も防犯協力の看板をたてる	犯罪発生の周知、情報公開 情報の発信と注意の喚起 連絡体制の確立(警察＋各種団体) ボタンを押したら通報できる装置で交番と連携	
→		掲示板・立て看板（ちかん・駐車禁止）の設置 防犯マップの作成助成、周知 情報伝達ルートの整備
PHS・携帯・PC・各種センサーを用いて効果的な防犯システムを作る（産官学民連携）		

み」「犯罪が起きた時の取り組み」等に分類し、それらをさらに「個人・地域でできることに関するマトリクスを作成。

図表③　モデル地区の概要

市町村名 地区名	地域の特徴等 （地域特性及び特徴的な犯罪パターン）	主要な防犯まちづくりの状況等
大津市 西大津駅周辺地区	・駅前高層マンション建設により、新住民（比較的若い世代）の増加 ・従来から駅前を中心に少年のたむろ等の迷惑行為、車上ねらいなどが頻発	・高層マンション自治会及び周辺自治会が連携し、住民主導による積極的な自主防犯活動を実践
草津市 玉川学区	・JR南草津駅の新設、立命館大学立地による大学生数の増加 ・自転車泥棒、深夜騒乱など大学生が被害者となり加害者となる犯罪が多発	・平成15年度に地域防犯まちづくりの横断的な連携組織を設立
長浜市 長浜駅前及び第6連合地区	・秀吉ゆかりの地として400年の歴史と伝統を持つ、県内湖北地域の観光まちづくりの中心地 ・観光地化による商店街の構成員の変化に伴い地域連帯が希薄化 ・二次産業の進展による外国人労働者の増加	・防犯自治会により、警察指導のもと、防犯パトロール、広報活動を展開

出所：「地域防犯システムの構築に関する研究」報告書、（財）地方自治研究機構、p.67

第3　防犯まちづくりのポイントをどう考えるか

1　地域防犯活動の継続力について

　上述した滋賀県の事例を踏まえ、防犯まちづくりのポイントを考える上で、まずいくつかの視点を整理したい。一つは、地域防犯活動の継続力という視点である。防犯ボランティアとして活動を行う際、メンバーの負担は大きく、また、活動の効果も目に見えるものとは限らず、活動の継続性確保に不安を感じている団体やリーダーも多いものと思う。この点については、「地域の発展段階を意識した取り組み・支援」というポイントを提示したい。
　まちづくりとは息の長いものであり、今は満点の

取り組みでなくても、活動が続けられていくことが地域にとっては大きなメリットとなるはずである。それぞれの地域の段階、特性に見合った形で、活動のメニュー・行政側の支援メニューが用意されていることが、活動の継続力を養う上で有用である。

② 犯罪に強い地域をつくるために

次の視点は、犯罪に強い地域づくりのために、何に配慮すべきかという視点である。これについては「情報資源のマネジメント」というポイントを提示したい。

滋賀県の事例からも、地域情報の流通が活動にもたらす効用についての示唆が得られている。犯罪被害に遭わないためのマニュアルも、地域の防犯マップも、それらは情報の集合体である。情報資源のマネジメントの意義と、それが活動や地域にもたらす可能性について述べたいと思う。

③ 行政の支援のあり方

最後の視点は、地域の活動に対して行政がどのように接していくかという点である。地方自治体も昨今の厳しい財政環境の中、どうしてもソフトな支援を志向していくしかなく、そのような制約下で配慮すべきポイントについて、いくつか述べていきたい。

第❹ 地域力を活かした防犯まちづくりのために

① 地域の発展段階を意識すること

○地域の発展段階を把握する

地域にはそれぞれの特性があり、こうした地域特性や団体の状況によって抱える課題やその解決方策、必要となる支援策も異なることから、活動団体

図表④　犯罪状況と地域防犯体制の取り組み別にみた地域類型

犯罪率　少ない ←　　　→ 多い

組織的な地域防犯の取組　充実

地域類型　Ⅳ
自主防犯組織による地域防犯活動の成果が上がり、犯罪率が改善しはじめた地域
【重点的な取組課題】
多様な地域課題へのアプローチ

地域類型　Ⅲ
犯罪率の増加に伴い、自主防犯組織が立ち上がり始めた地域
【重点的な取組課題】
組織体制の確立、活動・運営支援

組織的な地域防犯の取組　未着手

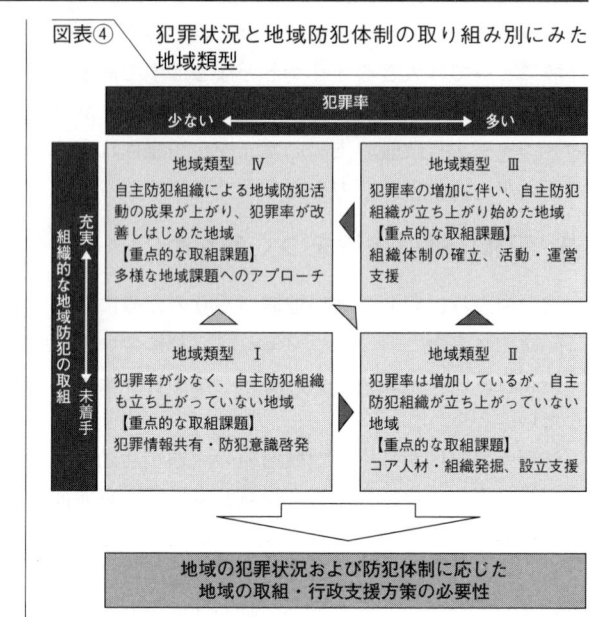

地域類型　Ⅰ
犯罪率が少なく、自主防犯組織も立ち上がっていない地域
【重点的な取組課題】
犯罪情報共有・防犯意識啓発

地域類型　Ⅱ
犯罪率は増加しているが、自主防犯組織が立ち上がっていない地域
【重点的な取組課題】
コア人材・組織発掘、設立支援

地域の犯罪状況および防犯体制に応じた地域の取組・行政支援方策の必要性

出所:『前掲報告書』p.140

や自治体・警察は、それぞれの地域がどのような段階に位置しているかを把握する必要がある。

○段階に応じた対策を考える

　滋賀県の報告書では、犯罪率及び地域防犯活動の取り組み度合いから、地域の類型を図表④のように整理している。

　図表④の類型は横軸に犯罪の多寡を取り、縦軸に地域の組織的対策の充実度を取っている。例えば、地域類型Ⅱは犯罪が増加しているが、組織的な地域活動が行われていない状態のため、活動組織の発足に必要な支援（コア人材・組織発掘等）が課題となる。そして、組織的な活動が行われるようになったものの、依然として犯罪が減少しない類型Ⅲでは、組織体制の充実、活動のブラッシュアップが主な課題となってくる。

　このように、段階によって課題が異なるため、その段階に応じた対策を人材、組織、資金、情報流通

等の分野ごとに意識して行い、ステップを踏みながら地域を望ましい姿（ここでは類型Ⅳ）に徐々に導いていくことが、活動の継続性を確保する上で重要だと考えられる[※2]。

② 情報資源のマネジメント

○地域における情報マネジメントの有用性

「犯罪に強い地域をつくるために」という視点について、「情報のマネジメント」というポイントを挙げた。その理由としては、地域における情報の流動性が住民を危険から遠ざけるとともに、地域における情報の収集・整理という作業が地域の変化に気づくきっかけをもたらすこと、そして、地域防犯団体にとっても、情報の蓄積や情報が自然と集まってくる仕組みこそが、活動上あらゆる意味で有益となるからである。

○情報の流動性が住民を危険から遠ざける

防犯啓発に関して、行政は様々な情報を様々な媒体で地域や学校などに発出している。滋賀県の事例では、こうした発出情報の媒体と経路を辿り、それらがどのように住民に届くかについて分析している。その結果、情報は自治会やPTAなどを経由して発出されていることから、コミュニティとの関わりが少ない住民は情報接触機会が僅少となることが課題として提起されている[※3]。

そこで、こうした住民をカバーする役割を含め、地域防犯団体が地域に必要な情報を収集し、伝えやすい形に加工し（情報の咀嚼）、適切な経路・媒体によって届ける工夫をすることが、地域情報の流動性を高める上で有益となる。地域に必要な情報が必要な形で、広く深く、迅速に行き渡ることで、住民を犯罪の危険から遠ざけることができるのである。

○情報の収集・整理、モニタリングを通して住民が地域を知り、変化に気づく

[※2] 報告書では、地域防犯の充実を図る際に課題となる重要な要素を、「防犯環境の整備」「情報（知識・ノウハウ）の共有・発信」「人材の育成・確保」「組織運営」「活動基盤（装備・設備・資金・拠点）の確保」「その他団体・地域・行政との連携・ネットワーク」の6つに分け、各要素について、地域防犯の取り組み状況に応じた3つのステップごとに、地域防犯団体の具体的な取り組み内容や行政・警察の支援内容について整理を行っている。詳細は『報告書』p.141以降参照。

[※3] 詳細については、『報告書』p.149以降参照。

昨今では、防犯マップや防災マップ作成に取り組んだ経験のある地域も増えたことと思う。こうしたマップは、地域の特性や弱点に関する情報の集合体であり、それをだれにでも分かる形に可視化してくれる。また、マップを作る過程で情報を収集し、整理する作業を通して、住民たちは地域を隅々まで知ることとなる。

　さらに、マップ作りの中でまちを歩き、課題や対策について話し合うことで、住民たちは話し合ったポイントや地域に対して関心を持つようになり、地域の変化にも敏感になるため、まちなかの改善ポイントを見つけやすくなる。

　また、防犯マップ、犯罪発生マップ等は定期的な更新（モニタリング）を行うことが重要である。定期観測をすることで犯罪特性等の傾向分析ができ、変化に対してもいち早く気づくことができる。

　このように、情報の収集・整理、定期的なモニタリングによって、まちの改善度が向上し、犯罪に強い地域をつくることができる。

○**自主活動団体を地域の情報拠点に**

　防犯活動が地域に認知されてくるようになると、住民や他分野で活動する団体から相談事や情報交換が行われるようになってくる。団体が地域で信頼を得るほどこの傾向は強まり、また、徐々に防犯に限らず「地域の駆け込み寺」として、様々なテーマの情報・相談を受け取るようになる。

　そうした地域の見えざるニーズをストックし、団体だけで解決できない情報・相談を行政に発信するようになれば、行政→団体→地域という一方通行の流れでなく、地域⇔団体⇔行政という双方向的な情報流通が可能となり、行政からも地域からも自然と情報が集まる「地域の情報拠点（プラットフォーム）」として機能することができる。

　様々な分野の情報が集積することは、地域の課題

を自律的に発見し、解決する力につながっていく。また、団体の活動領域の広がりは、新たな人材や財源の獲得にもつながり、活動の継続力を高める上でも有用である（図表④の「地域類型Ⅳ」）。こうした課題解決力、活動領域の広がりは、行政に事業を提案する能力をも高め、団体と行政とのパートナーシップの飛躍的な向上をもたらすことも期待される。

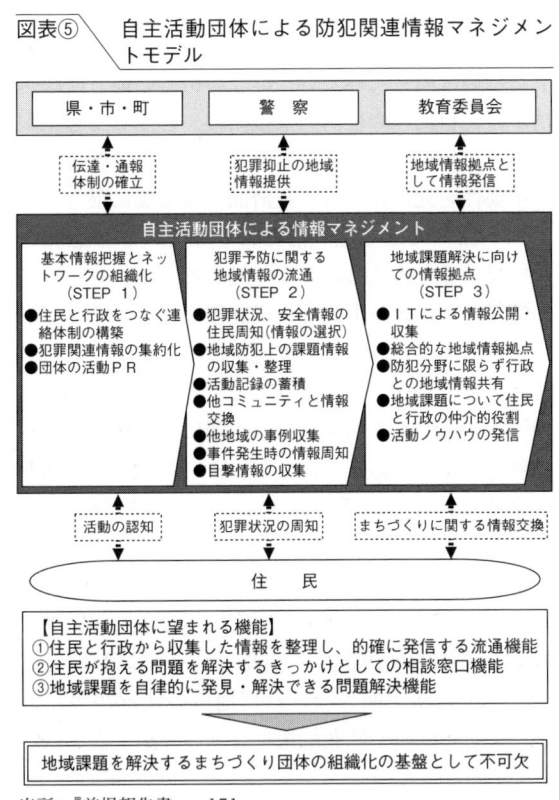

図表⑤　自主活動団体による防犯関連情報マネジメントモデル

```
┌─────────────┬─────────────┬─────────────┐
│  県・市・町  │    警察     │  教育委員会  │
└─────────────┴─────────────┴─────────────┘
      ↕             ↕             ↕
   伝達・通報      犯罪抑止の地域   地域情報拠点と
   体制の確立      情報提供        して情報発信

┌─────────────────────────────────────────┐
│       自主活動団体による情報マネジメント        │
├─────────────┬─────────────┬─────────────┤
│基本情報把握と│犯罪予防に関する│地域課題解決に向け│
│ネットワークの│地域情報の流通  │ての情報拠点      │
│組織化        │ (STEP 2)      │ (STEP 3)        │
│ (STEP 1)     │               │                 │
│●住民と行政を│●犯罪状況、安全│●ITによる情報公開・│
│つなぐ連絡体制│情報の住民周知  │収集              │
│の構築        │(情報の選択)    │●総合的な地域情報拠│
│●犯罪関連情報│●地域防犯上の課│点                │
│の集約化      │題情報の収集・整│●防犯分野に限らず │
│●団体の活動PR│理             │行政との地域情報共有│
│              │●活動記録の蓄積│●地域課題について │
│              │●他コミュニティ│住民と行政の仲介的 │
│              │と情報交換      │役割               │
│              │●他地域の事例収│●活動ノウハウの発 │
│              │集              │信                 │
│              │●事件発生時の情│                   │
│              │報周知          │                   │
│              │●目撃情報の収集│                   │
└─────────────┴─────────────┴─────────────┘
      ↕             ↕             ↕
   活動の認知     犯罪状況の周知   まちづくりに関する
                                   情報交換

        ┌─────────────────────────┐
        │          住　民          │
        └─────────────────────────┘

【自主活動団体に望まれる機能】
①住民と行政から収集した情報を整理し、的確に発信する流通機能
②住民が抱える問題を解決するきっかけとしての相談窓口機能
③地域課題を自律的に発見・解決できる問題解決機能

          ↓

地域課題を解決するまちづくり団体の組織化の基盤として不可欠
```

出所：『前掲報告書』p.151

○個人情報・プライバシーの保護、メディアリテラシー向上という課題

ただ、こうした情報マネジメントにおける課題として、個人情報やプライバシーの問題がある。犯罪

発生情報などはプライバシーとの関連が深く、情報を扱う際には個人情報やプライバシーの保護について知識と理解が不可欠となる。

　団体は、行政による支援やアドバイスによって情報管理に関する一定のルールを身につけるとともに、必要な情報を適切な形で発信できるよう、メディアリテラシーの向上に努めなければならない。

❸ 行政の支援のあり方

　最後に、行政・警察が地域を支援する際のポイントについて考えてみたい。昨今の厳しい地方財政事情から、自治体の経済的な援助は、どうしても制限されざるを得ないことと思う。前項までに情報資源の重要性を述べたのは、経済面での支援に限らず、ソフト面の支援も地域活動にとって大きな意味を持っていると考えられるからである。

○情報マネジメント力向上の支援

　前項で述べたとおり、地域が情報の収集、咀嚼、発信、モニタリングを行うことは、課題解決力や活動領域の広がりをもたらし、犯罪に強い地域づくりに資するものである。ただし、そのためには、地域が必要な情報を入手できることが前提となっている。

　そこで、行政や警察は、個人情報保護との整合を踏まえるとしても、地域の熟度に応じて犯罪発生情報等を積極的に提供する姿勢を持ってほしいと思う。一次情報が揃わなければ地域の状況がつかめず、まちの改善や課題解決を行うことができないからである。

○ノウハウの蓄積・交流の場の創造

　様々な地域、団体、あるいは他の自治体と触れ合う機会を持っている行政は、まちづくりに関する様々なノウハウを得ることができるはずである。そういったノウハウを収集・整理し、活動に行き詰ま

る団体が利用できるようにすることも、支援策の一つである。

　また、活動分野が重なるいくつかの団体が情報を共有しあう機会や、活動分野が異なっても、悩みが共通する団体が知恵を交換しあう場があれば、活動のクオリティを高める上で有用である。新興住宅地などにおける新旧住民同士の交流等の機会についても、顔の見えるコミュニティを形成するとともに、活動の新規メンバー発掘のきっかけとなる。

　地域イベント等の告知や参加の呼びかけを行い、様々な交流の機会を創出することも、地域活動の継続性を高め、息の長い取り組みをサポートする上で、行政が意識しなければならない点であると思われる。

○**発展段階の視点、地域との対話**

　先にも述べたとおり、地域の活動は継続されることが大きなメリットである。そのために、地域の特性・段階に応じた適切な支援メニューが用意されるべきである。その際、ある程度地力がついてきた団体に対して支援を縮小する、あるいは財政事情から補助事業の打ち切りを余儀なくされることもあることと思う。

　そのような際に、行政は地域との対話によって、地域が納得のいく活動ができるよう説明責任を果たす必要がある。行政職員もときには一人で多くの地域、多くの案件を所管し、苦労の絶えない場合も多いことと思われる。しかし、活動団体の負担も決して少なくないことに配慮し、地域と行政との信頼関係が損なわれることのないよう、十分な対話の機会によって常に密度の高いコミュニケーションが行われることが望ましい。

○**都道府県と市町村の役割分担**

　防犯まちづくりは、地域に身近な市町村がイニシアチブを取って進めることが原則であると思う。都

道府県は市町村を広く眺める立場から、各市町村を相対的に評価し、発展段階を見極めることができる。そこで、先進的な市町村の知見を発展段階の浅い市町村に普及することや、全県又はブロック単位でのイベント等、団体同士の市域を超えた交流の機会を創出するなど、都道府県内の水準の底上げを図る役割を担うべきであろう。

4 総括

　以上、滋賀県の調査事例を踏まえ、防犯まちづくりにおける地域力を高める視点として、主に以下について述べた。

- 防犯活動には発展の段階があり、それぞれに課題も異なるため、地域の発展段階に応じた取り組み、支援施策が必要であること。
- 犯罪に強い地域づくりや地域防犯団体の活動性を高める上で、情報マネジメントに着目した取り組みが有益であること。

　特に、情報マネジメントに関する支援のようなソフト施策の充実は、財政事情の厳しい地方自治体にとって費用対効果の高い支援メニューになる可能性がある。
　まちづくりは息の長い取り組みが必要であり、住民や事業者等、地域のアクターが継続的に参画できる環境づくり、行政の支援のあり方について、今後も工夫と知恵を絞っていかなければならない。本章がその一助となれば幸いである。

第4部
次代に向けた安全・安心まちづくりの広がり

第13章
更生保護と安全・安心まちづくりの新たな可能性[※1]
〜更生保護と自治体の連携に向けて〜

鴨志田　康弘

第1　問題の所在

　平成17年、当時、保護観察中の対象者による事件が立て続けに発生[※2]したことを受け、同年7月、法務省は昭和24年の犯罪者予防更生法の制定・施行、昭和29年の執行猶予者保護観察法の制定・施行以降はじめて更生保護制度全体の見直し[※3]を行うべく、「更生保護のあり方を考える有識者会議」を立ち上げ、第1回の会合を行った。その際、南野法務大臣（当時）は会議の冒頭において、次のような言葉を述べている。

　「わが国の犯罪情勢が依然として厳しい中、昨年末以来、元受刑者や仮出獄中の者による重大事件が相次いで発生いたしましたのを受け、法務省におきましては2月22日、「再犯防止のための緊急的対策」を取りまとめ、保護観察の充実・強化等の課題に取り組んでおりましたところ、5月に執行猶予中の保護観察対象者による女性監禁事件が発覚し、保護観察の実効性、なかんずく再犯防止機能に向けられる国民の目は厳しいものとなっております[※4]。」

　もちろん、この2件のみが更生保護対象者による事件ではなく、仮出所者のうち0.9％〜2.9％、保護観察付執行猶予者のうち29.4％〜38.4％、少年院仮退院者のうち21.5％〜29.8％、保護観察処分少

[※1]　本論は、平成20年度東洋大学井上円了記念研究助成金研究（「犯罪者の社会復帰におけるボランティアの役割についての実証的研究」）の一部である。調査にご協力いただいた方々には、紙幅の都合上、お名前を記すことはできないが、この場をもって感謝を申し上げる次第である。

[※2]　平成17年2月4日逮捕された愛知県安城市のスーパーにおいて発生した幼児等殺傷事件、及び、同年5月11日逮捕された青森県及び東京都において複数の女性を監禁した事件。

[※3]　もちろん、これ以前にも、更生保護事業法の制定・施行（平成7年・8年）や保護司法の一部改正・施行（平成10年・11年）など重要な制度改革はなされているが、更生保護法の制定に伴うような制度の全面的な見直しは今回が初めてである。

[※4]　「更生保護のあり方を考える有識者会議」第1回

年のうち16.2％〜22.9％が再処分（保護観察中の犯罪・非行により刑事処分又は保護処分を受けたもの）となっており※5、その意味において、両事件が特に突出しているとは必ずしも言えない。しかし、平成15年以降盛り上がりを見せる地域住民による防犯活動※6、そして、自治体、警察等による安全・安心まちづくり運動に象徴されるセキュリティ意識の急速な高まりが、「厳しい国民の目」という形となって現れ、それが更生保護制度全般の見直しへと向かわせる大きな原動力となった、ということは疑うべくもない。

本章は、更生保護の成り立ち及び現状等を概観し、そこから、今後、いかなる安全・安心まちづくりの方向性を導き出せるか考察を行うものである。

会議議事録http://www.moj.go.jp/KANBOU/KOUSEIHOGO/gijiroku01.html

※5 昭和54年〜平成16年までのデータ（http://www.moj.go.jp/KANBOU/KOUSEIHOGO/gaiyou01-03.pdf）

※6 平成14年まで年間数十件にとどまっていた防犯ボランティア団体の結成数が、平成15年になり397件と一気に増加している（警察庁（2004）『平成16年版警察白書』ぎょうせい、pp.54-55）。

第2 更生保護の成り立ち

1 更生保護制度の源流

現在の更生保護制度は、直接には昭和24年に制定・施行された犯罪者予防更生法に由来する。しかし、それ以前にも「免囚保護」（刑務所出所者の保護を目的に衣食住などを提供）という形で明治40年以降に実施され※7、さらに、大正11年には免囚保護に少年保護を加える形で「司法保護」が制度化されるに至っている。また、明治40年に国が免囚保護に乗り出す以前にも、明治16年の池上雪枝による「池上感化院」設立（非行少年の感化事業）、明治21年の金原明善による「静岡県出獄人保護会社」設立（成人の免囚保護事業）など、次々と全国に民間主導で更生保護施設が設立されている※8。したがって、現在の更生保護の源流は明治にまで遡ることができるのであるが、さらに、寛政2年（1790年）に長谷川平蔵が佃島に設けた石川島人

※7 明治40年3月、免囚保護事業奨励費が初めて国家予算として計上された。当初予算は1万円。

※8 例えば、明治37年には40団体、44年には71団体が設立されている。さらに、明治天皇崩御に伴う大喪恩赦を受け、大正元年には

足寄場（罪人、無宿者、浮浪者の保護施設）に、その源流を求めるとする説などもある※9。

② 犯罪者予防更生法の成立

このように古い歴史を持つ更生保護制度であるが、現在の更生保護を形作った昭和24年の犯罪者予防更生法の成立に際しては、実際、様々な困難が立ちふさがっていた。当時、わが国は連合国軍総司令部（GHQ）の支配下に置かれていたことから、立法等に際し、すべてGHQ側の指示と整合性を図ることが求められていたのであった。

まず、昭和20年、GHQによる「政治、市民生活及び宗教の自由に対する制限の撤廃」の命を受け、治安維持法、思想犯保護観察法及び保護観察所が廃止されることとなる。当時、全国22カ所の保護観察所は思想犯の保護観察を目的に設置されており、それゆえ、この保護観察所の廃止という処分は止むを得ない事態ではあるものの、一方、当時、司法省では、この保護観察所を一般の釈放者保護に当てるための拠点として、さらに49カ所に増設する予定でもあった。しかし、このGHQの命により、計画はすべて白紙撤回され、改めて更生保護制度を樹立する必要に迫られることとなった。そこで、昭和21年に新たに制度を立ち上げるべく草案を作成、GHQに提出することとなる。提出された草案は、5章43条から成るもので、第1条には「この法律は、司法保護事業の適切な施行を確保し、これによって再犯を防止し、社会の福祉を増進することを目的とする」と、その目的が記された。

昭和22年2月に提出されたこの草案は、その後、約2年にわたるGHQとの交渉を経て、最終的に昭和24年4月に成立するに至る。GHQ側からの要望は、少年保護に関する規定を取り入れること、成人の保護観察対象者を仮出獄者と刑の執行猶予者

180団体、4年には515団体を数えるまでになっている。

※9 例えば、正木亮「日本固有の仮出獄制度と発生の起源」『刑政（36巻11号）』など。また、1669年の加賀藩非人小屋の制が更生保護事業の始まりであるとする説もある（守山正（1980）「わが国における更生保護事業の歴史的展開過程：刑事政策における公衆参加の視座」早稲田大学大学院法学研究科『法研論集（22号）』成文堂、pp.279-310）。

の一部に限定すること、そして、「犯罪予防」を明記することなどといったもので、それらは、それぞれ草案に反映され、最終的に「The Offenders Prevention and Rehabilitation Act（犯罪者予防更生法）」（下線は引用者）という名称でのスタートとなった※10。

③ 保護司制度の成り立ち

　このようにして、戦後の更生保護制度は始まることとなるが、では、その運用を支える民間協力者たる保護司は、どのような形で位置づけられてきたのであろうか。現在の保護司に関する規定は、昭和25年成立の保護司法にまで遡ることができるが、この保護司法には、その前身として司法保護委員制度※11（刑務所釈放者、執行猶予者、起訴猶予者に対する観察保護（訪問保護）が目的）を規定した司法保護事業法（昭和14年）があった。しかし、この司法保護事業法は、GHQの意向により廃止され、それとともに司法保護委員制度は消滅の危機※12にあった。最終的には日本側の意向が認められ、犯罪者予防更生法成立の翌年に成立することとなり、さらにその後、占領解除を受け、当初分けられていた少年保護司と成人保護司※13という区分を一つにし、現在の保護司の形ができあがることとなる。

　また、この保護司に関しては、公的な司法保護委員のほかに、民間の更生保護会社における保護委員にその源流があるとの指摘もある。例えば、明治21年に設立された静岡県出獄人保護会社においては、県内各地の名望家に保護委員を委嘱し、県下全域に配置したとされ、これが、わが国初の更生保護ボランティアであるとされるのである※14。

※10　当初の草案の名称は、「The Offenders Rehabilitation Service Act（司法保護事業法）」。大坪與一（1996）『更生保護の生成』財団法人日本更生保護協会、更生保護50年史編集委員会編（2000）『更生保護50年史：地域社会と共に歩む更生保護（第1編）』、平尾博志「我が国の更生保護制度の歴史及び英国の更生保護制度について」最高裁判所事務総局家庭局監修『家庭裁判月報』財団法人法曹会、pp.186-212など

※11　ほかに、旧少年法における少年保護司、思想犯保護観察法における保護司などといった形態もみられる。

※12　大坪與一（1996）『前掲書』pp.353-354参照。当初、GHQはボランティアによる保護観察を認めず、代わりに保護観察官を増員するとしていたが、最終的には増員を却下、司法保護委員維持を認めるとした。

※13　当初、GHQの意向により、少年保護司と成人保護司という2種類に分けられていた。

※14　安形静男（2005）『社会内処遇の形成と展開』更生保護法人日本更生保護協会、pp.191-202

第3 更生保護制度の動向

1 「更生保護のあり方を考える有識者会議」における改革の方向性

　以上のような経緯により成立した更生保護制度であるが、次に、近年の更生保護の動向に最も大きな影響を与えたとされる「更生保護のあり方を考える有識者会議」における提言について見ることとする。

　平成17年に立ち上げられた同有識者会議では、翌18年報告書（「更生保護制度改革の提言：安全・安心の国づくり、地域づくりを目指して」）を提出。「更生保護制度は、年間約6万人の保護観察対象者に対し、5万人弱の保護司と約1,100人の保護観察所職員（…保護観察官は約650人）が「官民協働」で支えている…といいながら、現実には、少人数の「官」が「民間」に依存し、その結果、再犯防止機能の弱さなど問題点が常に内在」※15してきたと厳しく指摘し、①国民や地域社会の理解拡大（犯罪や非行をした人と共に生きる社会へ）、②官の役割を明確化し、更生保護官署の人的・物的体制を整備することにより、実効性の高い官民協働へ、③保護観察の有効性を高め、更生保護制度の目的を明確化し、保護観察官の意識を変革すること等により、強靱な保護観察の実現へ、といった改革の方向性を打ち出すこととなる。①は、更生保護に関する情報公開を進め、国民に再犯リスクを引き受けてもらうこと、②は、保護司及び更生保護施設に対する過重負担を軽減し、保護観察官の実践力を向上させること、そして、③は、個別プログラムを整備、対象者の再犯防止に力を入れる、といった内容であり、それぞれ現状を踏まえた提言内容となっている。

※15　更生保護のあり方を考える有識者会議（2006）「更生保護制度改革の提言：安全・安心の国づくり、地域づくりを目指して」p.1

2 更生保護法の成立

　この有識者会議の提言を基に、法務省では立法化へ向けた作業を開始、平成19年に更生保護法として成立・施行することとなる。同法では犯罪者予防更生法及び執行猶予者保護観察法を整理・統合した上で、（一般・特別）遵守事項の整理・充実、被害者等に対する意見等聴取制度・心情伝達制度、生活環境の調整の充実、官民協働体制の充実などが図られることとなった[※16]。つまり、かつての「善行を保持する…」（犯罪者予防更生法第34条）といったようなあいまいな表現は、より明確化されると同時に、特別遵守事項に関しては、違反した場合には仮釈放の取消しなどの不良措置がとれること、そして、犯罪被害者等への配慮などが加えられたことになる。しかし、その一方、更生保護法の目的として「再犯防止」が明記されたこと、遵守事項違反者に対する不良措置がとられるようになったことなどに対しては批判も投げ掛けられており[※17]、また、今後の課題として、満期出所者の社会復帰に対する支援などが挙げられている[※18]。

第4 更生保護における安全・安心への取り組み

1 更生保護における犯罪予防活動

　このように、現在、更生保護は劇的な変化を迎えつつあるのだが、では、次に、更生保護法の目的として掲げられている犯罪予防活動について見てみることとする[※19]。更生保護における犯罪予防活動は、先述の犯罪者予防更生法の成立に見られるように、GHQの意向が大きく影響しているのであるが、その主な内容としては、①世論の啓発指導、②社会環境の改善、③犯罪予防を目的とする地域住民

※16　吉田雅之（2008）「更生保護法の概要」『法曹時報（20巻2号）』財団法人法曹会、pp.1-16

※17　日本弁護士連合会（2007）「更生保護法案に対する意見書」刑事立法研究会編（2007）『更生保護制度改革のゆくえ：犯罪をした人の社会復帰のために』現代人文社など

※18　藤乗一道（2007）「更生保護機能の充実強化：更生保護法案」『立法と調査（No.266）』など

※19　更生保護法では「この法律は…犯罪予防の活動の促進等を行い、もって、社会を保護し、個人及び公共の福祉を増進することを目的とする」（第1条）と明記されている。

の活動の助長、の3つを挙げることができる[20]。そして、この視点に基づき実施されている活動としては、「社会を明るくする運動」「ミニ集会」「子育て支援活動」がその代表的なものと言うことができる。

まず、「社会を明るくする運動」は、法務省が主唱し毎年7月を強化月間として実施されてきているもので、主な内容は、街頭でのキャンペーン活動やイベント等を通じた犯罪予防、及び更生保護思想の普及・啓発である。この運動は、昭和24年の犯罪者予防更生法の施行を受け、東京銀座の商店街連合会有志によって実施された「犯罪者予防更生法実施記念フェアー」に始まるもので、その後、昭和26年に法務府（当時）が名称を「社会を明るくする運動」に変え、全国展開したものとされる[21]。その意味において、この運動の端緒は、民間有志によって開かれたと言ってもよいのであるが、その一方、近年、この運動に対する関心はやや低下しつつあるように思われる。例えば、平成14年から19年までを比較すると、実施回数は4万8,705回から4万6,425回に、また、動員数も370万1,495人から283万4,621人へと大きく減少しているのである。

[20] 安形静男（2005）『社会内処遇の形成と展開』pp.357-358、更生保護50年史編集委員会編（2000）『更生保護50年史：地域社会と共に歩む更生保護（第1編）』pp.56-57

[21] このフェアーの目的は、銀座の文化的向上、犯罪予防思想の徹底、保護少年のためのサマースクールの開設資金の造成などとされている（『同上50年史（第1編）』p.58）。

図表① 「社会を明るくする運動」の開催回数及び動員数の推移

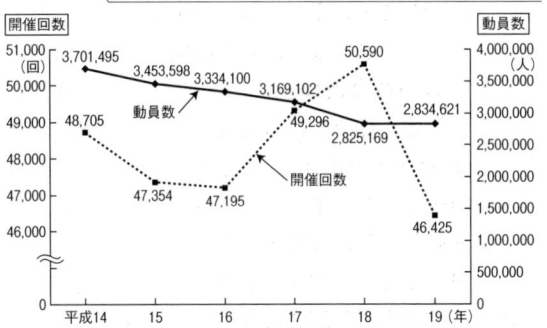

年	開催回数	動員数
平成14	48,705	3,701,495
15	47,354	3,453,598
16	47,195	3,334,100
17	49,296	3,169,102
18	50,590	2,825,169
19	46,425	2,834,621

出所：法務省保護局（2008）「更生保護の現状」『法曹時報（vol.60、No.6）』p.155をもとに作成

また、「ミニ集会」は保護司会及び更生保護女性会において行われているもので、それぞれ会員と地域住民とが集い、少年非行や子育てなど様々なテーマについて話し合う中で、更生保護の重要性を伝えていくというものである。そして、「子育て支援活動」は、主に更生保護女性会が中心となって行われているもので、子育て経験者という立場から地域の若い母親たちの子育てを支援し、それによって、少年非行問題や更生保護などに目を向けてもらおうとするものとなっている。

❷ 更生保護における犯罪予防効果

　以上が更生保護における犯罪予防活動の概要であるが、では、そうした活動には、どのような効果が期待できるのであろうか。「社会を明るくする運動」「ミニ集会」「子育て支援活動」など、更生保護において行われる犯罪予防活動の目的は、現在、各地で展開されている地域防犯活動とは異なり、第1の目的は、やはり更生保護思想等の普及・啓発にあるといってよい。つまり、その意味において、更生保護における犯罪予防活動は、直接的な犯罪防止ではなく、犯罪の未然防止及び事後ケアに関する意識の向上に重点があるということができる。しかし、その一方において、更生保護活動そのものが、犯罪予防活動であるということも十分可能である。保護司による対象者処遇は、自らが地域社会の窓口となり、対象者の社会復帰を支援するものであり、また、更生保護女性会による施設への慰問活動、BBS会員による"ともだち活動"などは、対象者に社会復帰への動機づけを促すものとなっている。つまり、更生保護活動における犯罪予防効果としては、狭義の防犯だけでなく、さらに、(再)非行防止や再犯予防といった広範な領域に及ぶものであると言えるのである。

第5 更生保護と自治体

1 保護司（会）と自治体との関係

　このように、更生保護における犯罪予防効果には、様々な可能性が期待できるのであるが、次に、平成17年に社団法人全国保護司連盟で実施された保護司アンケートから、保護司（会）と自治体との関係について見てみることとする[22]。同アンケートは、「保護司を取り巻く諸情勢にかんがみ…保護司や保護司会が抱える課題と実情を明らかにする」ことを目的に実施されたもので、主に自治体との関係としては、保護司会の事務局配置、予算関連などを挙げることができる。

　まず、保護司会の事務局配置に関しては、現状としては、会長宅、事務局長宅など保護司宅に配置というものが半数以上を占めており、市区町村役場内は27.8％にとどまっている。その一方、事務局設置場所の希望として市区町村役場内を挙げたものは、5割近くに上っている。

　また、予算関連に関しては、69.4％が「予算問題あり」と答えており、その理由として最も多く挙

[22] 社団法人全国保護司連盟（2005）「保護司制度に関するアンケート結果報告書」

図表② 保護司会事務局設置場所

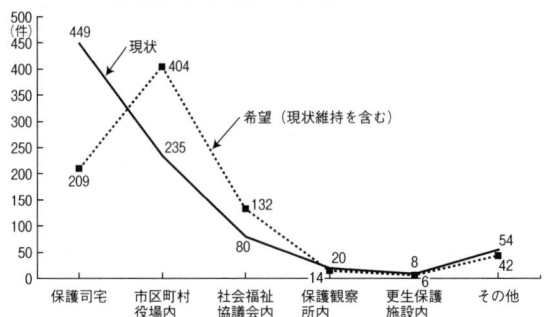

設置場所	現状	希望（現状維持を含む）
保護司宅	449	209
市区町村役場内	235	404
社会福祉協議会内	80	132
保護観察所内	14	20
更生保護施設内	6	8
その他	42	54

出所：社団法人全国保護司連盟（2005）「保護司制度に関するアンケート結果報告書」p.10をもとに作成

げられているのが、自治体による助成金削減（378件）というものであった。そして、こうした予算問題への対応としては、自治体による助成金の義務化（500件）を訴える声が、過半数を超えていることが分かる。

❷ 更生保護サポートセンターの設置と自治体

　以上、自治体との関係から、主に会としての活動の基盤ともいうべき事務局設置と予算について見てきたが、このほかにも、同報告書の自由記載欄において、「事務所の設置や事務補助の面で、もっと行政に協力してほしい」「市町村からの助成金がカットされてきており、保護司会の運営資金が不足している」といった意見がいくつか見られる。

　「地方公共団体は、前項の活動が地域社会の安全及び住民福祉の向上に寄与するものであることにかんがみ、これに対して必要な協力をすることができる」（更生保護法第2条第2項）と規定されているように、更生保護と自治体との協力体制は、ますます必要不可欠なものとなりつつある。その意味において一つ参考となるのが、平成20年度から始まった「更生保護サポートセンター」の設置の試み[23]である。このサポートセンターは、保護司会の活動・研修などのほか、対象者との面接にも利用されており、その意味において、保護司会における犯罪予防活動のみならず対象者保護にも有用なものとなっている。例えば、東京都の大田区保護司会では、区のバックアップの下、区内の廃校となった校舎の一部にサポートセンターを設置しており、それにより、会の活動の活性化のみならず、地域との交流も活発になってきているとされる[24]。今後、こうした更生保護サポートセンターを拠点に、保護司会、更生保護女性会、BBS会[25]など更生保護関係

※23　更生保護サポートセンターは、平成20年度から全国6カ所に設置されてきている。

※24　他の保護司会でも更生保護サポートセンターの設置を求める声は多いのであるが、その際、最も重要となるのが、自治体の理解をいかに得るか、であるとされる。

※25　BBS会（Big Brothers and Sisters Movement）は、わが国においては、昭和22年に設立された京都少年保護学生連盟を嚆矢とする、非行少年の立ち直り支援活動等を行う青年ボランティア団体。平成20年4月1日現在、521団体（会員数4,307人）を数える。

の各団体と自治体関係者、地元自治会、PTA、防犯ボランティアなどが協力して活動を行うことができるようになれば、更生保護に対する理解及び支援のみならず、ひいては、地域社会の安全・安心に必ずや寄与するものと思われる。

第6 新たな安全・安心まちづくりの可能性に向けて

　近年、新たな社会のあり方として、「ソーシャルインクルージョン（社会的包摂）」という社会モデルが提唱されつつある。これは、「貧困者、失業者、ホームレスなどを「社会から排除された人々」ととらえ、再び社会の中に内包し、社会の一員として、共に生き、支え合う社会・地域づくり」を意味する概念である[26]。つまり、これは過度の自己責任主義を見直し、それぞれの人たちがお互いに支え合い、安心して暮らせる社会を意味するものであり、まさに安全・安心まちづくりの最終地点とも言うべきものである。その意味で、改めて、明治の免囚保護事業、さらに、江戸の人足寄場などに端を発する更生保護の長い歴史を振り返ると、まさにそこには、ソーシャルインクルージョンと安全・安心まちづくりとを両立させる原点があることに気づかされる。つまり、それは罪人、あるいは無宿者、浮浪者といった人たちに対し、支援の手を差し伸べることこそが、社会の安定、ひいては安全・安心なまちづくりにつながる、そういった思想・発想であったということである。

　現在、高齢者による犯罪増加を受け、刑務所内は高齢受刑者が年々増加、その処遇が新たな問題（刑務所の福祉施設化）として浮上してきている。

　そして、この高齢者犯罪の増加という事態は、社会における福祉機能に問題があることを浮き彫りに

[26] 田島佳代子（2008）「更生保護におけるソーシャルインクルージョンの取組について」『更生保護と犯罪予防（No.150）』pp.20-30など

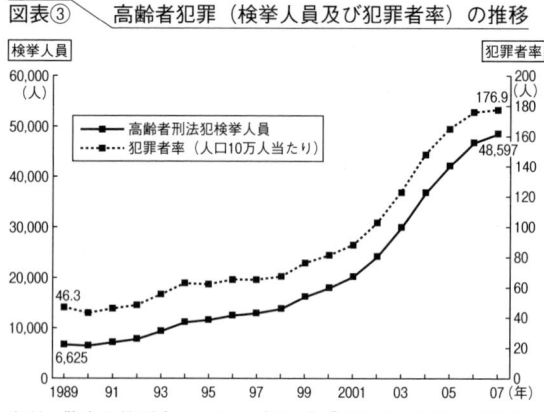

図表③　高齢者犯罪（検挙人員及び犯罪者率）の推移

出所：警察政策研究センター（2008）「高齢者の犯罪、高齢者の被害、自殺」『警察学論集（vol.61、No.10）』をもとに作成

するものでもある。つまり、本来であれば、福祉の網にかかるはずの人間が、その網をすり抜け刑務所にまで至っているとも言えるのである[27]。ある保護司さんの話でも、そうした事態（例えば、60歳過ぎの対象者の引受人に80歳過ぎの親がなるというケース）が、すでに見られるようになってきているとのことである。つまり、老老介護ならぬ、老老保護という事態の到来である。

　超高齢化社会の到来、そして、若年層の雇用不安など、安全・安心まちづくりが進められる一方、新たな社会不安が膨れ上がり、自殺者の増加などが懸念されつつある。自殺者の増加は、その社会が生きるに値しないと判断した人の数を表すと考えるのならば、それらは、現在、新たな安全・安心を求める声が、そこここに伏在していることを意味しているともみることができる。こうした新たな事態を前に、今後、安全・安心まちづくりがどのような展開をみせるか。その真価が問われるのは、これからであり、その際、鍵となってくるのが、自治体と更生保護との協力関係の強化、あるいは再構築ではないかと思う。その面において、大田区保護司会などで

※27　検挙数、起訴数、新規受刑者数、保護観察新規受理数すべてにおいて、近年、急激に増加している（法務省法務総合研究所（2008）『平成20年版．犯罪白書：高齢犯罪者の実態と処遇』）。

始まった更生保護サポートセンター設置の試みは、更生保護における犯罪予防活動を後押しし、対象者保護に広がりを持たせ、さらに、市民の間に更生保護に対する理解を推し進めるという意味において、市民の安全・安心を考える上で、大変重要なヒントを与えてくれるものと思われる。

第14章

髙木 亨

自治体ごとの取り組みの差異からみた安全・安心活動の方向性

〜埼玉県熊谷市・深谷市・本庄市の取り組みを事例に〜

第1 埼玉県北部3市の状況

　本章では、埼玉県北部に位置する熊谷市・深谷市・本庄市の安全・安心関係部署の取り組み事例を取り上げる。そして、行政の目指すべき安全・安心の取り組みの方向性を明らかにしていきたい。

　2008年度1年間を通じた埼玉県内の犯罪認知件数と犯罪率（人口1,000人当たりの犯罪認知件数、以下同じ）は、122,108件、17.1であった。これは、2004年の181,350件、25.7に比べ、件数で59,242件、率にして8.6の減少となった（図表①）。図表②は市町村ごとの犯罪認知件数のうち、2004年の値を1として2008年の値と比較したものである。越生町が1.1と増加しているほかは、全県的に減少していることが分かる。なかでも、熊谷市が0.36と大幅に減少している。このように埼玉県における犯罪の発生は減少傾向にある。しかしながら、埼玉県は全国的にみて犯罪発生が多いようである[1]。

　2008年の埼玉県内における市町村別犯罪認知件数・犯罪率をみると、埼玉県南部の市区で高いほか、県北部・県西部の鉄道沿線の市町で比較的高い傾向にある。その一方で、秩父地方などでは認知件数・犯罪率ともに低い値を示している（図表③）。

　事例として取り上げる県北部の3市は、2008年

※1　2009年5月5日付けMSN産経ニュース（web版）によると、2009年1月〜3月の犯罪率は3.72であり、全国ワースト6位であった。

第14章 ● 自治体ごとの取り組みの差異からみた安全・安心活動の方向性

図表① 埼玉県の犯罪認知件数と犯罪率の推移（2004〜2008年）

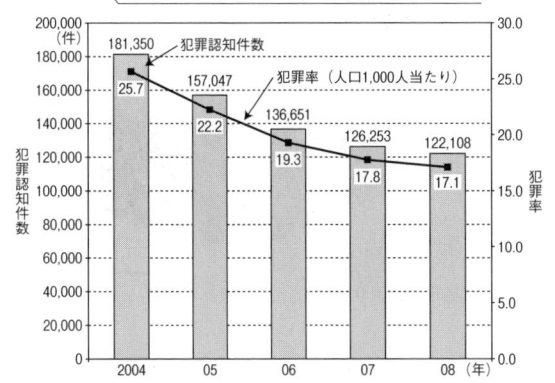

出所：埼玉県警資料より作成

図表② 2008年の市町村別犯罪認知件数の増減（2004年を1として比較）

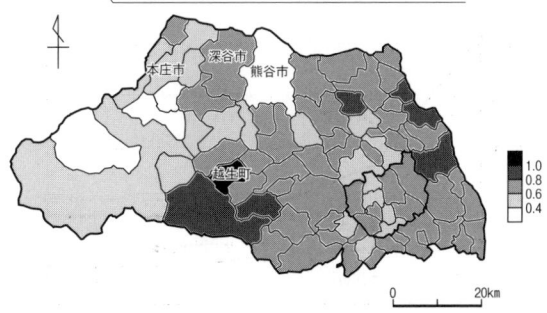

注：図表②・図表③の地図作製には、埼玉大学教育学部准教授・谷謙二氏が作成したフリーソフト、地理情報分析支援システムMANDARA（まんだら）を利用した（詳細は、谷氏ホームページ（http://ktgis.net/mandara/index.php）を参照）。
出所：埼玉県警資料より作成

図表③ 2008年の市町村別犯罪認知件数と犯罪率

a　犯罪認知件数

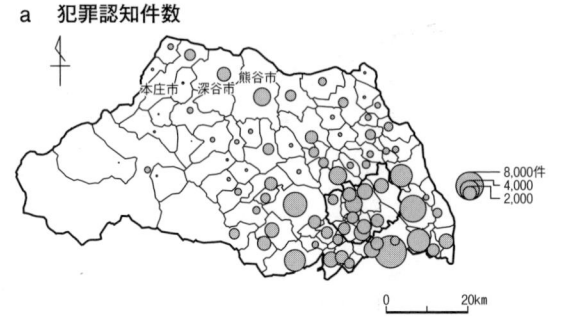

b 犯罪率（人口1,000人当たり）

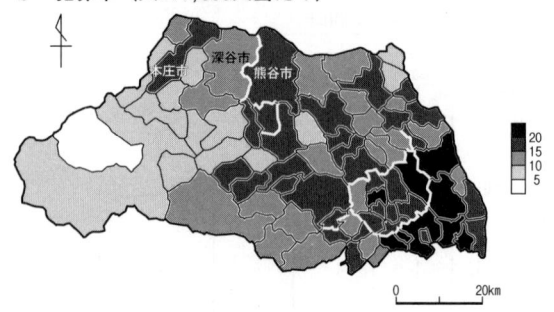

出所：埼玉県警資料より作成

図表④ 熊谷市・深谷市・本庄市の犯罪認知件数と犯罪率の推移（2004〜2008年）

a 犯罪認知件数

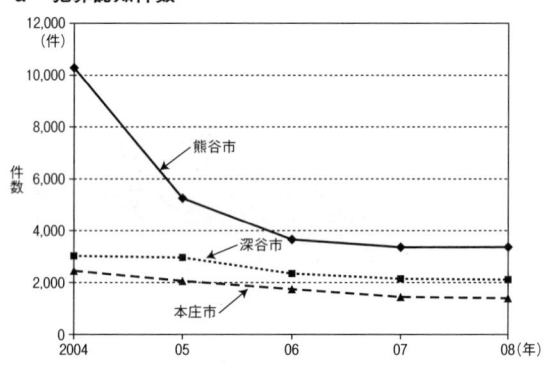

b 犯罪率（人口1,000人当たり犯罪件数）

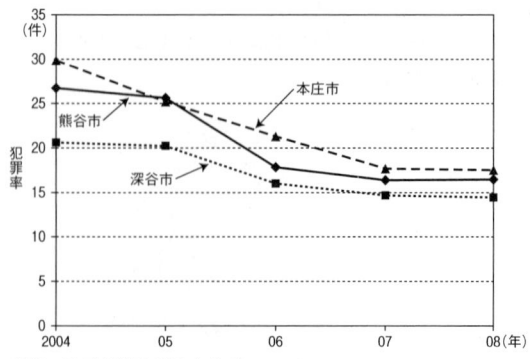

出所：埼玉県警資料より作成

の犯罪認知件数では、熊谷市3,363件（県下ワースト8位）、深谷市2,113件（同19位）、本庄市1,401件（同32位）となっている。犯罪率では、熊谷市164.7（同24位）、深谷市144.7（同48位）、本庄市171.3（同14位）であり、犯罪認知件数では熊谷市が多く、犯罪率では本庄市が高くなっている。深谷市は両方とも低い値である。

3市の過去5年間の犯罪認知件数・犯罪率の推移をみる[※2]（図表④）。2004年熊谷市では犯罪認知件数が10,288件と1万件を超えていたが、2005年には5,256件とほぼ半減している（2008年では3,363件）。深谷市は3,024件から2,113件へ、本庄市は2,456件から1,401件へとそれぞれ減少している（図表④a）。犯罪率では、本庄市が2004年で29.9と最も高かったが、徐々に低下し、2008年では17.1となっている。熊谷市も2004年には26.7と高かったが、2008年には16.5となっている。深谷市の場合、2004年に20.6であった犯罪率は、2008年には14.5となっている（図表④b）。本庄・熊谷両市に比べると減少の幅は低いものの、低い犯罪率を保っている。

以下、熊谷市を中心に深谷市・本庄市の取り組みとともにみていく。

第2 熊谷市の取り組み

熊谷市は2007年4月1日に「防犯のまちづくり推進条例」を施行、安全で安心なまちづくりを進めることを宣言している[※3]。条例では、市・市民・事業者の責務を明らかにするとともに、熊谷駅周辺歓楽街における客引きなどへの規制を中心に据えている。

また、条例制定に先立ち、2006年6月には、熊谷駅北口駅前繁華街の一角に「熊谷駅前防犯セン

※2 各市の数値は、合併前の旧町村の値を合算してある。熊谷市は、2005年に妻沼町・大里町と、2007年に江南町と合併している。深谷市は、2006年に岡部町・花園町・川本町と、本庄市も2006年に児玉町と合併している。

※3 熊谷市ホームページ http://www.city.kumagaya.lg.jp/kurashi/bohan_kotsu/bohan/oshirase/jourei/index.html（2009年5月閲覧）

ター安心館」を開設し、駅周辺地域の防犯活動の拠点を設置した。熊谷駅周辺を中心とした防犯活動の強化は、熊谷駅周辺繁華街の歓楽街化が近年急速に進んだことに加え、市民からの苦情も多かったことが背景にある[※4]。

1 熊谷駅前防犯センター安心館

　熊谷駅前防犯センター安心館（以下、「安心館」という）は、2009年の6月で丸三年を迎える（写真①）。安心館は、図書館機能を併設した防犯拠点である。また、防犯パトロール車（通称青パト、後

※4　熊谷市ホームページ
http://www.city.kumagaya.lg.jp/kakuka/shimin/anshinanzen/oshirase/anshinkan/index.html
（2009年5月閲覧）

写真①　熊谷駅前防犯センター安心館（写真中央、三角屋根の建物）

出所：筆者撮影

図表⑤　熊谷駅前防犯センター安心館利用状況

	件数・日数
開館日数	362
防犯関係	4
図書館	3,914
市内案内	226
その他	76

出所：熊谷市資料による

述）の活動拠点でもある。事務対応の非常勤職員3名と防犯アドバイザー（警察OB）3名、合計6名の体制で運営している。

職員へのヒアリングでは、（勤務して1年になるが）特に大きな問題は発生していない。また、安心館独自の活動は行っておらず、市からの要請により活動している、とのことであった。

市の資料によると、2007年の利用状況は、図書館が3,914件の利用だったのに対し、防犯関係が4件と少なかった（図表⑤）。

② 熊谷市役所安心安全課の役割

熊谷市の安全・安心活動の中心的な担い手が、市役所の安心安全課である。主な活動は、防犯灯や防犯カメラの設置などのハード面と、自主防犯組織への支援や防犯パトロールなどのソフト面である。ここでは、主にソフト面の活動についてみていく。

○青パトの活躍

熊谷市の特徴の一つといえるのが、前述の「防犯パトロール専用車（青パト）」による巡回活動である。青パトは、2005年に熊谷警察官友の会・熊谷市自治会連合会・熊谷医師会・熊谷商工会議所・熊

写真② 熊谷市の防犯パトロール車（青パト）

出所：熊谷市提供

谷市商店街連合会の5団体が発起人となり、全18団体・個人・企業からの寄附により導入された防犯パトロール専用車である（写真②）。青パトによる巡回は、毎日午後から夜間にかけて、市街地中心部を定期的に巡回している。専用車が定期的に巡回することで、犯罪抑止効果も期待され、防犯活動に一役買っている。深谷市や本庄市では、このような防犯パトロール専用車による定期的な巡回は実施されていない[※5]。市へのヒアリングによれば、専用車による定期的な巡回パトロール活動は、埼玉県北部では、熊谷市のみのようである。

※5　深谷市・本庄市では、公用車の一部に青色回転灯を搭載した車両が存在する。しかし、パトロール専用車ではない。

○**警察とボランティアによる巡回パトロール**

　毎週金曜日の夕方6時からは、熊谷駅周辺の防犯パトロールを行っている。実施は熊谷警察署のほか、各種団体ボランティアによるものである。300名を超える市職員もボランティアメンバーに加わっており、毎回7～8名体制でのパトロールが実施されている。2007年度は50回実施された。

○**各種団体との積極的な防犯協定締結**

　熊谷市では、上記のように市が直接関与する防犯パトロールのほか、事業者団体等と防犯協定を結び、事業者が防犯運動に関わることを積極的に勧めている。具体的には、関係車両へのステッカー貼付

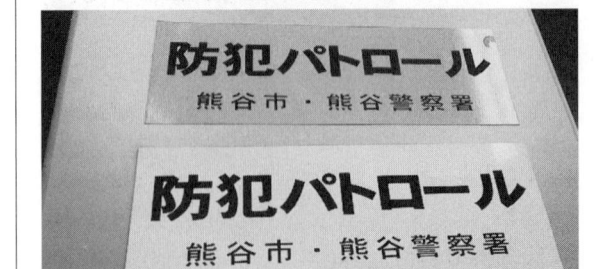

写真③　車両貼付用防犯ステッカー

出所：筆者撮影

による防犯効果（写真③）や、不審者等発見時の110番通報など、防犯協力体制を整えている。

　2009年現在、農協や屎尿処理組合、新聞社など17団体と協定を締結している。加盟社数200社を超え、関係車両台数は800台を超えており[※6]、防犯活動に広がりが生まれている。

○自主防犯組織への支援

　熊谷市内には、2009年3月末現在で254の自主防犯組織がある。これは県内市町村で最も多い組織数である。市では、こうした組織への支援を行っている。金銭的な支援はないが、防犯パトロール用腕章やベスト、帽子などのグッズを各組織へ配付している（写真④）。

　また、組織からの要請があれば、安心館職員である防犯アドバイザーの派遣を行っている。月に3～4回程度の派遣を予定していたそうであるが、現時点での要請回数は少ないようである。また、こうした自主活動には地域差があり、旧町部では、国道や主要道路沿いの地域を除き、あまり活動が盛んではないとのことである。担当の見方としては、治安が

※6　熊谷市ホームページ
http://www.city.kumagaya.lg.jp/kurashi/bohan_kotsu/bohan/oshirase/bouhankyoutei/index.html（2009年5月閲覧）

写真④　市役所から防犯団体へ配付する「防犯グッズ」（熊谷市）

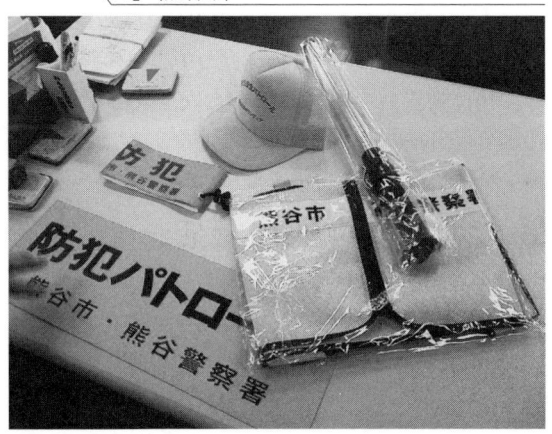

出所：筆者撮影

安定していることに加え、いわゆる「村組織」が残っているためとみている。

③ 出張講座への防犯講座の設置

これらに加え、熊谷市が実施している「市政宅配講座」[※7]に、2009年度は防犯関係講座を２つ設けている。一つは熊谷警察署と連携した座学中心の「知っておきたい防犯対策」。もう一つは、2009年度から新設された「よくわかる防犯パトロール」である。こちらの講座は、防犯アドバイザーを中心に、実際に防犯パトロールを行いながら、パトロールのノウハウを学べる実習形式の講座となっている。

④ その他の活動

市安心安全課からのメール配信サービスを実施している。携帯電話のほか、パソコンなどでも受信できる。このサービスは、将来的に防災関係のメール配信と統合し、総合的なメール配信サービスに発展させることが想定されている。

また、担当部署が異なるが、子ども課では「子ども110番の家」の取り組みを1998年から行っている。全市で約2,300軒の協力を得ており、2006年度以降は各学校PTAにその活動の中心を移行している。教育委員会では、2006年に安全安心マップの作成を市内各小中学校に依頼しており、現在では更新を呼びかけるなどの活動を行っている。

⑤ 積極的な取り組みの成果

熊谷市の刑法犯認知件数・犯罪率は、2004年度の10,288件、26.7から2008年度の3,363件、16.5へと大幅に減少している（図表④a・b）。犯罪の減少には様々な要因があるが、その要因の一つとして、このような積極的な防犯活動への取り組みがあ

※7　10人以上の団体に対して、市職員が講師となり、希望する講座内容の講義を行う出張講座。2009年度は91講座が開講されている。熊谷市ホームページ http://www.city.kumagaya.lg.jp/kurashi/sisei_takuhai/index.html（2009年５月閲覧）

るといえる。

第3 深谷市の取り組み

　深谷市は、2006年6月に「深谷市安心安全まちづくり条例」を制定している。熊谷市同様に市・市民・事業者の責務を明らかにし、安心安全なまちづくりを進めることが明記されている。深谷市役所での担当部署は、自治会活動などの担当部署でもある「くらしいきいき課」である。

1 巡回パトロールを中心とした活動

　深谷市は、青色回転灯搭載車を7台所有している。内訳はくらしいきいき課で2台、教育委員会で2台、合併した旧町にある総合支所に1台ずつである。

　熊谷市のようなパトロール専用車ではないため、他業務の合間をみてということもあり、毎日の巡回は難しいとのことである。パトロールの時間帯は、子どもたちの下校時刻に合わせて行っている。また、教育委員会との連携により、新年度の時期や夏休み期間などに、重点的に巡回を実施している。深谷市では、子どもたちを守るための防犯パトロールに重点が置かれているといえよう。

　このほか、公用車には「防犯パトロール」等のステッカーを貼付している。

2 自主防犯組織への支援

　自主防犯組織は147の団体が登録しており、うち約半数は自治会である。自治会活動で防犯に取り組んでいるところが多いようである。熊谷市同様、金銭的な支援は行っておらず、ベスト等のグッズの配付等で支援している。数年前には、小中学校のPTAに対してベストを配付している。また、年に5～6

回程度ではあるが、公民館・警察と連携して防犯のための講習会を実施している。

深谷市では、「まごころ出張講座」[※8]の中に「防犯のまちづくりについて」という講座を設けているほか、埼玉県の「県政出前講座」[※9]の利用を勧めている。

❸ その他の活動

その他の活動では、新入生児童を対象に、防犯ブザーを配付している。また、担当部署が異なるが「子ども110番の家」や「交通安全マップ」等の取り組みが行われているようである。一方、市独自に防犯情報のメール配信は行っていない[※10]。

❹ 深谷市の現状

深谷市の犯罪認知件数並びに犯罪率は、熊谷市や本庄市と比べると低い値を示し、それを維持している（図表④a・b）。犯罪発生については落ち着いている状況にあるといえる。このため、他の２市のように積極的に防犯に取り組むことで犯罪発生を抑えることよりは、むしろ、この状況をいかに持続させるかに重点を置いているように見受けられる。

第4 本庄市の取り組み

本庄市は、2006年１月に「本庄市安全安心なまちづくり条例」を制定している。条例制定に先駆けて、2005年11月に「本庄市安全安心なまちづくり推進基本方針」をまとめている。これは、「平成15年の犯罪率が埼玉県内ワースト３位という結果から、平成16年度・17年度の２年間「防犯のまちづくり重点市町村」のひとつに埼玉県より指定され[※11]」、これを受けて策定したものである。

※8　※7同様の深谷市の出張講座。
深谷市ホームページ
http://www.city.fukaya.saitama.jp/hisyositu/magokoro.html
（2009年５月閲覧）

※9　埼玉県ホームページ
http://www.pref.saitama.lg.jp/A12/BA00/demae/theme.html#3
（2009年５月閲覧）

※10　市政や防災の情報メール配信サービスは行っている。
深谷市ホームページ
http://www.city.fukaya.saitama.jp/hisyositu/mailservice.html
（2009年５月閲覧）。防犯情報は速報性が必要なことから、深谷市では発信していない。市の担当者によると、埼玉県警のメール配信サービスのほか、学校単位でメール配信をしているとのことである。

※11　『本庄市安全安心なまちづくり推進基本方針』「第１　基本方針策定の主旨」より引用。

1 盛んな自主活動

本庄市では、2006年4月に「防犯ボランティア連絡協議会」が結成されており、市内の防犯ボランティア団体と市・県・警察との連携がなされている。2009年現在、57団体が登録されている。防犯ボランティアは有志団体が多く、一部の自治会・PTAなども参加している。これら団体は、独自で防犯パトロールや、児童登下校時の見守り活動などを行っている。活動には地域差もあり、都市部が積極的に取り組んでいるようである（写真⑤）。

また、本庄市でも団体への金銭的な支援はしていない。しかし、ベストや帽子などのグッズを支給しているのは、熊谷市・深谷市と同様である。

2 市役所の役割

本庄市役所まちづくり課が担当部署となるが、本

写真⑤ 本庄市内の「安全パトロール強化地域」のポスター

出所：筆者撮影

庄警察署が安全・安心の取り組みに積極的なこともあり、主な業務は自主防犯活動への支援が中心である。加えて、青色回転灯搭載公用車2台（本庄地区・児玉地区、各1台）による、児童下校時間のパトロールを行っている。これは深谷市と同様の取り組みである。そのほか、防災無線を通じて、児童の下校時刻に下校放送を流している。

　また、自治会からの要請による防犯講習会を開催している。防犯講習会は、警察と行政とによる住民の防犯意識向上のための講習会である。最近は、「振り込め詐欺」への注意を呼びかけるキャンペーンを行っている[12]。

　その一方で、メール配信などの個人への情報提供サービスは、今のところ考えていないとのことであった。

3 本庄市の特徴

　比較的早期からの取り組みもあり、本庄市の犯罪率は低下傾向にある。2004年度29.9（旧本庄市では33.3）であった犯罪率は、2008年度の17.1まで低下している（図表④b）。犯罪率が低下した要因は、危機感を市民が早期に共有化し、犯罪防止への意識が向上したことにあるといえよう。地道な自主防犯活動の成果が現れていると考えられる。また、熊谷市や深谷市に比べると、東京から遠い位置にあり、人口規模も小さいことも背景としてあるといえる。

第5 安全・安心行政の目指すべき方向

　埼玉県北部3市における安全・安心関係部署の取り組みをみてきたが、効果が現れている市や、道半ばの市など三者三様であった。これら各都市の取り組み事例から、目指すべき方向性を提示していきた

※12　本庄市ホームページ
http://www.city.honjo.lg.jp/kurasi_info/anzen/bouhan/torikumi.html
（2009年5月閲覧）

い。

① 安全・安心行政のワンストップ化を進めよう

　3市の安全・安心担当部署へのヒアリング調査を行った結果、気になる点があったので指摘したい。残念ながら、各市とも安全安心について「ワンストップ」化がなされているとは言い難かった。

　例えば、市民生活に関わる部分は安全・安心担当部署、学校教育に関わる「安心マップ」は教育委員会、「子ども110番」などの地域の子どもに関する部分は青少年関係部署といった具合である。お互いに「取り組んでいることは知っている」が、詳細が分からないことも多かった。

　越えなくてはいけない壁は高いが、「○○市の安全安心は、我が課にまかせろ！」という意気込みが欲しい。安全・安心のワンストップ化は、自治体の意識を高めるための旗印になり、ひいては後述する地域の意識向上に役立つものといえる。

② 「みんな」の危機意識の共有化を図ろう

　住民を含め、市役所職員、事業者など、地域と関わり合いのある人々「みんな」に対し、危機意識をどれだけ持ってもらえるかが、防犯の取り組みの原点になる。本庄市の事例では、全県で犯罪率がワースト3位になったこと、県から「防犯のまちづくり重点市町村」に指定されたことが、「みんな」の危機意識を共有する契機になったといえよう。熊谷市の場合は、中心市街地の一部が急速に歓楽街化し、市民からの苦情が増えたことが、そうした契機になったと考えられる。

　一方、深谷市の事例であるが、今まさに「みんな」が危機意識を共有するときである。現時点では

写真⑥　本庄市ホームページのトップページにあるキャッチフレーズ

本庄市 HONJO CITY　〈本庄市の将来像〉
あなたが活かす、みんなで育む、安全と安心のまち 本庄 〜 世のため、後(のち)のため 〜

出所：本庄市ホームページより

　治安は安定しているが、社会状況の変化や周囲の防犯活動の進展により、防犯対策に遅れがでてくるおそれがある。治安が悪化する前に、より一層の防犯活動の進展を期待したい。
　熊谷市と本庄市では、ホームページのトップページから、安全・安心についての情報へ直接リンクが貼られている。また、本庄市の場合、市の将来目標の中に「安全と安心のまち」との文言があり、トップページに掲載されている（写真⑥）。
　それに対して、深谷市の場合は、残念ながらトップページから直接安全・安心の情報へ飛ぶことはできない（2009年5月現在）。このため、安全・安心についての情報収集に一手間かかってしまう。
　自治体間の意識の違いが、ホームページなどの広報部分にも現れてきているのではないだろうか。「防犯のまちづくりに力を入れているぞ」という積極的な対応を広報することも、「みんな」の意識を変え、犯罪を寄せ付けないまちづくりに貢献するといえよう。

❸　「みんな」の当事者意識を高めよう

　次に課題となるのが、「みんな」の当事者意識の問題である。それぞれの関係者に当事者意識が芽生えなければ、「他人任せ」の状態になりかねない。そこで、「自分たちが何とかしなくては、この地域は良くならない！」との意識を持ってもらい、高めていかなければならない。
　一つは、小中学校で行われている地域安全安心マップ作りである。マップを作ることにより、子どもたちから保護者へと防犯意識が伝わっていくこと

も期待されている。また、自治会等への出張講座も、当事者意識を高めるのに有効である。特に、熊谷市で行われようとしている「よくわかる防犯パトロール」講座は、座学ではなく防犯アドバイザーからの実地指導による部分が大きいため、パトロールの効果とともに、「地域を守るのだ！」という意識向上の効果が期待される。今後の展開を見守りたい。

　さらに、熊谷市の積極的な事業者団体への防犯協定に注目をしたい。これは、営業車等に防犯ステッカーを貼付し、従業員が街中での勤務中に不審者等を発見した際、積極的に警察等へ連絡するといった、地域防犯活動の一環である。こうした活動は、犯罪抑止の効果があるとともに、「見回り」という役割を担った従業員の防犯に対する当事者意識が高まる効果が期待される。さらに、そのような当事者意識が、従業員個々の居住地域にも向き始めると、より効果は大きなものになるのではないか。勤めていると、なかなか「自分たちの地域」へ意識が向かないものであるが、このような取り組みがきっかけとなり、地域の防犯について再認識できるようになればしめたものである。

　また、熊谷市では、毎週金曜日の市内中心部での防犯パトロールに、市職員がボランティアとして参加している。こうした活動も、当事者意識を高める上で重要なものといえる。

　これら「危機意識の共有」「当事者意識」の必要性は、まちおこしなどの地域活動に共通するものである。安全安心活動の場合、「防犯」という目的がはっきりしているため、取り組みやすい課題だといえる。

❹ 犯罪を起こさせないまちづくりへ

　最後に、「地元のことをよく知る」こと、つまり

地域に対する知識が、「みんな」の当事者意識を高め、安全安心なまちをつくるのには必要ではないだろうか。自分たちのまちの中で、犯罪が起こりそうな場所、事故が起こりそうな場所はどこなのか？それを見つけ出し、視覚化する取り組みを提案したい。

ヒントは前述した熊谷市の「よくわかる防犯パトロール」であり、小中学校で行われている地域安全安心マップ作りである。住民らによる地域のフィールドワークを通じて、犯罪が起こりそうな場所を再発見する取り組みを行う（あわせて防犯パトロールのノウハウの指導を受ける）。その後、マップを「みんな」で作製する。マップを作製するプロセスで、住民たちの地域認識と当事者意識が高まり、防犯への意識も向上していく。

こうした「地域安全マップ」について、第一人者である立正大学の小宮信夫教授（犯罪社会学）は、留意点として以下の3点を挙げている。

①「犯罪が起こりやすい場所を表示した地図[13]」であり、犯罪発生マップや不審者マップ[14]ではないということ。②「地域住民が自ら作製する地図であって、警察や地方自治体が作製する地図ではない[15]」こと。③「犯罪が起こりやすい場所を描く、未来志向の地図であるが、日ごろ不安を感じている場所を表示した地図ではない[16]」こと。

地域の安全・安心のためには、地域「みんな」の危機意識、当事者意識、そして地域に対する知識、これらを高めていくことが必要である。また、意識・知識向上のためには何をすればよいのか、事例を踏まえながら、その取り組むべき方向性を提案した。

＜取り組むべき方向性の提案＞
・安全・安心担当のワンストップ化を目指そう！：情報の集約を図ることで、適切な情報発信と、迅速

※13　小宮信夫（2005）『犯罪は「この場所」で起こる』光文社新書、p.154、12行目。

※14　小宮は、「不審者マップは被害防止能力の向上に効果的でないばかりか、有害でさえある（前掲※13のp.155、12行目）」として、子どもたちに声をかけた地域の人が、不審者扱いされた話を引用している。そして、主観的な要因で判断されやすい「不審者という人に注目して、子どもたちに無理な要求をすれば、結局、子どもの大人不信を増長させかねない（前掲※13のp.156、8～9行目）」としている。

※15　前掲※13のp.156、14行目～p.157、1行目。

※16　前掲※13のp.157、14～15行目。小宮は「犯罪が起こりやすい場所の判断基準」に応じて、「場所の危険性を判断し、地域に潜む危険性を発見するという「気づき」の過程」が重要だとしている（前掲※13のp.158、3～5行目）。

な対応が可能となる。
・地域「みんな」の危機意識を高めよう！：適切な情報発信を通じて、危機意識の共有化を図ることが重要である。
・地域「みんな」の当事者意識を高めよう！：地域安全安心マップ作りや事業者との防犯協定などを通じて、「みんな」の当事者意識を高め、地元地域に注意の視線を戻すことが重要である。
・地域のことをよく知ろう！：地域のことをよく知ることが、犯罪に対する最大の防御となる。

【謝辞】
　ヒアリング調査に協力していただいた、各市の担当者、並びに資料提供をいただいた埼玉県警の担当者の方々に感謝いたします。

第15章
水 昭仁

自治体業務と安全・安心行政との関わり
～特に防犯面からの問題提起～

第1 安全・安心行政の由来

1 安全・安心行政権はだれのものか

○防犯は警察のみの役割か

　従来、防犯は警察の領域と考えられてきた。おそらく、住民や自治体職員、自治体議員はそうであろう。

　その一つの例として、筆者が体験したエピソードを紹介したい。

　自治体警察についての講演を終えたあと、ある自治体議員が筆者に対し、自分の自治体が暴走族追放条例を制定したことについて、警察がやるようなことを自治体がするなぞ、由々しきことであると憤慨していた。

　筆者は、それに対し、まずは暴走族の集会現場に自ら足を運ぶこと、深夜の暴走現場を体験し、轟く爆音を聞かれることをお勧めした上で、自治体が条例を制定する権限を有しており、なおかつ、市民から苦情が寄せられているのに対し、何もしないのであれば、それは自治体の不作為となるのでは、と申し上げておいた。

　また、「生活安全条例」と総称される条例が、全国各地の自治体で制定されている。これに対し、住民が相互に監視しあう監視社会を招きかねない、自治体や住民に警察と同じような責任があるのか、憲

法が保障する基本的人権の観点から問題がないか等の批判的見方がある。

割れ窓理論を弥縫策(びほうさく)とし、治安悪化の根本的な対策が先に必要とする意見もあり、防犯等の責任を担うのは、武器の所持・使用や強制力が合法的に認められている警察の役割であり、自治体が地方自治法上担うのは住民の福祉増進の役割であり、防犯は自治体の本来的な役割から逸脱するものだ、とする意見も根強いようだ。

○防犯はまちづくり

ところで、防犯環境設計という考え方がある。これは、工学・心理学的アプローチで犯罪を防ぐ思想であり、環境犯罪学という学問分野として確立されている。

いわく、「犯罪を生み出す環境というものがあるかもしれない。犯罪が特に多い環境というものもあるかもしれない。特定地域である種の犯罪が多いとすればなぜか。逆にそれがわかれば、犯罪を予防しうる新たな社会的・文化的環境を作ることも可能なのではないか。こうした考えが学問分野として確立し、スタートした」[1]ものである。

これらは、犯罪機会論に依る。人ではなく、場所に着目した、犯罪抑止である。このような考え方は、まさしく、都市計画やまちづくり分野の取り組みであり、現状での自治体の役割と非常に親和するものである。

警察の役割、なかんずく防犯分野は、住民、自治体のものという根本概念の下、自治権拡充、地方分権論を構築することがあってもよいのではなかろうか。

○住民vs警察？

思考をシンプルにして考えてみたい。そもそも、住民の安全は、だれがどのような権利と責任で守るのだろうか。警察が防犯を司るのは、どういう根拠

※1 谷岡一郎（2004）『こうすれば犯罪は防げる―環境犯罪学入門』新潮選書、p.4

に基づいてのことか。

　国と地方の行政機構（加えて司法・立法を司る組織、人々）は、本来、国民あるいは住民が自ら担うべき役割を、税金を納め、集め、その費用で以て人を雇い（これが公務員）、合理的・効率的に役割を果たさせるため組織をつくる（これが役所）。すなわち、公務員や役所ができたころに遡って考えると、警察はほかの役所と同様、本来は、我々が自分たちで行うべき事柄を、彼らに委任し代行させている、といえるのではなかろうか。

　「公共の安寧秩序の保持」は「お上のなせるわざ」が、わが国を貫く思考の基礎となっている感があるが、いま改めて、防犯を含め、安全安心行政（警察）はだれのものかを考えてみたい。

② 市民、自治体の警察と政府の警察

○既成観念を超えて

　警察の成り立ちは、極めて国家や政府との関係が密である。

　わが国の場合、近代国家となる過程において、欧米諸国に肩を並べ、植民地化されないため、富国強兵・殖産興業を容易ならしめるため、中央集権を選択した。そこで、必然的に警察も中央集権型警察となったわけである。

　しかし、国によっては、政府の警察ではなく、市民、自治体の警察の国もある。警察は、大きくは「英国型警察」（市民の警察、自治体の警察）と「大陸型警察」（政府の警察）に二分できる。

　警察の機能、由来を考える上で、次の指摘は、我々の既成観念の殻を破ることに資するのではないだろうか。

　すなわち、「われわれは警察が必ず国家に由来しなければならないわけでなく、むしろ警察は市民集団としての自治体──ここでいう自治体の意味は、

現行地方自治法上の自治体の意味でなく、市民の自己防衛集団の意味である——から由来するのが本質的であると思うようになるであろう。警察の歴史が行政法からみた歴史の立場に限定されていたことは、警察に対する理解の道を誤っていたのである。警察は『国家』——行政法学者が『国家』というときには、真に『国家』を指しているのではなく、本当は特定の『政府』を指しているのである——の成立過程を通して観察されないで、でき上がった国家の既成附属品として観察されすぎていたのである。」[2]

○安全・安心行政の委託権者は誰？

そもそもが、「警察とは、本来市民が自己の安全を計るため自ら協力して犯罪を防止する自治体的活動であるとの観念」[3]、換言すれば、「警察が市民自身の協力による市民生活の安全保障」[4]という観念は、わが国行政法では主流ではないが、そこに警察の立脚基盤を置いている国々も存在する。

例えば、米国では、「警察に関する地方自治の伝統は歴史的にも古く、その概念は米国社会に完全に定着し、その権限は細かく分散し、社会生活のなかに溶け込んでいる。このことはすべての市民は治安の維持の任務に従事するという基本的責任を有するというコモン・ロー以来の伝統に根ざすものであり、換言すれば共同の敵から防衛するために社会共同体をつくるという発想から地方団体が生まれているので、末端の地域社会のなかに基本的な警察がおかれるべきであるという思想が当然のものとして受けとられている。このようなことから、自治体…の行政形態のなかに不可分のものとして警察組織は溶け込んでいる。」[5]

○英国—市民、自治体の警察の国

英国における警察の基本的観念は、警察官が同僚市民を保護し援助するという職務に従事するシヴィ

※2 戒能通孝編（1960）『警察権』岩波書店、pp.8-9

※3 同上書、p.7

※4 同上書、p.8

※5 上野治男著（1981）『米国の警察』良書普及会、p.6

リアンであることを誇り、警察が守るべき基本原則を持っている。

第一に、警察がクラウン、すなわち政府の使用人でないということ。

第二に、警察官は武器を帯有してはならない[6]。警察官はどこまでもシヴィリアンでなければならないこと。

第三に、警察官は市民のなかで生活し、市民生活から離れたところで集団住宅や集団寄宿舎に寄宿してはならないということ。

第四に、警察官が自己の職務行為につき、自ら責任を負わなければならないということ。

第五に、警察官は独立体として個々に行動しなければならない、警察は軍隊のように隊伍を組んではならないということ。

さらに、英国の警察官のユニークな点は、「個々の警察官は、王権を行使する独立の権限の保有者である[7]。また、コモン・ロー上、警察官は、一般市民と区別されず、ただ希望すれば無償で行ったかも知れない行為を、支払いを受けて義務として行う者と位置付けられる[8]。組織としての警察は、理念的には、個々の警察官を業務の効率化・専門化のために地域ごとに組織化したものと理解されて」[9]いる。

※6 銃器を使用できる警察官数は、平成19年現在で、イギリスの警察全体で約6,700人（約4.7％）。

※7 原著Brown, A., "Police Governance in England & Wales" p.11

※8 同上書、p.9

※9 近藤知尚（2008）「イギリスの警察制度」安藤忠雄・國松孝次・佐藤英彦編『警察の進路〜21世紀の警察を考える』東京法令出版、p.525

第2 警察制度改革

1 戦後改革を振り返る

○市町村自治体警察の誕生

わが国の近代警察制度は、国家警察として発足し、敗戦による連合国総司令部（GHQ）の改革により、元ニューヨーク市警察局長ヴァレンタインを団長とする都市警察改革企画団と、ミシガン州警察

部長オランダーを委員長とする地方警察企画委員会の報告[※10]などを受け、市町村を基礎とした自治体警察中心、国家地方警察が一部補完するという制度となった。

その根拠となった旧警察法（昭和22年12月17日法律第196号）下では、「警察事務は本来的には市町村の事務と整理され、…国から全く独立した完全自治体警察の性格を有するものとされ」[※11]ていた。旧警察法は、警察制度の民主化を目指し、「それまでの国家警察制度を改め、市町村の自治体警察を基本とした。すべての市及び人口5,000人以上の市街的町村は自ら警察を維持する一方、その他の地域（主として村落部）は国の機関である国家地方警察の管轄と」[※12]された。

○短命に終わった「おらが警察」

旧警察法の施行により、全国に219市警察と1,386町村警察が設置された。しかしながら、①警察が地域的に細分化され、運営が非効率となり、また広域的な犯罪に十分に対応できなかった、②維持運営経費が、国家財政、地方財政双方に不経済であり、ことに町村財政に過重となった、③人事が停滞した、等の理由により、昭和26年に警察法が改正、町村は住民投票により自治体警察を任意に廃止できるとされたことから、町村警察は雪崩の如く廃止されるに至った。そもそも同法附則では、「市町村警察に要する費用は、地方自治財政が、確立される時まで、…国庫及び都道府県がこれを負担する」と定められていたが、警察法施行後わずか3カ月で、「自治体警察に要する経費」は「当該地方公共団体が、これを全額負担する」ことに、地方財政法で定められ、財政的に維持できなかったのである。

❷ 現在の警察

現行警察法は、旧警察法の全面改正として、昭和

※10　ヴァレンタイン報告（昭和21年6月9日）は、人口5万以上の都市警察は市長が任免する警務委員（警察部長）が監理することなどを指摘し、オランダー報告（昭和21年7月31日）は、①警察の地方分権を行った場合、郡部及び人口5万未満の都市に国家地方警察を設置すること、②内閣総理大臣は参議院の同意を得て国家地方警察長官を任命すること、などを指摘した。

※11　自治省（1988）『地方自治法施行四十周年・自治制公布百周年記念　自治論文集』ぎょうせい、p.718

※12　警察庁（2004）『警察白書（平成16年版）』ぎょうせい、p.68

29年6月に国会に警官隊を導入して可決された。市町村警察と国家地方警察を廃し、都道府県を基礎とした自治体警察と国家警察の融合型という、わが国固有の特殊な制度へという変遷を辿った。

このことは、警察関係者・地方自治関係者にとり、周知の事実といえよう。すなわち、現行の警察法（昭和29年6月8日法律第162号）は、一定の範囲で、地方自治体の警察運営に国家が関与するという、「旧来の制度に対する反省と検討の上に構築されたものであり、他に例をみない独自の制度」[※13]を採用した、国家警察と自治体警察の折衷案となっている。

同法では、警察庁は内閣府の外局である国家公安委員会の管轄たる国の組織であり、経費も国が負担し、職員の身分も国家公務員である。一方、都道府県警察の経費は、原則として当該都道府県が負担し、その職員も地方公務員であるが、警視総監、道府県警察本部長、警視正以上の警察官は、たとえ都道府県採用の警察官であっても警視正に昇進してから後は国家公務員となり、都道府県警察に配属されるという地方警務官制度は、先の分権改革でも残った、地方事務官としての唯一の制度である。また、都道府県警察に要する経費のうち、国家的性格の強い特定の経費[※14]は全額国庫支弁とし、活動費、施設費等についても国庫が補助することとされている。

③ 地方分権改革—警察がさらに遠く？

第28次地方制度調査会の「道州制のあり方に関する答申」（平成18年2月28日）では、「道州には、審査、裁定等の機能を担うものを除き、原則として行政委員会の設置を義務付けないこととする。」となっており、仮に行政委員会が設置されないとすると、公安委員会制度を基本とした現行警察

※13 警察庁（2004）『警察白書（平成16年版）』ぎょうせい、p.68前扉

※14 警視正以上の人件費、武器や装備、通信、鑑識、車両、警備公安警察関連経費等

制度はどのように変貌するのか。

「道州制に関する論点メモ―専門小委員会における調査審議経過」(平成16年11月8日)では、国が企画立案から執行管理までを一貫して担う事務として「国家的治安維持」が、道州(広域自治体)が担う事務として「広域警察」が、それぞれ例示されていた。

他方、地方制度調査会の答申を受け、道州制担当大臣の下に置かれた私的諮問機関、「道州制ビジョン懇談会」の中間報告(平成20年3月24日)では、国が「国家安全保障、治安」、道州が「危機管理、警察治安、災害復旧」、基礎自治体が「住民の安全安心、消防、救急」の役割を担うこととされるが、「『住民の安全安心』については検討し、最終報告に盛り込むこととする。」と、なお書きされている。

日本経済団体連合会の「道州制の導入に向けた第2次提言―中間とりまとめ―」(平成20年3月18日)では、道州制の導入で地域の治安が向上するとして、現行警察制度を国家警察と道州警察に再編し、刑事警察、交通警察、保安警察について原則、道州警察の所管とし、道州の警察官は地方警務官制度を廃し地方公務員とする。基礎自治体に警察官の配備を許容する。国は、国際犯罪や広域重要犯罪など、地方警察が扱うことが困難な重要犯罪を所管する、としている。

いまのところ、警察制度の設計に関し、大きな方向性を示す程度にとどまり、個別具体論はこれからである[15]。しかし、都道府県警察ですら住民に遠い存在が、道州警察になれば、さらに遠い存在となることは論を待たない。

※15 個別具体の論点整理は、末井誠史「道州制下における警察制度に関する論点」『レファレンス(平成21年1月号)』国立国会図書館調査及び立法考査局、pp.3-31に詳しい。

第❸ 自治体業務と安全・安心行政の関係を考える

① 警察行政の因数分解を試みる

　議論のたたき台として、現行の地方自治制度の下で、地方分権の推進を図りつつ、警察行政を地方自治体と国、それぞれがなすべき分野に分けてみよう。

　警察実務者から、国と地方の役割分担について、「国として関与すべきなのは、いわゆる公安事件に代表される『国家的』な関心事であって、市民が日常的に被害にあうであろう窃盗などの一般刑事事件は『地方的』なものと整理でき、国の警察機関と地方の警察機関の役割分担を事物管轄として整理できるのではないかという発想もあろう。しかし、実際問題として、警察事務は、本来、国家的又は全国的性格を持つものであり、そのように図式的に割り切れるものではない。」[※16]との批判が当然のごとくあることは承知しているが、市民の安全・安心を守る行政のあり方を、地方分権の見地から考えてみよう。

② 身近な安全を守る警察のあり方

○道路に関わる管理の二重性──道路管理者と交通管理者

　警察を、市民の生活と関わりの深い、交通警察、地域警察、刑事警察、生活安全警察といった機能・組織を中心とした自治体警察と、国家の公共安寧を守る警備警察、公安警察に加え、全国規模での対応も必要となるであろう組織犯罪対策警察を中心とした国家警察に分割し、後者は国に吸い上げ、前者の警察機能は、地域に密着し、自治体と連携が図りやすい組織とするのはどうか。

　交通違反の取締り、交通安全、交通捜査などを所

※16　池田克史（2008）「道州制と警察に関する論点について」安藤忠雄・國松孝次・佐藤英彦編『警察の進路～21世紀の警察を考える』東京法令出版、p.758（原典：荻野徹「地方分権改革と警察行政の在り方に関する覚書」警察学論集第55巻第8号、p.5）

管する交通警察。少年犯罪、経済犯罪、保健衛生・環境、風俗・不法就労・賭博を担当する生活安全警察。市民生活に身近なパトカー、交番や駐在所などを所管する地域警察。犯罪の予防と事後の捜査とを行う刑事警察。このような分野の警察は、自治体行政と親和するのではなかろうか。

例えば、道路についてみると、道路管理者は、国道は国、都道府県道は都道府県、市区町村道は市区町村だが、交通管理者は、都道府県警察である。「どこそこの道で交通事故が多いので、信号機を設置したい」というような場合、交通警察を自治体が所管すれば、より迅速な対応が期待できよう。

○**自治体業務の領域の拡大、危険性の増大**

また、廃棄物行政や災害対策、危機管理、行政対象暴力などの担当として、警察官を自治体が受け入れるケースが増えてきており、これなども、自治体行政と警察行政の取り扱う分野が密になってきている証左であろう。

なかでも、災害対策、生活安全、安全安心、危機管理など様々な名称で安全・安心まちづくりを所管する部署の長やスタッフとして、現職のあるいは退職警察官を受け入れる例が多いのではないだろうか。数年前の数字だが、(財) 日本都市センターが、全国701の市・特別区を対象に行ったアンケート調査 (「まちの安全・安心の確保にむけた取り組み等に関する調査」) によると、回答した484市区 (回収率69.0％) のうち、警察との共同事業は、26.7％の自治体で実施若しくは検討が行われており、警察官の受入れ (人事交流) は、29.1％の自治体で実施されている、とのことである[17]。

廃棄物行政でも、平成13年10月、栃木県鹿沼市の担当職員が殺害された事件[18]は、いまなお、自治体職員の記憶にとどまっているのではなかろうか。

※17 研究報告書「安全・安心なまちづくりへの政策提言〜生活犯罪・迷惑行為・暴力からまちを守る〜」(財団法人日本都市センター、平成16年) のpp.204-205をご参照いただきたい。

※18 下野新聞「鹿沼事件」取材班 (2005)『狙われた自治体　ゴミ行政の闇に消えた命』岩波書店をご参考いただきたい。

③ 首長・自治体の役割

　ところで、香川県善通寺市の宮下裕市長は、防衛大学校卒業、航空自衛隊航空総隊司令官を退官した後、伊藤忠商事に入社。その後、市長に就任したという異色の経歴だが、危機管理の現場育ちの宮下市長は、災害時における自治体の役割、安全・安心まちづくりと自治体の関わりについて、次のように述べている。

　「首長には市民の生命と財産を守る『統治』の基本的な義務がある。」「市民の生活安全にかかわるということでは、自治体の長が警察官の職務執行権を持っていないのは日本くらいのもの。自立した自治には程遠い。」[19]

④ 防犯も自治体が関与して良い

○警察維持は地方自治法上固有の権利という時代もあった

　警察実務家からは、現行警察制度に係る警察制度改革につき、「戦前の国家警察を省みて、全国一本で動く危険性に対する懸念から、警察は分立していなければ危険であるとの主張がその一、また、警察維持は地方自治法上の固有の権利であって侵さるべきでないとの主張がその二である。」[20]と整理され、このことにつき、「その一の批判に対しては、警察を再び危険な存在たらしめない途は、その権限を規定する行為法に求めるべきであって、その許された権限の範囲内でこれを能率的ならしめるため考えられる組織法上の途をふさぐべきではないとの反論が考えられる。」[21]とし、さらに、「その二の批判については、警察事務が地方自治法上の『公共事務』（固有事務）、『委任事務』及び『行政事務』のいずれに該当するかという区分論とも絡むが[22]、地方自治の本旨に反するとの主張は一つのドグマで

※19　「平成にっぽんの首長自治の自画像」『月刊ガバナンス（2008年11月号）』ぎょうせい、2008、p.77

※20　島根悟（2008）「国家地方警察及び市町村自治体警察並立時代の概観～両者の制度的関係を主に」安藤忠雄・國松孝次・佐藤英彦編『警察の進路～21世紀の警察を考える』東京法令出版、p.486

※21　同上書に加えて、桐山隆彦「警察法改正私見」『警察研究（第23巻第8号）』

※22　宍戸基男「地方公共団体の警察権」『警察学論集（第2巻第7号、第8号）』

あり、国の利益、地方公共団体の利益の双方を考慮して、合理的な事務配分を考えるべきとの反論があり得よう。」[※23]との指摘がなされていた。

ともあれ、ここで我々が重視すべきことは、市町村自治体警察の存廃が議論された往時、「警察維持は地方自治法上の固有の権利であって侵さるべきでない」との主張がなされていたことである。戦後改革で地方自治を手にした我々の諸先輩たちの主張を、どう考えるのか。地方自治に関わるものの決意が問われよう。

○住民の身近な安全を司るのはだれ

もとより、現実に即応した行政事務、行政機構の制度設計は必要であることは言うまでもないが、それを貫く原理原則、哲学もまた、同程度に重視すべきであり、現実に沿わないからとして、軽んじられるべきではない。

「警察の戦後改革は、民主的及び自由主義的要請からなされたものであることは間違いないが、他方、能率的に任務を遂行するに足る組織であることも必要である（この趣旨は、現行警察法第1条に規定され、法文上も明らかにされた。）。いかなる要請をより重視するかによって組織のあり方は変わり得るが、基本的には、それらの要請を十分考慮し、可能な限りバランスの取れた組織が構築できるようにすべきものと考える。」[※24]との考えは当然だが、他方、能率を重視する考え方と対極なのが英国である。

彼の国はかねてより、「ロンドンにおける組織化され、専門的訓練を受けた警察力の整備が必要とされた。一方で、例えば『パリには賞賛すべき警察組織があるが、その代償も高くついている。3〜4年毎にラトクリフ街道で半ダースの人が喉をかき切られる方が、住居訪問や、スパイや、その他のフーシェ（訳注：Joseph Fouche（1759〜1820）フラ

※23 島根悟（2008）「国家地方警察及び市町村自治体警察並立時代の概観〜両者の制度的関係を主に」安藤忠雄・國松孝次・佐藤英彦編『警察の進路〜21世紀の警察を考える』東京法令出版、p.486

※24 同上書

ンス革命からナポレオン期に活躍したフランスの警察大臣で、秘密警察を駆使した。）のたくらみにさらされるよりはましである。』[25]というように、効率的な警察組織は市民の自由をおびやかすという考え方が根強く」[26]、「イギリスには国家警察機構に対する根強い不信感があり、『国家警察』を創設する、という考え方はたちどころに、自由なイギリスの風土になじまないとの批判の集中砲火を浴びることになる。」[27]として、民主的な警察を重視してきた経緯がある。

このような思想に則り、わが国警察が業務を遂行するのであれば、自治体が防犯をはじめとした安全安心行政、警察行政を司っても、ことさら不都合は生じないであろう。

5 住民の協力

安全安心まちづくりの世界で注目を浴びているのが、「玉川田園調布防犯パトロール隊」[28]である。ここでは、エンジニアリング手法を取り入れ、防犯パトロールの効果を目で見て、データで検証できる取り組みを行っている。また、知縁・志縁で結ばれたNPOの中には、日本ガーディアンエンジェルスのような、高度なスキルと使命感、責任感を有した防犯ボランティア団体が存在する。

かたや、自治会の看板を掛け替えた防犯団体は、地縁団体ゆえに、構成員の高齢化や活動の後継者に悩むところもあるようだ。

そこで自治体のなすべきことは、意識啓発的な活動にとどまっている自主防犯活動団体を、一刻も早く、玉川田園調布防犯パトロールのようなスキルの高い団体に生まれ変わらせることであり、そのための誘導、育成をなすべきであろう。

関東大震災において、流言飛語に惑わされ、朝鮮人や中国人を殺害した自警団のイメージから、住民

※25　原著 Emsley, C., "The English Police" pp.17-20

※26　近藤知尚（2008）「イギリスの警察制度」安藤忠雄・國松孝次・佐藤英彦編『警察の進路〜21世紀の警察を考える』東京法令出版、p.521

※27　同上書、p.525

※28　前田浩雄「世田谷区におけるコミュニティー（町会）の安全活力向上方策—科学的な防犯パトロール手法による効果的盗犯被害防止事例」（『警察学論集60（3）』平成19年3月、立花書房／警察大学校編、pp.177-202）をご参照いただきたい。

の自主防犯活動に反対する向きもある。歴史から教訓を読み取れとばかりに、過去と現在とを記号で結び付け批判するような史観ではなく、健全なコミュニティづくりに役立つような自主防犯活動団体のあり方を地域で模索、実現することも可能なはずだ。

　見慣れぬ者を不審者扱いするようなことではなく、それでいて、地域の人々が、お互いに、あるいは、街を訪れた人にあいさつの言葉をかけるような地域づくりは、防犯にも効果があるだろう。

　防犯を前面に出す必要はなく、住みよいコミュニティづくり、という観点から、住民も自治体も、共に歩めばよい。

終章

鈴木　潔

「実践」と「理論」からみる生活安全行政のポイント

終章では、本書で示された15の事例を踏まえて、安全・安心の地域社会を構築していくための4つのポイントを説明することとしたい。そのポイントは、本書の4部構成に対応している。

第1　安全・安心の「主体」の転換──コミュニティ・アプローチ

第1部「三位一体でコミュニティの再生に取り組む」では、次の4つの事例を取り上げた。

第1章「市民安全学からの視点」では、防犯パトロールなどの日ごろの何の変哲もない個々の「市民安全活動」が近隣、地域、そして日本の安全・安心基盤と深くつながっており、すべての安全・安心関係者が三位一体となって取り組むことの重要性が指摘された。第2章「セーフコミュニティのまちづくり」では、地域住民自らが事故や犯罪のない安全・安心な暮らしを実現するにはどうすべきかを考え、力を合わせてその原因を取り除いていくという「セーフコミュニティ」の概念と、亀岡市及び十和田市の事例について説明されている。第3章「コミュニティづくりによる体感治安不安感の改善」では、2002年度から厚木市において実践されてきた地域安全活動におけるコミュニティの活性化と、防犯意識の高揚に関する施策が詳細に解説されている。第4章「歌舞伎町タウン・マネージメントにおける歌舞伎町ルネッサンス事業の現況」では、治安

悪化のシンボルでもあった新宿・歌舞伎町における地元・新宿区・警察・消防等の関係機関が一体となった「浄化作戦」が紹介されている。

　これらの4つの事例に共通するキーワードは、「コミュニティ」である。一般に、「地域社会」や「共同体」を意味する「コミュニティ」が、なぜ地域の安全・安心の主体として注目されるのであろうか。

　「安全・安心」の主体に関する歴史を極めて大雑把に振り返れば、近代以前の農村型社会における安全・安心の維持は、専らコミュニティ（ムラ）のレベルの相互監視システム（「五人組」など）によって確保されていたと考えられる。例えば、江戸は100万都市であったが、南北奉行所の与力は50騎、同心は240名しかおらず[1]、相互監視が重要な役割を果たしていた[2]。近代以降の都市型社会では、相互監視システムの基盤であったコミュニティが溶解し、秩序を形成するシステムとして警察組織が必要とされるようになった。明治維新以降の東京では、数万人の警察官を擁する警視庁が設立した。ところが、20世紀後半には「小さな政府」が主張されるようになり、行政資源の有限性が強く認識されてきた。警察行政も例外ではない。警察が動員できる人員・資金が制約された結果、国民・住民の要求する治安水準と、政府が提供可能な治安サービスの間にギャップが生じた。そこを埋めるための方法として、警備会社によるサービスやコミュニティにおける安全・安心活動が注目されるようになったのである。現在、安全・安心の「主体」が転換する時代を迎えているといえよう。

　コミュニティにおける安全・安心活動の課題は、「地域の安全・安心」が典型的な公共財であることに由来する[3]。カネを払った者も払わない者も、等しく「地域の安全・安心」の恩恵にあずかること

[1] 林美一（1989）『江戸の二十四時間』河出書房新社

[2] 江戸の治安維持に寄与していた要因としては、相互監視のほかにも、連座制、厳罰主義、岡っ引きなどの動員も指摘できよう。

[3] 公共財とは、料金を支払わない人にもサービスが

供給される「非排除性」と、複数の人々が同時にサービスを消費できる「非競合性」を持つ財のことである。国防、警察、灯台の明かり、花火大会の花火などがその例である。

ができるため、防犯パトロールに参加しないなど、「ただ乗り」が生じる可能性が高い。コミュニティの構成員に「ただ乗り」が広がれば、公共財（防犯パトロール）は維持できないから、サービスの供給はストップする。そこで、安全・安心活動においても、「ただ乗り」を防止するための仕掛けを用意することが必要になるであろう。

第❷ 「手法」の転換──規制アプローチ

　第2部「成果を上げる犯罪撲滅に向けた行動」でも、5つの事例が検討された。第5章「振り込め詐欺の防犯対策と関係機関の連携について」では、まず多数のデータに基づいて振り込め詐欺のトレンドや金融機関における水際阻止状況などが検証され、「犯罪が起きないように、犯罪に遭わないように」するための関係機関との連携方法が示されている。第6章「防犯カメラによる「安心の目」構築」は、警視庁及び商店街による防犯カメラの設置事例や自治体における防犯カメラ条例を紹介し、今後、防犯カメラを設置する主体へのヒントを提示している。第7章「青色防犯灯を活用した安心安全なまちづくりに向けて」では、鹿児島市と財団法人地方自治研究機構との共同研究から得られた知見に基づき、自治体などが青色防犯灯を導入する際の留意点や、設置効果を高めるための検討事項について述べられている。第8章「条例による政策実現の可能性」は、広島市暴走族追放条例の制定のプロセスを考察し、罰則付き条例の制定に当たっては住民の意見を十分に取り入れること、地方検察庁及び警察との協議に注意すべきこと、職員の立法能力を高めることの必要性を指摘した。第9章「子どもにとって最善の利益を目指した政策開発」では、近年の自治体で注目されている「子ども政策」及び「子どもの安全安心

確保策」が検討され、子どもの最善の利益を追求する観点からは、政策を条例化することが奨励された。

　これらの5つの事例に共通するキーワードは、「規制」である。防犯カメラや青色防犯灯は犯罪の発生を抑止するためのインフラである。また、条例は住民に義務を課し、権利を制限する仕組みであって、その実効性を罰則等によって担保している。振り込め詐欺に対する金融機関での水際阻止もマンパワーによる「規制」である。いずれも、犯罪の発生を規制するための手段であり、的確に運用すれば短期間で効果を発揮することができる。ただし、次の2点に留意する必要がある。第1に、防犯インフラも条例も行政資源（権限、人員、資金、情報等）を相当程度必要とするため、一般にドンドン活用することは難しいということである。第2に、防犯インフラや条例の的確な運用がなされない場合には、人権上の問題が生じる可能性もあるということである。

第3　「目線」の転換──ボトムアップ・アプローチ

　第3部「地域目線で創りだす防犯・防災」では、3つの事例が取り上げられ、検討を加えられている。第10章「感度創造のコミュニティ形成に向けた防災・減災・防犯マップづくり」は、東京都中野区鷺宮における住民まちづくり活動や防災・減災マップづくりに焦点を当てて、「遊びや行事に仕掛けを埋め込む」ことや「地域・専門家・行政の協働」の重要性が指摘されている。第11章「防災・防犯へ向けた行政・住民組織の連携による新たな取り組み」では、総務省消防庁の「地域安心安全ステーション整備モデル事業」及び警察庁の「『地域安全安心ステーション』モデル事業」が検討され、

住民の防災・防犯の取り組みを進める上では、人的資源の有限性を認識すること、知識・技術の共有と蓄積を図ることが必要であると指摘された。第12章「防犯まちづくりにおける地域力の視点」は、滋賀県と地方自治研究機構の共同研究である「地域防犯システムの構築に関する研究」を紹介し、防犯活動に関する地域の発展段階に応じた取り組み等が必要であること、情報マネジメントに着目した取り組みが有益であることを述べている。

以上の3つの事例に共通することは、永田町・霞が関からではなく、地元からの視点で安全・安心の問題を発見しようとしていることである。いわば、「トップダウン」ではなく「ボトムアップ」によるアプローチである。その背景には、地域における安全・安心の答えは一つではないという思想がある。「地域」といっても、住宅街と繁華街、都市圏と農村圏、伝統ある町と新しい町、課題は千差万別である。したがって、行政が全国一律の制度を作るのではなく、地域の実情に即した解決策を模索することが求められるのである。

第❹ 「思考」の転換──社会アプローチ

第4部「次代に向けた安全・安心まちづくりの広がり」では、3つの観点から安全・安心の問題が論じられている。第13章「更生保護と安全・安心まちづくりの新たな可能性」は、更生保護の成り立ち及び現状等を概観し、更生保護は、近年、新たな社会のあり方として提唱されている「ソーシャルインクルージョン（社会的包摂）」と、安全・安心まちづくりを両立させるものであると位置づけている。第14章「自治体ごとの取り組みの差異からみた安全・安心活動の方向性」では、埼玉県北部に位置する熊谷市・深谷市・本庄市の安全・安心関係部署の

取り組み事例が分析され、目指すべき方向性として、安全・安心担当のワンストップ化、適切な情報発信と危機意識の共有化、地域の当事者意識の向上等が提言されている。第15章「自治体業務と安全・安心行政との関わり」は、海外における警察行政のあり方、日本における警察行政の歴史等を参照しながら、自治体と住民が安全・安心行政に関わることの意義を再考したものである。

　これら3つの論文は、地域の安全・安心活動について、より広い視野からとらえ直そうとする試みである。第13章の更生保護は、若干地味ではあるが、今後重要な役割を果たしていくことが期待されている。異端者を社会から排除・隔離するのではなく、包摂しようとする点において思考の転換が図られている。第14章の埼玉県北部3市の事例は、現時点における自治体の標準的な取り組みを描写している。他の章の事例は、確かに「先進例」ではあったが、言い換えれば特殊な事情を背景とした「特異例」でもあって、平均的な自治体の姿を描いたものではなかった。その意味で、普通の自治体における安全・安心の達成点を知ることは有益である。第15章は、住民のニーズに応えるのが自治体であるとすれば、治安関係事務も自治体の仕事に含まれるという問題提起でもある。警察と自治体の垣根を外して考えるという意味では思考の転換である。これは、「地方でできることは地方で」という地方分権の観点からも意味のある指摘である。実際、海外には、基礎自治体が警察サービスの一環を担っているところも少なくないからである（アメリカの市警など）。

　以上、終章では、本書の内容を①コミュニティ・アプローチ、②規制アプローチ、③ボトムアップ・アプローチ、④社会アプローチという4類型に整理

してきた。

　地域の安全・安心活動を前進させるために重要なことは、住民がそれぞれの地域の実情に即したアプローチを主体的に選択することである。そのためには、住民が自らの地域の状況を可能な限り正確に把握する必要がある。つまり、地域から「ボトムアップ」で問題を発見することが大切である。そして、これを踏まえて、その「コミュニティ」に適した安全・安心の活動・態勢を設計し、必要に応じて「規制」措置を導入して実効性を持たせる。自治体の役割は、住民のこうした主体的な取り組みを後押しすることにあるといえよう。

特別付録
安全・安心にまつわる小話集

住民説明会等における小話のネタとしてご活用ください。

◆体感治安の改善には、治安が悪くなった原因の改善が必要

体感治安不安感調査（読売新聞社連続調査「日本人」、2008.3）によれば、「自分や家族が何らかの犯罪に巻き込まれ、被害者になるかもしれない不安感を70％の国民が感じており、1998．12前回調査より、13％増加となっている。また、ここ数年の日本の治安が「悪くなった」と感じている人が86％（'95調査～8割台）に上った。治安が悪くなった原因として、社会全体のモラルが低下している67％、学校や家庭での教育に問題がある47％、地域のつながりが薄れている45％を挙げており、問題の深さを浮き彫りにした。

（石附　弘）

◆「こころの修理論」（安全と安心の違い）

「車の修理とは、『機械（安全）の修理』をしただけでは半人前、お客の壊れた『こころの修理』をしなければ本当の修理とはいえない。ユーザーの『安心』の手当てができて初めて本当の修理といえる」と。これは、本田技研の創業者本田宗一郎氏の19歳のころの逸話とされるが、「こころの修理」というキーワードは、今日において一層その輝きを増している。

全国どこでも繰り返されている、ごく平凡なまちの車の修理工場での出来事。しかし、だれも気づかなかった『こころの修理』。『機械（安全）の修理』は目に見えるが『こころの修理』は目に見えない。そこをユーザーの目線で、こころの本質を見抜いた。深いこころの洞察、相手への思いやり、人間的な温かみがあってこそ、目に見えない本当に大切なことに「気づいた」のであろう。本田宗一郎氏は、後にもっと重要な言葉を残している。「技術者が目の前の問題を解決できないのは『技術力』の問題ではなく、問題への『気づき』がないからだ」と。

（石附　弘）

◆マキャベェッリの慧眼（人間の運命50％論）

　約500年前、イタリアの思想家マキャベェッリは、運命（不可抗力）と人間の意志による可変領域を、各50％との説（君主論）を唱えた。運命は防備されていないところではその強大な力を思う存分ふるう（事件・事故の増大）。これを変えるためには、運命に逆らって「人間の自由意志の炎」の力量を高めることが重要であると。

　この言葉を市民安全学の観点から読み解けば、「市民安全の７つ道具」は「人と社会」の安全・安心変革の「炎」であり、それ故に、これを使いこなす地域の安全リーダーの使命は大きい。行政も警察も、そのような観点から地域の安全を「力学的に」考えてほしいと思う。　　　　　　　　（石附　弘）

◆先駆的日本市民安全学揺籃の地：春日井市安全アカデミー

　この分野の先駆者は、何と言っても平成７年開講の春日井市の安全アカデミーである。全国初の「行政による公募型の本格的な市民安全学教育の場」であった。「安全は人作りから」という当時の鵜飼市長（故人）の強い政治的信念で、「市民の中に、他の市民に安全マインド（自主・自立・自律の市民安全活動精神）を教えられる市民（市民生活の安全リーダー）を育成する」システムである。平成19年度までに延べ約1,867人の卒業生を地域コミュニティに送り出し、子どもの安全啓発活動、簡易防犯診断、児童見守り隊、通学路診断等「地域コミュニティの安全基盤の礎」となっている。　　　　（石附　弘）

◆「異業種」採用のススメ

　安全・安心のまちづくりと密接に関係する課題として、自治体における危機管理体制の構築がある。2001年６月に大阪教育大学附属池田小学校で多数の児童が殺傷されるという痛ましい事件を受けて、池田市は危機管理課を設置した。この課の特徴は、市の事務職員のみならず、「危機管理のプロ」である消防の職員、警察OB、そして自衛隊OBで構成されていることである。

　なお、自衛官OBは、任期付採用であり、課長クラスの「危機管理監」として、55歳の時に二佐で退役した人を採用して、国民保護計画の策定を担当させているという。そのかいもあり、池田市の国民保護計画は大阪府下で一番早く完成した。

倉田薫・池田市長によれば、「要はその人が優秀であってやる気があるのなら、そういう人材も役所に入っていただくことが他の職員に対する刺激にもなるし、こちらの危機管理体制の充実にもつながる。実際、大変いい男で、自衛隊にはああいう人が多いのだろうけれども、与えられた仕事は本当に忠実に一生懸命尽くしていただいているから、他の職員の範になっていると、そのように思っている」そうである（日本都市センター編『国のかたちとコミュニティを考える市長の会　Vol.3』(2007年3月))。

自治体が安全・安心のまちづくりを進めるためには、「業種」の垣根を越えて、優れた人材を確保する手腕が問われているのである。

(鈴木　潔)

◆あきらめない、慌てない、焦らない

横尾俊彦・多久市長は、内閣府の地方分権改革推進委員会の委員として活躍するなど、全国的な視点で地方自治の具体化に取り組む首長の一人である。市長という立場上、様々なトラブルに見舞われることがあるが、次のように考えて対処しているという。

「いろいろ問題が発生するのだけれども、絶対に動じないで、解決ができると信じて最後まで粘り強く仕事をする……中略……『あきらめない、慌てない、焦らない』で、いい仕事をしていくということ」。

多久市では、これまでに、給食センターのパンに針が入っていたり、職員が関係団体の情報が保存されたフロッピーディスクを紛失したり、O-157が発生したりなど、多種多様なトラブルが起きたことがあるという。そんな時も、「第一報には一瞬慌てるが、いつも自分は次の瞬間こう思っている。『ベストを尽くして何とか解決しよう』と。『きっと、できるだろう』と思って、本当にあらん限りの色々なつてを頼ってすべて対応をしている」。

なぜ、横尾市長はこれほどポジティブな思考で対処できるのだろうか。その理由を次のように説明する。「これで仮にうまくいかなくても、最低限人づくりはできる。だれがどのぐらい動いたかもちゃんと分かるし、どういったところがわが市の組織の弱点かも分かるので、そうした意味からしたらプラスだと思って、ある意味で静観し、客観的に見ながら対応し努力している。先ほどのトラブルでも、広報を通じた連絡で安心を高めたり、フロッピーディスクの所在を確認したり、完全消毒について保健所と連携したりして対応した。いろいろな方の支えで、様々なトラブルがすべて解決できて、一つ一つが危機管理等

の教訓になっている」（日本都市センター編『国のかたちとコミュニティを考える市長の会　Vol.3』(2007年3月))。

　自治体行政の執行に関して最終的な責任を負うのは首長である。その点に関しては逃げも隠れもできない。そうであればこそ、困難やトラブルに対しても動じることなく、すべては今後の教訓と考えて、「あきらめない、慌てない、焦らない」の精神で、全力を尽くして対応していく姿勢がトップに求められているといえよう。　　　　　　　　　　　　　　　　　　　（鈴木　潔）

◆生活安全の実現を阻害する2つの課題

　いきなりであるが、問題提起として、次の2点の課題を提示しておきたい。
①生活安全を実現する「自助（力）」の形成をどうするか。
②体感治安をいかに回復するか。
　この2点について、特に地方自治体の役割について、様々な視点から考察しているのであるが、明快な回答が得られていない。
　はじめの課題を検討してみたい。今日、生活安全を再生していくためには、しばしば「自助」「共助」「公助」が重要であるといわれている。これらの意味を簡単に説明すると、「自助」とは、自らの命は自分で守ることである。また「共助」とは、隣近所が助け合って地域の安全を守ることである。そして「公助」とは、個人や周囲、地域あるいは民間の力では解決できないことについて、公共（公的機関）が行うことである。
　生活安全を実現していくためには、まずは「自助」が大切だと思われる。これは、何も犯罪者が来たら戦うということを意味しているのではない。例えば、玄関の鍵を二重ロックに改善したり、窓に防犯フィルムを貼り付けたり、窓に補助錠を取り付けるなどの行動を指す。しかし実際は、この自助がほとんど行われていない現状がある。この自助の行動をいかに育てていくかが課題といえる。
　次に体感治安の回復である。体感治安を回復していくために、一つ考えられる方向性は、「情報を正しく正確に伝えていく」ということになるような気がする。こんな話がある。某地方自治体の防犯メールで、「不審者がでました。注意してください！」というメールが届いた。しかし、その後の情報提供が一切ない。すなわち、その不審者が捕まったのか、あるいはいなくなったのか、その後のフォローメールがないのである。これだと、単に不安感を助長しているだけだ。

体感治安を改善していくために重要なのは、「その後、どうなったのか」というメールもしっかり流すことであろう。　　　　　　　　　（牧瀬　稔）

◆無責任な発言には困ります

　今日でも、生活安全条例の制定に反対する人が少なくない。反対するには、反対するだけの理由があるわけで、それはそれでいいだろう。

　ただ気になる点は、「反対するならば、反対するなりに、代替案を提示してほしい」と思う。つまり犯罪被害を減らしていくために、生活安全条例に替わる代替案を具体的に示してもらいたいということだ。反対するだけならば、だれにでもできることで、やはり反対するならば、根拠を持った代替案を提示すべきであろう。

　先日、「生活安全条例なんかを制定したって、ぜんぜん犯罪被害が減らないじゃないか！全く意味がない！」と発言するシンクタンクの研究者がいた。しかし、その人は感覚的に「生活安全条例は効果がない」と思っているだけで、「生活安全条例は犯罪被害を減らしていない」ということを証明したわけではなかった。このような姿勢ではいけないと思う。

　その発言をした人はシンクタンクに勤務しているのだから、研究員らしく、論拠を持って「生活安全条例が犯罪を減らしていない」ということを示してもらいたいと思う。論拠を持たないで、思い込みで言っている人が意外に多くいる。何も代替案もなく、「生活安全条例はダメ」と言う人は、無責任であろう。

　生活安全条例を制定することで、１％でも犯罪被害が減少していくならば、私は生活安全条例を制定すべきと考える（ちなみに生活安全条例が犯罪被害の減少に効果を示すという事実は立証されている）。　　　　　　　（牧瀬　稔）

◆「犯罪に強いまち」か「犯罪のないまち」か

　2003年に、国は「犯罪に強い社会の実現のための行動計画」を策定した。同行動計画は、「平穏な暮らしを脅かす身近な犯罪の抑止」「社会全体で取り組む少年犯罪の抑止」「国境を越える脅威への対応」「組織犯罪等からの経済、社会の防護」と「治安回復のための基盤整備」の５つの重点課題を設定し、それぞれについて具体的な施策を推進してきた。

　この行動計画を受けて、多くの地方自治体が「犯罪に強いまち」というフ

レーズを使用してきた。しかし、このフレーズをよくよく考えると、少しおかしい気がする。なぜならば、「犯罪に強いまち」ということは、「犯罪の発生を許容している」ということになるからである。そのように考えると、本来ならば、「犯罪のないまち」が正しい使い方であるような気がする。（牧瀬　稔）

◆生活安全条例の規定っておもしろい（その１）

　都道府県の生活安全条例には一定の形がある。一般的には、まずは総則的規定があり、そこには前文、目的・趣旨、理念、定義、各主体の責務・役割などが明記されている。

　次いで実体的規定がある。ここでは、事業的要素が入る。例えば、その条例の目的を実現するための具体的な施策や事業を定めた規定が入る。それは、広報活動、関係者に対する支援、学校における安全対策、犯罪防止に配慮した道路や住宅の普及、犯罪被害者支援などである。

　そして、雑則的規定が入る。ここでは実体的規定を補完したり、実体的規定になじまないこまごまとした規定が明記される。例えば、規則への委任、推進体制の整備、勧告、氏名の公表、適用除外などである。この雑則的規定の後、地方自治体によっては罰則規定が入り、附則へと続いていく。ここでは、都道府県における生活安全条例の実体的規定に注目し、特徴的な規定を紹介したい。

　例えば、「観光旅行者」にも配慮した生活安全条例がある。青森県条例や宮城県条例、和歌山県条例などでは、観光旅行者も対象とした安全の確保を目指している。青森県条例には「県は、観光に関する事業を営む者と連携して、観光旅行者の安全を確保するために必要な措置を講ずるよう努めるものとする」（第14条）という観光旅行者の安全の確保をうたっている。

　そして、「あいさつ」を大切にした生活安全条例もある。群馬県条例は、あいさつの励行を通じた良好な地域社会を形成することが、犯罪被害の抑止につながると捉えている。そこで、「県民は、地域社会において相互に信頼し、連携し、及び協力する関係が安全なまちづくりに寄与するものであることを踏まえ、あいさつの励行、地域の行事への参加等を通じて、良好な地域社会の形成に努めるものとする」（第5条）という規定を採用している。

　このように、都道府県の地域性や特徴を反映した生活安全条例が少なくない。各生活安全条例の規定に着目すると、いろいろな発見がある（つづく）。

（牧瀬　稔）

◆生活安全条例の規定っておもしろい（その2）

　都道府県の生活安全条例の中には、「空き地・空き家の放置はいけません」という規定もある。宮城県条例や広島県条例、群馬県条例、埼玉県条例などでは、空き地や空き家における犯罪の防止を進めている。例えば、宮城県条例においては「空き地又は空き家を所有し、又は管理する者は、当該空き地又は空き家について、さくの設置、草刈り、出入口の施錠等犯罪を防止するために必要な措置を講ずるよう努めるものとする」（第18条）としている。この考えは「割れ窓理論」によるものと考えられる。

　この「割れ窓理論」とは、アメリカの犯罪学者ジョージ・ケリング博士により提唱された概念で、1枚の割れた窓ガラスを放置すると、割られる窓ガラスが増え、その建物全体が荒廃し、いずれ街全体が荒れてしまうという理論である。すなわち、一つの無秩序を放置することで、地域社会の秩序維持機能が弱まり、犯罪は増加するという考えであり、犯罪は小さな芽のうちに摘むことが大切だということを説いている。

　また「調査研究をしっかりします」という規定もある。栃木県条例は「県は、安全で安心なまちづくりを効果的に推進するため、安全で安心なまちづくりの推進に関する施策の策定に必要な調査研究を行うものとする」（第11条）とし、安全・安心を科学することの重要性を明記している。この「調査研究」の規定が少ないことは、私にとっては意外であった。これからは安全・安心を科学することが求められると思っている。

　最後になるが、都道府県の生活安全条例を概観していて、足りない規定があることに気がついた。それは「近隣都道府県との連携」である。今日、犯罪は都道府県にまたがり広域化している。その視点に立つと、近隣都道府県との連携は必須である。そこで、「県は、共通課題または広域的な課題に対し、近隣自治体との情報交換による相互理解のもと、連携して犯罪のない安全で安心な地域づくりに努めなければならない」という趣旨の規定が必要と思われる。

（牧瀬　稔）

あ と が き

　本を「あとがき」から読む人がいる。こういう人たちは多くの場合、あとがきを読むことによって本の内容を推測し、読むに値するかどうかを判断する。M. J. アドラーとC. V. ドーレンの『本を読む本〔原題*How to Read a Book*〕』（講談社学術文庫、1997年）によれば、本文を読む前に序文やあとがき、そして、目次に目を通すことが知的かつ積極的な読書をする上で重要である。一般的に、序文、あとがき、目次には、本文で展開されている議論の的確な要約が含まれているからである。

　以上は、あとがきの執筆を任された編著者（鈴木）が責任の重さをひしひしと感じるあまり、なかなか筆が進まなかったことの言い訳である。

　本書は、地域の安全・安心活動に関する15の事例について、自治体・警察の実務家及び自治体行政に関わりの深いシンクタンクの研究者が分担して執筆したものである。本書で採り上げた事例は、安全・安心活動におけるコミュニティの役割に注目したもの、条例の活用を考察したもの、住民の目線に立つことの重要性を強調したものなど多岐にわたっている。

　本書の最大のセールスポイントは、採り上げたいずれの事例にも、地域の安全・安心活動の「現場」の問題や、関係者の「生の声」が取り込まれていることである。また、本書では、地域の安全・安心に関する最新の情報を、できるだけ多く取り込むための努力が払われている。その意味において、本書は「空間的（現場）」にも「時間的（最新）」にも、読者が安全・安心活動の「最前線」を知る上で有用な事例集になっているのではないかと、執筆者一同、自負しているところである。

　本書は、読者が安全・安心に関する施策を立案し、実施するためのヒントを提示するという目的上、「安全・安心を推進することは善いこと」を前提として執筆されている。確かに、地域の安全・安心を維持し、高めていくことの重要性を否定する意見はほとんどないと言ってよいであろう。

　しかし、安全・安心を確保するための方法については、異論、反論を含めた

様々な議論があることが普通である。例えば、そもそも自治体が防犯カメラを設置する必要があるかどうか、どのような手続きを経て設置するか、何台のカメラをどのような場所に設置するか、撮影したデータをどのように保管・利用・廃棄するかといった点には、費用対効果やプライバシーの観点から多くの意見が提出されるはずである。こうした論点について、一律の回答を示すことは難しい。地域によって事情が全く異なるからである。

そこで、地域の安全・安心の当事者が住民であることを再確認する必要がある。住民同士や議会で十分な議論を尽くして、その地域の実情に即した方法を決定することが極めて重要である。そうしたプロセスを経ないまま、観念的な議論や「上の意向」によって安全・安心活動を展開することは適切ではないと思われる。

本書が、だれもが安全で安心して暮らせる地域づくりの一助となれば幸いである。

2009年10月

編著者

執筆者紹介

【編著者】

牧瀬　稔（まきせ　みのる）　　序章・第6章・第9章
財団法人地域開発研究所研究部研究員

法政大学大学院博士課程人間社会研究科修了。博士（人間福祉）。横須賀市都市政策研究所、財団法人日本都市センター研究室を経て現職。法政大学現代福祉学部兼任講師、法政大学大学院政策科学研究科兼任講師、東京農業大学国際食料情報学部非常勤講師を兼ねる。

公的活動としては、よこすか子育て支援計画実施計画策定専門委員、佐倉市指定管理者審査委員会委員、新宿区新宿自治創造研究所政策形成アドバイザー、戸田市政策研究所政策形成アドバイザーなど多数。著書に『政策形成の戦略と展開－自治体シンクタンク序説』（東京法令出版、単著）、『地域魅力を高める「地域ブランド」戦略～自治体を活性化した16の事例～』（東京法令出版、編著）など多数。官庁速報（ijamp）において「条例探訪」を連載中。専門は、自治体学、地域政策、行政学。
URL　http://homepage3.nifty.com/makise_minoru/

鈴木　潔（すずき　きよし）　　第8章・終章
財団法人日本都市センター研究室研究員、大月市立大月短期大学非常勤講師（行政学）

明治大学大学院政治経済学研究科博士後期課程修了。博士（政治学）。2005年より現職。大月市立大月短期大学非常勤講師（行政学）を兼ねる。

公的活動としては、千葉市行政改革懇談会委員（2007～2008年度）。論文に「市町村合併の土地利用規制への影響とその対応に関する研究―都市計画制度・都市計画税・土地利用に関する条例に着目して」『都市計画論文集』（日本都市計画学会、共著）、「大阪市における法務管理」『自治研究』（第一法規、共著）、「行政上の義務履行確保等―法制度改革のデザイン」『自治研究』（第一法規、共著）、「外国人労働者政策と2つの政策ネットワーク―なぜ政策が変更されないのか」『政治学研究論集』（明治大学大学院政治経済学研究科、単著）など多数。専門は、政治学、行政学、地方自治。

【著　者】

石附　弘（いしづき　ひろし）　　第1章
財団法人国際交通安全学会専務理事、日本市民安全学会会長

長崎県警察本部長等を経て、春日井市役所安全アカデミー、厚木市セーフコミュニティ専門委員など。主な論稿に「日本の警察（佐々淳行著執筆協力）」「地域の安全力創造」（第一法規、共著）など。専門は、市民生活の安全と危機管理。

山本　聖子（やまもと　せいこ）　　第2章
㈱蓑田総合研究所代表取締役、㈱アークエンジン研究員、財団法人地域開発研究所客員研究員

2004年、帝京大学大学院修士課程経済学研究科修了。㈱野村證券、JPモルガン、㈱野田実アソシエイツを経て現職。専門は、地方財政学・地域振興。

倉持　隆雄（くらもち　たかお）　第3章
厚木市協働安全部セーフコミュニティ担当次長
2002年から2008年まで厚木市安心安全部生活安全課長を経て現職。日本市民安全学会副会長、日本セーフティプロモーション学会理事、警察政策学会会員など。専門は、安心・安全。

仁階堂　拓哉（にかいどう　たくや）　第4章
歌舞伎町タウン・マネージメント事務局職員
2008年、関東学院大学大学院博士前期課程法学研究科修了。修士（法学）。論文に「改正警備業法における警備員基礎教育システムについて」「警備における法的公私区分とその課題」など。専門は、民間治安法。

江﨑　徹治（えざき　てつじ）　第5章
警視庁生活安全部生活安全総務課　振り込め詐欺対策プロジェクト担当管理官、警視
勤続約32年中、20年以上を犯罪抑止対策部門で勤務。日本市民安全学会研究部長、警察政策学会会員など。専門は、科学的分析手法による犯罪抑止対策。

金城　雄一（かなしろ　ゆういち）　第7章
財団法人地方自治研究機構調査研究部主任研究員
1989年、学習院大学経済学部経済学科卒業。株式会社ぎょうせい等を経て現職。論文に「公共施設の余裕空間の利活用に向けた現状と課題」など。専門は、地域再生・地方自治論。

安田　道孝（やすだ　みちたか）　第10章
中野区まちづくり推進室　地域まちづくり担当主査
2000年、早稲田大学大学院法学研究科修士課程修了。修士（法学）。著書に『環境再生川崎から公害地域の再生を考える』（有斐閣、共著）など。専門は、環境法・環境社会学。

佐々木　一如（ささき　かずゆき）　第11章
明治大学危機管理研究センター研究員
2007年、明治大学大学院政治経済学研究科博士後期課程満期退学。修士（政治学）。（財）日本都市センター研究室を経て現職。立教大学コミュニティ福祉学部兼任講師。専門は、行政学。

荻野　穣（おぎの　ゆずる）　第12章
相模原市企画財政局企画部政令指定都市推進課主任
2000年、相模原市役所入庁。2004年4月から2年間、（財）地方自治研究機構にて派遣研修。専門は、地方自治。

鴨志田　康弘（かもしだ　やすひろ）　第13章
立正大学文学部非常勤講師、東洋大学社会学部非常勤講師など
著書に『修復的司法の総合的研究―刑罰を超え新たな正義を求めて』（風間書房、共著）、『修復的司法の世界』（成文堂、共訳）など。専門は、犯罪社会学。

髙木　亨（たかぎ　あきら）　第14章
財団法人地域開発研究所客員研究員、立正大学非常勤講師
2000年、立正大学大学院博士後期課程単位取得満了、博士（地理学）。下北半島、長野県小諸市などで、地域活性化に取り組む。専門は、産業地域論。

水　昭仁（みず　あきひと）　第15章
財団法人日本離島センター／全国離島振興協議会　調査研究部主任研究員
1989年、早稲田大学大学院政治学研究科修了（政治学修士）。シンクタンク、ドゥタンクを経て現職。専門は、地方自治論、警察行政論、まちづくり、離島振興等。

安全・安心を創出するための15の視点

平成21年11月18日　初　版　発　行

編 著 者	牧　瀬　　　稔
	鈴　木　　　潔
発 行 者	星　沢　哲　也
発 行 所	東京法令出版株式会社

112-0002	東京都文京区小石川 5 丁目17番 3 号	03（5803）3304
534-0024	大阪市都島区東野田町 1 丁目17番12号	06（6355）5226
060-0009	札幌市中央区北九条西18丁目36番83号	011（640）5182
980-0012	仙台市青葉区錦町 1 丁目 1 番10号	022（216）5871
462-0053	名古屋市北区光音寺町野方1918番地	052（914）2251
730-0005	広島市中区西白島町11番 9 号	082（516）1230
810-0011	福岡市中央区高砂 2 丁目13番22号	092（533）1588
380-8688	長野市南千歳町1005番地	

〔営業〕TEL 026(224)5411　FAX 026(224)5419
〔編集〕TEL 03(5803)3304　FAX 03(5803)2624
http://www.tokyo-horei.co.jp/

Ⓒ MINORU MAKISE、KIYOSHI SUZUKI　Printed in Japan, 2009
　本書の全部又は一部の複写、複製及び磁気又は光記録媒体への入力等は、著作権法上での例外を除き禁じられています。これらの許諾については、当社までご照会ください。
　落丁本・乱丁本はお取替えいたします。
ISBN978-4-8090-4053-5